湖北省高校实习实训基地资助项目

体验式培训
理论与实务

徐文琦 /著

华中科技大学出版社
http://www.hustp.com
中国·武汉

内 容 简 介

本书系统性地介绍了体验式培训的起源与发展历程，体验式培训的哲学意义、基础理论与教育理念，引导员基本素养与能力，体验式培训的组织、设计与实施，以及体验式培训引导理论与技术。

本书可供开设了体验式培训相关专业的高等院校师生，从事拓展训练、历奇教育、体验式培训的从业者参考使用。

图书在版编目(CIP)数据

体验式培训理论与实务/徐文琦著．—武汉：华中科技大学出版社，2017.11(2023.9重印)
ISBN 978-7-5680-2557-7

Ⅰ.①体… Ⅱ.①徐… Ⅲ.①企业管理-职工培训 Ⅳ.①F272.92

中国版本图书馆 CIP 数据核字(2017)第 012257 号

体验式培训理论与实务
Tiyanshi Peixun Lilun yu Shiwu

徐文琦 著

策划编辑：陈　鹏
责任编辑：陈　鹏
封面设计：廖亚萍
责任校对：何　欢
责任监印：周治超
出版发行：华中科技大学出版社（中国·武汉）　　电话：(027)81321913
　　　　　武汉市东湖新技术开发区华工科技园　　邮编：430223
录　　排：华中科技大学惠友文印中心
印　　刷：湖北恒泰印务有限公司
开　　本：787mm×1092mm　1/16
印　　张：12.5
字　　数：314千字
版　　次：2023年9月第1版第6次印刷
定　　价：78.00元

本书若有印装质量问题，请向出版社营销中心调换
全国免费服务热线：400-6679-118　竭诚为您服务
版权所有　侵权必究

序 1

两年前，初识文琦，了解到武汉体育学院是中国内地最早把体验式培训作为专业必修课的高校，而他就是这门课程的首任老师，他正在努力为中国内地的体验式培训从业者撰写着一本专业指导书。

欣闻文琦的书稿终于完成，并邀我写序，甚为高兴，这也是体验教育行业发展中的喜事！通读全书，感慨于作者细致地对国内外在探索教育、拓展训练、历奇教育、体验式学习等方面的研究成果进行凝练，精准地聚焦"体验式培训"；感动于作者把自己在企业培训和高校教育的十年丰富经历和从业经验进行了完美的总结思考；感佩于作者对体验教育事业的热爱和积极推动其发展的情怀！

本书系统地介绍了体验式培训的缘起、发展历程和理论基础，从专业指导书的角度重点探讨了从业者素养与能力、安全操作规范、引导反思技术以及体验式培训的课程组织、设计与实施。本书内容完整、脉络清晰、层次鲜明，理论和实践结合紧密，分析与归纳严谨科学，每个章节都彰显了体验式学习理念和价值引领。

在当今中国，体验教育已经多元运用于众多领域，开设体验式培训及其相关专业的高等院校越来越多，从业者人数也逐年快速增长。长期以来，行业内的部分从业者重实践轻理论。这种短视行为，将会制约体验教育的可持续发展。文琦的这本新书，对推广体验式培训的科学有效运用将起到积极的作用。

对于开设了体验式培训及其相关专业的高等院校师生，这是一本好教材！对于从事拓展训练、历奇教育、体验式培训的从业者，这是一本值得研读的工具书！对于从事青少年工作的教师、团干部以及广大学生家长，这同样是一本难得的参考书！

杨 成

广东青年历奇教育学会创会会长

广东青年职业学院副院长、副教授

序 2

体验,是最有效的学习。

体验式培训在中国近二十年来一直呈"野蛮"生长的态势。从来都不乏激情的培训界同仁把体验式培训当成帮助组织或企业加强团队凝聚力、改善人际关系、激发潜能、培养领导力等的"灵丹妙药"。在这个过程中,出现了很多种对体验式培训的称谓:外展训练、主题式冒险训练、拓展训练、探索教育、冒险教育、体验教育等,真是眼花缭乱、众说纷纭。而形式上也是多种多样,其中不乏这样的情景:有的在原有讲授的课程中加几个游戏就叫体验式培训;有的课程中全部都是游戏活动的也叫体验式培训;还有将军事化训练等同于体验式培训的;甚至只要一群人在一起做活动,就叫体验式培训;看得人云里雾里,不知所云。

我从事体验式培训教学工作已近十五年时间,在学习与成长期间,深受美国体验教育大师卡尔·朗基先生以及我的老师廖炳煌先生的影响,在教学过程中秉承国外先进的体验教育之方法,结合中国组织与企业之特点,为许多的企业或组织开展了体验式培训,期间时常有人问我一个问题:到底什么是体验式培训?我的理解是:体验式培训是一种方法论,让培训工作者有目的地透过直接体验来引导反思,促进学习者增进知识、发展技能与厘清价值观。简单地说,它是一种让参与者在"做中学"的培训方法。

另外有一个我经常被问到的问题是:体验式培训有效果吗?我的答案是:肯定有!但却有一个很重要的附加条件,就是组织者不能仅凭一腔热情,还要足够专业!体验式培训要想有效果,至少要懂得体验活动的带领技巧、引导反思的艺术、课程项目设计的能力等,但这些还只是基础,真正在使用中,还需要像高超的剑士对手中剑的使用一般:运用之妙,存乎一心。只要对体验式培训理解深刻了,你就可以随时使用,常常会收到意想不到的效果;如果不理解其精髓,则常常会遭遇貌合神离、流于形式的尴尬。

事有必至,理有固然。唯天下之静者,乃能见微而知著。体验式培训在国内就这样野蛮生长了近二十年,如今受到越来越多的关注,应用的领域也越来越广。同时我们也发现,市场上也慢慢由好奇、追捧、狂热然后回归理智,现今我们呼唤更加专业的体验式培训,这就需要系统介绍体验式培训的书籍,国内目前优秀的体验式培训或体验学习类书籍实在是少之又少。正当我打算腾出手来撰写一本的时候,我的好友,武汉体育学院的徐文琦老师邀我为这本刚刚完成的书写序,我欣然应允。

拿到书稿后,用了三天读完。总结起来,本书有以下三个特点。

第一,正本清源。

本书追溯了体验式培训的缘起。书中融合了大量体验式培训开创者的思想精髓与发展、应用情况。从源头和体系上将体验式培训的哲学原理、概念、实操细节介绍得清楚明了，帮助大家"知其然，更知其所以然"。对于刚刚接触体验式培训的人来说，它是了解体验式培训本源的必备之书。

第二，系统全面。

本书大至分为三个部分：第一部分介绍了体验式培训的发展、基本概念、特征等；第二部分详细介绍了体验式培训实际操作，包括引导者的能力要求、课程设计、引导反思的技巧等；第三部分则介绍了部分非常经典的体验活动以及活动步骤。做到了面面俱到。

第三，实战性强。

首先，作者自身在学校教学工作中不断实践体验式培训；其次，书中所介绍的体验式培训的课程设计、引导反思的技巧都极具实操性，可以做到让读者拿来就能用。

体验式培训是在"做中学"，学习中引导者不会给学习者直接答案，而是通过活动与引导反思，让学习者在学习的过程中不断地探索与觉察，学习过程充满了未知与多种可能性，这样就大大激发了学习者的创造性、自主性与对知识的拥有感。我始终认为，这是最有效的学习方式。法国社会学家阿纳托尔·法朗士曾经说过：不要为了满足自己的虚荣心而试图教授大量的事物；启动人们的兴趣，开启人们的心智就已足够，并不要使之负载过重；引导的任务是提供激起心灵的火花，只要有良好的易燃物，它就会燃烧。这段话是对体验式培训的真实写照。

武汉体育学院是国内率先在休闲体育专业开设体验式培训方向的先行者，对于有这样的学校及其为体验式培训在中国的推广所做的实事，我甚感欣慰。同时，对于好友徐文琦先生以及他的团队多年来持续专注于对体验式培训的研究、应用与培养业内人才所做出的努力，以及在专业路径上的不断创新而感到欣喜。

最后，愿本书能够成为中国众多从事体验式培训的工作者，在学习与成长道路上的一盏明灯。愿光之所见，照亮你我！

夏雄武（Tiger）
台湾外展教育基金会（Outward Bound T）资深引导员
深圳智汇堂体验学习实验室创始人之一，首任主席
迪云学院首席培训师
原上海共好团队国际体验教育机构、培训发展中心总监

序3

认识文琦老师是在祖国大陆举办的一场体验教育研讨会上。看到一个学者,又同时是一个实务工作者,愿意将过去的经验,通过理论研究,通过实际操作,不断地淬炼出有价值的经验,最后写出如此丰富有内涵的著作,十分敬佩。

本书不管是供高校作为体验教育教科书,或是给实务界作为活动设计与引领,均提供了深邃的洞见;如果你用心阅读,会发现对体验教育的理论与实务的学习,将有实质的帮助。

这真是一本不可多得的好书!

谢智谋
台湾师范大学公民教育与活动领导学系教授
美国印第安纳大学体验教育与冒险治疗博士

前言

与国外一些先进国家的体验式培训缘起于学校教育与青少年发展领域有所不同,自20世纪90年代初体验式培训进入中国以来,作为一种成人学习与培训的工具,体验式培训早已在人力资源发展领域得到了广泛的认可,同时也成就了全世界规模最大的体验式培训市场。一时间,它成为国内各类组织在提升个人领导力与管理效能,促进团队建设,打造学习型组织等方面首选的培训手段。

虽然体验式培训在我国历经二十多年的飞速发展,但在从业者整体水平、课程研发与创新、理论研究和学科发展等方面与美国、英国和澳大利亚等国家相比仍有较大的差距,特别是在当前各种教育理念与价值观的相互影响下,不乏有些商业机构将体验式培训异化成休闲游憩、观光旅游、国防训练或会议串场游戏等形式。正是由于这种缺乏对体验式培训本质与规律的正确解读,使体验学习应有的丰富内涵与核心价值受到了极大的限制,其功能也无法得以发挥。

庆幸的是,伴随着高等教育改革的不断深入与素质教育思想的持续推进,诸如"三生教育"、"多元智能"、"全面发展"、"健康中国"等教育理念正彰显出其强大的影响力。在祖国大陆及港澳台地区众多同仁的努力下,体验式培训在学校教育与青少年发展领域的综合运用也日益得到关注。2006年,武汉体育学院开国内之先河,将体验式培训作为专业必修课程,正式纳入休闲体育专业教学大纲,至此,体验式培训在国内终于走上了专业发展的道路。

作为该门课程的首任教师,我深感这份责任的艰巨。特别是在深知体验式培训既有着多元学科交叉所产生的极为复杂的科学理论,又必须将各种具体和抽象的学习内容进行迁移与转化;在缺少相关教材与专业书籍的情况下,如何将这门课完美地呈现出来,我倍感力不从心。也正是因为这种长期无奈,我的内心慢慢萌发出写一本属于中国体验式培训从业者自己的专业指导书的想法。

本书内容涵盖两个方面:首先,对发端于欧美的以外展训练(OB)、主题式冒险(PA)为代表的体验式培训与拓展训练、历奇教育、探索教育的发展、功能、特征及内涵进行概述;其次,将国外体验式培训相关理论、实务与个人教学经验与研究成果进行整合与创新。本书的特点是:系统性地介绍了体验式培训的起源与发展历程,体验式培训的哲学意义、基础理论与教育理念,引导员基本素养与能力,体验式培训的组织、设计与实施,以及体验式培训引导理论与技术。

作为在体验式培训领域从业十年的学习、研究与实务经验总结,涉及内容众多。受时间与能力所限,本书仍有很多不足之处。仅将此书作为在中国体验式培训领域投入的一颗小小石头,希望能激起几朵引人驻足留意的浪花。

我坚信,学习与快乐一样,只有分享才有意义。这也是我愿意将这些年的经验集合成本书,与您分享它的目的所在。

徐文琦

2017 年 6 月

目录

第一章　绪论　　　　　　　　　　　　　　　　　　　　　　　/ 1
　第一节　体验式培训——独具特色的体验学习　　　　　　　/ 1
　第二节　体验式培训概述　　　　　　　　　　　　　　　　/ 9
　第三节　体验式培训的价值与特征　　　　　　　　　　　　/ 13
第二章　体验式培训的基础理论与学习理念　　　　　　　　　/ 18
　第一节　体验式培训的基础理论　　　　　　　　　　　　　/ 18
　第二节　体验式培训的学习理念　　　　　　　　　　　　　/ 27
第三章　体验式培训引导员　　　　　　　　　　　　　　　　/ 34
　第一节　引导员的角色定位　　　　　　　　　　　　　　　/ 34
　第二节　引导员应具备的能力　　　　　　　　　　　　　　/ 37
　第三节　成功培训对引导员的要求　　　　　　　　　　　　/ 39
　第四节　引导员的特质　　　　　　　　　　　　　　　　　/ 43
　第五节　引导员的职业发展　　　　　　　　　　　　　　　/ 44
第四章　体验式培训安全管理与操作规范　　　　　　　　　　/ 47
　第一节　体验式培训风险管理　　　　　　　　　　　　　　/ 47
　第二节　体验式培训常用技术装备　　　　　　　　　　　　/ 55
　第三节　绳索与绳结技术　　　　　　　　　　　　　　　　/ 64
　第四节　绳索保护技术及装备的使用　　　　　　　　　　　/ 77
第五章　体验式培训组织与实施　　　　　　　　　　　　　　/ 86
　第一节　体验式培训特征　　　　　　　　　　　　　　　　/ 86
　第二节　体验式培训的组织　　　　　　　　　　　　　　　/ 88
　第三节　体验式培训的实施　　　　　　　　　　　　　　　/ 93
　第四节　体验式培训的需求诊断　　　　　　　　　　　　　/ 98
　第五节　学习者状态的评估　　　　　　　　　　　　　　　/ 100
　第六节　课程设计　　　　　　　　　　　　　　　　　　　/ 103
　第七节　活动教案　　　　　　　　　　　　　　　　　　　/ 104
第六章　体验式培训引导反思技术　　　　　　　　　　　　　/ 107
　第一节　引导反思的意义　　　　　　　　　　　　　　　　/ 107
　第二节　引导反思的组织　　　　　　　　　　　　　　　　/ 114
　第三节　引导反思技术　　　　　　　　　　　　　　　　　/ 115
　第四节　常用引导反思问句　　　　　　　　　　　　　　　/ 132

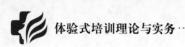

第七章 体验式培训活动实例 / 141
  第一节 认识活动 / 141
  第二节 热身活动 / 145
  第三节 沟通活动 / 150
  第四节 合作活动 / 161
  第五节 问题解决活动 / 167
  第六节 信任活动 / 172
  第七节 高空绳索活动 / 176

参考文献 / 185
后记 / 186

第一章　绪　论

随着"体验"时代的到来,各类传统行业纷纷冠以"体验"的口号,我们似乎在一夜之间站在了一个"体验"无处不在的风口——体验式经济、体验式营销、体验式学习、体验式旅游、体验式餐饮……同样,青少年教育、成人培训与终身学习等领域与"体验"的结合早已硕果累累,我们习惯将这两者的结合称为"体验式培训"。

体验式培训作为体验学习在教育培训领域的典型应用,本章对其背后所蕴含的哲学意义、基础理论与学习原理进行梳理与归纳,帮助我们从无认知开始,由此开启一段体验式培训之旅。

第一节　体验式培训——独具特色的体验学习

(一) 何为体验学习

有关体验学习(experiential learning)的研究,最早出自美国著名教育家约翰·杜威(John Dewey)的"经验学习"教育思想,由此开启了在西方社会对此进行深入研究的历程。回望这段研究历史,除杜威之外,让·皮亚杰(Jean Piaget)、库尔特·勒温(Kurt Lewin)、卡尔·荣格(Carl Gustav Jung)等人均在各自领域作出了巨大的贡献。但体验学习作为一种独立的学习方式,集其大成者却是美国凯斯西储大学教授大卫·库伯(David A. Kolb)。1984年,库伯在梳理了杜威、勒温、皮亚杰等人的教育思想,吸收了哲学、心理学、生理学的最新研究成果后,出版了他的第一部专著《体验学习——让体验成为学习和发展的源泉》,该书不但系统性地构建了"体验学习"的基础理论,也由此为库伯赢得了"体验学习之父"的美誉。

1938年,杜威(1859—1952)出版《经验与教育》一书,提出了"从做中学"的经验学习理论,强调学习是经验不断改造与重组的过程。他所提出的一套经验学习的方法,奠定了体验学习的基石。此外,勒温(1890—1947)从团队动力的研究到场地理论的阐述,认为学习是从具体经验开始,通过观察等行动进而形成概念,并将概念类化后用于新情景的过程;认知心理学家皮亚杰(1896—1980)和社会建构主义理论奠基人维果斯基(1896—1934)都认为知识必须是由认知主体主动建构,而所建构的知识与先前的经验有直接的联系。时至今日,体验学习的相关研究还在持续,其内涵和外延也在不断得到拓展。

——摘自库伯《体验学习——让体验成为学习和发展的源泉》

体验和学习,作为个体的认知方式,二者的关系非常紧密。威尔逊将学习定义为:知识、态度和行为的一种相对持久的改变,是正规教育和培训的结果,或非正规体验的结果。类似地,库伯解释说:学习是一个根植于体验的连续过程,知识不断地从学习者的体验中产生,并且在体验中加以检验。因此,体验和学习是相互交织、密不可分的。从某种角度来看,体验和学习指的是同一件事情,学习可以被视作通过有意识或无意识地内化我们自身或观察到的经验而获得体验和知识的过程,这些都建立在我们过去体验和知识的基础之上。沃克指出:我们发现撇开了体验来谈学习,是没有意义的。体验不可能被绕过,它是所有学习的核心事件。学习建立在体验之上,并且是体验的结果。无论有多少学习的外部线索——教师、材料、有趣的机会——学习只能在学习者有参与的体验时才发生,至少要有某种程度上的参与。这些外部影响只有通过转换为学习者的体验才能发挥作用。

至于体验在成人学习中的角色,梅兹洛从正反两面做了比较具体的论述,体验对于成人学习来说是最宝贵的资源。因此,成人学习最核心的方法即分析体验。成人通过反思并作用于丰富的体验来适应职业发展和社会环境。后期的成功适应依赖于先前体验的数量和质量。先前的体验会调节我们对于事物如何发生的预期,并强化我们个人的认知系统,但毫无疑问,被同化的假设可能扭曲我们的认知方式。拥有更多经验同样也有潜在的负面效果。当我们积累了经验后,我们倾向于形成思维惯性、偏见和假设,它致使我们拒绝新观念、新鲜感知和其他思维方式。

库伯在总结了勒温的行动研究与实验室训练模式(action research and laboratory training)、杜威的经验中心学习模式与皮亚杰的学习与认知发展模式(learning and cognitive development)的基础上,概括出了三者的共同部分,把体验学习的本质特征归纳为以下六点。

(1) 体验学习是一种过程,而不是结果。体验学习强调过程的重要性。库伯把学习描述为一个起源于体验,在体验下不断修正,进而形成观念的连续过程,表现为:教学不是知识的存放,学习不是被动地接受、记忆和重复;学习者通过体验过程,质疑体验过程中产生的问题,将体验的感受付诸实践,从而成为主动发展的主体。知识是在学习的过程中完成了个人主观生命经验的积累与人类文化、经验、文明的客观积累间的转换,体现了学习是一个积累体验,引出顿悟的过程,其结果只是过去的记录,而不是知识本身。

(2) 体验学习是以体验为基础的持续过程。首先,知识并不独立存在于个体之外,而是在不同的情境中建构起来的。学习者以原有经验、心理结构和信念为基础来建构知识,在知识经验积累的基础上体验个体的生命过程。体验学习强调学习者体验的介入,强调知识的内化与构建。其次,知识是不断扩展的,只有通过学习者的反思性行为才能得以扩充和生成。学习发生于意义的建构过程中,学习不是简单的信息积累,更重要的是包含新旧知识经验的冲突,以及由此而引发的认知结构的重组。因此,知识的内化与迁移是"理解"的重要表现,而对知识的运用和创造则是"理解"的最高表现。在此,可以说明知识是在学习者的体验中连续地发生并被检验的过程,这一事实具有重要的教育含义,它意味着所有的学习都是以体验为基础的持续过程。

(3) 体验学习是运用辩证方法不断解决冲突的过程。学习本身充满紧张与冲突,学习者既要积极体验,又要反思观察;既要经历具体体验,又要实现抽象概括。学习者要进行有效的学习就会遇到各种各样的问题、困难以及相互之间的认识差异,也就是认知冲突,即原有的知识经验不能对新的观点、现象进行解释,原有的方法无法解决新的问题,进而难以得出正确的结论,从而,打破了原有的心理平衡。当心理失衡后学习者就会本能地产生一种平衡的需求即新的学习需求。学习者会主动地、全身心地通过各种方法、途径来满足自己的需要,实现内心的平衡,当内心平衡的需求得到满足的时候,就会产生关于学习方面的积极体验,从而产生快感——一种对未知探究的自我实现感。体验学习就是引导学习者如何辩证地将已有知识经验和生活经验运用到获取新知识和化解冲突的过程中去。

(4) 体验学习是一个适应世界的完整过程。教育与当下的生活世界紧密关联,如何让学习的内容回归"真实世界",体验学习为我们描绘出了一个适应社会环境与自然环境的过程。库伯认为:学习是人类适应现实世界的主要过程,与一般学校或课堂的概念相比,这是一个相当宽泛的概念。体验学习关注的是人如何在生活世界中以理解、体验的方式认识自然、社会和人生,通过人与他人、人与自我的交往来达到人格的自我建构,强调人在生活世界的实践活动,让学习者通过自己的生活来感悟知识,运用所学的知识去关照真实生活,表达自己对自然、社会、人生的独特感受和真切体验。

(5) 体验学习是个人与环境之间连续不断的交互作用过程。学习是凭借经验与相应的环境相互作用,在其头脑内部积累经验、构建心理结构以适应环境变化的活动,并通过行为或行为潜能的持久变化表现出来。学习与环境的外在表现可以归纳为:①学习是个人与环境的交互作用;②学习可以通过相应的行为变化而得以体现;③行为变化并非全部源于学习,同样,学习也并非都通过行为变化表现出来;④学习者必须学会适应环境的变化,并与之保持动态平衡;⑤人与环境的交互作用是学习得以发生和延续的前提条件。从上述归纳中可以看出,个体之所以能适应环境,是因为在与环境相互作用的基础上获得了有关经验,这种交互作用反映了客观条件与主观体验之间互相渗透的关系,它体现了个人、环境及行为在相互决策中的作用,体验学习恰好就体现在相互决策的过程之中。

(6) 体验学习是一个创造知识的过程。知识是人类的认识成果,来自社会实践。这个概念包含了两个层面的含义:首先,个体知识与社会知识之间的关系,社会知识是前人类文化经验的总和,个体知识是个人生命经验的积累;其次,个体知识与社会知识的转换关系。人类获取社会知识经验的过程是依赖人的感觉、知觉、记忆、思维、想象、注意及科学方法等,通过一定的情景实践与体验内在地将社会知识转换成个体知识。与此同时,也是连续不断地创造与再创造知识的过程。任何学习既是一个获取知识、提升能力的过程,又是一个情感体验、人格建构的过程。体验学习重在学习者自主的感悟体验,要求学习者充分运用已有知识与生活经验,在对新情景感知的基础上,通过感悟或体验,获取新的知识或技能。体验学习的关键在于能够实现社会知识与个体知识之间的转换并完成创造知识的过程。

总之,体验是学习的基础,但它并不总是导致学习。首先,学习者要探索并且反思的并非简单的体验,而是丰富的、结构性、具有新意义的体验。学习者必须投入到体验中,并且反思发生了什么,它是怎样发生的,为什么会发生,学习才会产生。否则,体验将和其他刺激背景混杂在一起,从而失去意义。其次,体验学习作为拓展学习方式的一种学习方法,体验学习既重视具体经验、亲历亲为,又强调反思内省、元认知与自我调节。体验学习的过程包含了感知与情感,直觉与想象,反思与辨别,意图与行动。体验学习把认知、行为和情感三个方面整合为一种具有优势的学习方式,通过对体验学习本质特征的反思,为完善当下的教育手段和学习方式提供了启迪与思考。

(二) 体验学习的哲学原理

体验学习在学习理念上不同于行为主义学习理论,行为主义学习理论是建立在经验认识论基础之上的,或者说是基于传统理性主义的教育方法。体验学习是以双重知识论——理性主义和经验主义为基础,经验主义者认为人类知识起源于感觉,并以感觉的领会为基础。理性主义者主张唯有理性推理而非经验观察才能提供最确实的理论知识体系。由此不难看出，理性主义和经验主义间的矛盾是围绕知识和如何获得知识展开的。不过，当我们从不同的哲学家的观点去解读这对矛盾时，我们会发现他们对此的态度并非是非此即彼，矛盾的双方是可以调节的，理性主义者并不否认经验是知识的来源，经验主义者也承认理性知识比经验知识更为可靠。诸如，哲学家康德将科学认作人类知识的最高形式，并且确认它起始并同步于人的经验；同时，康德也认为人类经验的形成必然地带有人类心灵的自在特征。康德把这种由先天理性和后天经验结合起来的命题称作综合命题，以此来尽力调和或折衷唯理论与经验论的矛盾，并试图克服两者的片面性。

据此，库伯针对上述矛盾指出经验主义和理性主义间的冲突，使得它们都难以成为体验学习的全部认识论。相反，体验学习可以调节这对矛盾，体验学习中的知识来源于经验主义和理性主义代表的两种认识阶段的辩证过程。因为体验学习是体验主体把体验（experience）、感知（perception）、认知（cognition）和行为（behavior）有机地结合在一起的学习过程。体验主体获取知识经验的过程是依赖体验主体的感觉、知觉、记忆、思维、想象和注意等，能动地反映着客观世界的事物及其关系，从而为体验主体认识外在世界提供依据。任何新信息的获得主要取决于体验主体认知结构中的过去知识、经验的相互作用，认知过程就是信息的接受、编码、储存、提取和使用的过程。

体验学习是体验主体的身心与外部世界相互作用并生成反思的认识与实践活动。体验是对自身存在的反思，体验是对自身存在及其过程的透视和评价。体验优于一般观察之处，就在于它具有一种对人自身的存在及整个生活世界的巨大穿透力。因此，体验学习的哲学原理具有以下特点：

（1）体验是对体验主体的重视，包括体验主体的各种生活经验、独特的思维方式和情感态度。因为真正有价值的学习是以体验主体的经验为基础的，是体验主体对知识主动建构的过程，更是使体验主体整个精神世界发生变化的过程。

（2）体验具有明显的个性化特征。体验需要主体以自己的需要、情感、认知、价值取向、亲身经历及完整的自我去理解、去感受，从而形成自己对事物独特的感受和领悟。体验的过程是人的主体性得以充分施展的过程。体验主体间的个性差异，如主体性水平不同，价值取向不同、认知结构的差异等，其体验结果也不相同。

（3）体验是主体情感的体验。主体总是从自己的命运与遭遇、内心的全部情感积累和感受出发去体验和揭示生命的意蕴；而体验的最后归结点也是情感，体验的结果常常是一种新的更深刻地把握了生命活动的情感的生成。主体在体验的过程中，通过全身心的投入，形成对事物积极的态度；主客体在人的内心深处趋于融合。

（4）体验是主客体的交互作用。体验主体需要主体调动其作为人的全部投入，需要整个的身与心、情感与理智去积极参与。体验客体是主体对客体的各方面进行的关照，从而形成一种对客体"整体"的认识。同时，在体验的过程中，人的认识是人类对客观世界的主观印象，客观世界是人类认识的源泉。

（5）体验是一种生命的超越。体验强调主体通过亲身经历而形成对事物独特的、具有个体意义的感受、情感和领悟，是一种价值性的认识和领悟，它要求"以身之，以心验之"，它指向的是价值世界。主体将自身生命置于关照的对象之中，从而实现了人由肉体生命向精神生命的升华。

不同时代的学习理念总是会自觉或不自觉地成为哲学关注的对象，这其中包含某种主导性的学习方法,教育家对于学习的定位、学习的范式、学习的视野、学习维度的理解以及对学习自身认识的省悟。教学理念的每一次更迭都会使学习个体进行一次深刻的自我反思与重新定位。从哲学的维度反思体验与学习的关系,体验和学习是紧密联系且不可分的。因为在现实生活世界里,体验和学习所指的是同一件事情,进而从哲学的维度反思学习的前提条件是:只有当学习者进行了体验,至少某种程度上进行了体验,学习才会发生。只有通过转化学习者的体验,外在因素才会起作用。因此,从现实生活世界的视觉去反思体验学习这一命题时,我们发现脱离体验谈论学习是没有任何意义的。所以,体验学习的本质特征可以概括为:体验是学习的本源,学习是对现实生活世界的反思。

（三）体验学习的发展历程

无论是西方世界还是中国,来自哲学、教育学、心理学等领域的学者都十分注重对体验学习的研究。国外对体验学习的研究可分为三个阶段:①体验学习思想的萌芽阶段;②体验学习理论的初步形成阶段;③体验学习的系统研究阶段。

1. 体验学习思想的萌芽阶段:20世纪之前 国外的体验学习研究可以追溯到古希腊时期。亚里士多德在教学方法上就非常重视学习者的练习与实践。例如,在音乐教学中,他经常安排学习者登台表演,通过现场体验来熟练技术。在古罗马时期,通过实践、演练和观察进行教学,是深深根植于罗马共和国土壤中的教学传统。其教学目的始终是建立在实用性、技术性基础之上的。青少年经常在长辈的带领下参加各种家庭及社会活动,学习农活。贵族子弟还要跟随父亲到广场了解各种社会和政治活动,学习如何进行公众演讲。

文艺复兴时期,新兴的资产阶级强烈反对中世纪机械、注入式、低效的经验教学,提出直观教学、实物教学等重要教学思想。例如,法国著名教育思想家拉伯雷在其名著《巨人传》中描绘了这样的情景——教师带着学习者外出散步,通过观察花草树木来学习各种植物;雨天就让学习者学习各种手工劳动,或到法庭旁听审判;每月安排一次远足活动,让学习者在旅途中学习人情风貌、历史和地理知识。

16世纪,重视直接经验、提倡实践学习的教学思想在近代教育史中始终占据着重要位置。培根经验主义哲学的核心思想认为人们是从经验中获取知识的。在他看来,认识是从感官开始的,经由一条径直、有规则的途径以达到理解力的认知,也即达到正确的概念和原理。尽管培根非常重视感觉经验在认识中的作用,但他并没有停止在感性认识上,而是明确提出经验要和理性相结合。培根作为强调感觉经验和抽象概括相结合的第一人,为知识的获得提出了一条较为合理的途径,这与体验学习的理论主旨相一致。

洛克从唯物主义的经验论出发,认为经验是学习的源泉。他强调在教学中应该通过学习者的实际经验来逐渐形成原则和规则,不要让学习者去学习抽象的、毫无具体经验的规则。洛克指出:儿童不是用规则可以教得好的,规则总是会被他们忘掉。你觉得他们有什么必需要做的事,你便应该利用一切机会,甚至在可能的时候创造机会,让他们实践、练习。

卢梭同样也主张让学习者接触实物,从做中进行教学。他认为教师的职责不是指示学习者学什么,而是设立情境,唤起学习者学习的浓厚兴趣。赫尔巴特同样继承了以往教育家注重直观经验的优良传统,他认为:教学过程必须在学习者直观或感性认识的基础上,引导学习者进行抽象和概括活动;融入真实感觉的观察比之单纯的描述更为可取。

福禄贝尔提出的实物教学原则和游戏教学原则,更是与体验教学思想以及所采用的教学形式相符。他说:我的教学方法从开始就让学习者有机会从事物中收集自己的经验,用自己的眼睛观察,并且学会从自己的试验、事物和事物间的关系、人类世界的真正生活中去认识。

尽管在20世纪之前,体验学习的思想理论没有达到系统化的程度,但学者们均把体验或经验作为学习者学习知识、认识世界的重要途径,并且提出了大量从实践中、从"做"中学习的具体方式,这为后继体验学习理论和实践研究的不断萌发打下了深厚的基础。

2. 体验学习理论的初步形成阶段:20世纪初—20世纪80年代 19世纪末至20世纪初,随着实用主义和实证主义思潮的日益兴盛,体验学习的研究也进入了一个新的阶段。其中,杜威是基于其经验学习思想提出并着手解决该问题的第一人。此后,格式塔心理学家勒温在研究团体动力和组织小组培训时,构建了体验学习圈。认知心理学家皮亚杰在论述儿童的认知发展时,第一次清晰地解释了智力如何通过体验而转化的内在心理机制,为体验学习理论提供了强有力的实证依据。

(1)杜威的贡献:杜威倡导用"做中学"的进步教育取代传统教育,他主张以表现个性、培养个性,反对自上而下的灌输;以自由活动,反对外部纪律;以通过体验学习,反对通过教科书和教师学习;以为了达到直接需要而获取各种技能和技巧,反对通过训练获得孤立的技能和技巧;以尽量抓住当前生活中的各种机会,反对为遥远的未来做准备;以适应变化的世界,反对固定不变的目标和教材。

杜威认为:教育即生活。青少年在学校的学习,应该包括社会的活动,而不应把学校当作象牙塔,与社会活动完全脱节。学校的学习要以实际的活动为主,学校必须呈现生机勃勃的现代生活,教学必须符合社会生活的要求。因此,学习应该通过体验来获得,体验就是知识。真实的知识不是消极而无所作为的东西,而是解决问题的工具。教师应该把学习者置于体验的中心,培养学习者的兴趣,让学习者主动从事活动,积极地去"做"。所有的教学方法都应构建在对学习者有意义,直接、具体的经验之上。

杜威除了强调"做中学"之外,还非常关注反省思维能力的培养,他认为反思是体验学习的关键,并且主要通过体验学习的过程来培养。反思不仅包括对情境的观察、思考、假设、推理,也包括了对已有经验的更新、改造及整合。它使学习者以一种有目的、有意图的方式行动,把盲目、冲动的行为转化为明智的行为。在《民主主义与教育》中,杜威深入探讨了从体验到反思获得知识的五个阶段:第一,学习者要有一个真实的经验的情境——要有一个对活动本身感兴趣的连续的活动;第二,在这个情境内部产生一个真实的问题,作为思维的刺激物;第三,要拥有一定的相关知识资料,用以必要的观察,来应对这个问题;第四,必须负责逐步地展开他所想出的解决问题的方法;第五,要有机会通过应用来检验他的想法,使这些想法意义明确,并且让他自己去发现它们是否有效。

(2)勒温的贡献:20世纪30年代以后,针对组织培训中存在的效果不佳问题,勒温提出了"行动研究"理论。该理论是一种面向社会和组织情境中问题解决的研究方法。它针对社会行动的各种条件和作用,并引起社会行动,强调"对行动研究""在行动中研究""为行动而研究",其根本目的不是为了阐释理论,而是为了改进实践本身。行动研究是一个循环递进的过程,每个循环都是由计划、行动和行动结果的事实发现构成。具体有:确定一个最初的观点,探查或发现事实,计划采取第一步行动,评价修改计划,采取第二步行动。

行动研究非常强调学习主体的个人体验,尤其是个人的参与度和责任感。阿基里斯强调,从体验中学习对个体和组织的高效都是非常关键的,这种学习的前提条件是个人或组织的行动体验都是基于实际信息的、有选择自由的,并且具有内在承诺的。

(3)皮亚杰的贡献:皮亚杰从发展心理学和发生认识论的角度解释了智力是怎样通过体

验而形成的。他认为,智力并不是个体先天的内在特征,而是个体与其环境互动的产物。动作是智力发展的关键。知识产生于动作,知道某件事物就是要操作它并转化它。儿童通过探索和处理即时的、具体的动作,逐渐发展出抽象推理和操作符号的能力。儿童所学习的更多的是发现知识的过程,而不仅仅是知识的内容。儿童就像"小科学家",探索、体验并得出自己的结论。学习的关键在于将概念顺应于体验,以及将事件和体验同化入已有的概念和图式,这种交互作用就产生了适应的结果。

儿童从婴儿成长到青少年,其认知在发展的各阶段有质的差异:在感知运动阶段,儿童仅靠感知动作的方式适应外部环境,知识以具体动作来表征,而且不脱离原有体验;在前运算表象阶段,知识以形象来表征,逐渐脱离于原有体验;在具体运算和形式运算阶段,知识以抽象性的术语和符号来表征,并且能够独立于真实体验,在心理内部进行操作。

尽管皮亚杰的认知发展阶段到成人期就结束了,但此后有大量的研究者按照皮亚杰的方法和概念框架探索成人的发展阶段。通过这类研究发现,学习和发展是终生的过程,因此组织和社会机构就有责任发挥作用,引发成人学习和发展的体验。

3. 体验学习的系统研究阶段:20 世纪 80 年代至今 尽管体验学习的理论已经得到了普遍的应用,且世界各地(如英国、美国、澳大利亚)不少学校大力推广以体验为中心的教学,但对体验学习仍有一些不同的声音,包括质疑和批评,甚至有人视为"骗人的玩意"。加之人们对体验学习技术和过程的关注多于体验学习内容和本质的思考,使得学院派以为它过于实用主义。这使库伯意识到,没有理论的指导,体验学习也只能成为另一个教育热点——众多教育技巧中的一个而已。于是,在美国国家教育研究所和斯宾塞基金的资助下,1984 年他推出了自己的第一部著作《体验学习——让体验成为学习和发展的源泉》。该书系统地梳理了杜威、勒温、皮亚杰等人的教育思想,吸收了哲学、心理学、生理学的最新研究成果,详尽地阐述了他对体验学习的若干理论问题的看法,形成了自己独特的体验学习理论体系。这一举动最终引发了学术界对体验学习的系统研究,也因此被誉为"体验学习之父"。

库伯从体验的角度看待学习,认为学习是通过转化体验而创造知识的过程。我们应关注学习和适应的过程而非内容和结果。知识就是一个转化的过程,它被持续不断地创造和再创造,而非被获取或传输的独立实体。凡是以活动为开始的,先行而后知的学习方式,都可称为体验学习。体验学习由具体体验、反思观察、抽象概括与行动应用四个既独立又密切关联的环节组成。其理论尤其强调运用当下的具体体验来检验观点并通过反馈来修正实践和假设。学习不仅仅是看、听、动,我们还要将知觉与感受、行动相整合。如若不然,我们就只是被动的学习者,无法调动大脑的高级感受,也无法将感知整合到已有的概念中。

贾维斯在使用库伯四阶段模式时发现,对一个潜在的学习情境,不同的学习者因为原有经验的不同,会产生不同的体验学习过程:有的没有发生学习,有的进行了非反思性的学习,有的则进行了反思性的学习。因此,他构建了更为详细、更具有情境特征的体验学习模式,并进一步突出了"评价"在体验学习过程中的重要作用。

柯林·比尔德在《体验式学习的力量》一书中,从一个更为生态、更加整合的角度,强调体验学习应该包括"全人"的参与,要关注个体的思想、感觉、情感、身体活动等各个方面。无论在个体外部还是内部,都要创设"完整的环境"。为此,他构建了一个"体验学习密码锁",包括以下基本成分:周围环境,地点和元素,感觉情感,智力形态,学习方式。

4. 体验学习在我国的发展历程 我国几千年的教学思想中蕴涵着十分丰富的体验学习思想。春秋时期的孔子就非常重视通过体验获得的学习。他认为"学"、"思"、"习"、"行"四者必须相互联系、相互结合。行为和实践是认识事物的最终考验。《论语·学而》第一句话就是"学而时习之,不易说乎",其中的"习"有两方面含义:一是练习、熟悉;二是实习、实践。明末清初著名教育家颜元对此评价说:孔子开篇第一句,道尽学宗。思过读过,总不如学过,一学便住,也终不如习过。习三两次,终不与时习,方能有得。习与性成,方是乾乾不息。除此之外,孔子还非常强调要把学习者置于教育的中心地位,"听其言而观其行",根据学习者的不同个性,制订不同的培养目标。

后儒思孟学派把孔子提出的学、思、习、行学习过程整理为"博学之、审问之、慎思之、明辨之、笃行之"五个步骤。这一归纳被后世学者引为求知的一般方法和途径。朱熹曾称之为"为学之序",列为《白鹿洞书院揭示》的重要规定。

被誉为"中国11世纪的改革家"的王安石继承和发展了儒家主张培养佐治人才的思想,针对当时教育严重脱离实际的弊病,强调人才培养应注重实际才能。他在《上仁宗皇帝言事书》中写到,所谓人才,应该"遇事而事治,画策而利害得,治国而国安利"。王安石坚决反对学习对治国治民毫无实用价值的课试文章,而建议学习"朝廷礼乐刑政之事",并强调这是为官从政的基本条件。

明末清初,中国教育史上又出现了一股强劲的思潮,即颜李学派。他们从"经世致用"的观点出发,强烈反对书本教学,倡导"躬行而实践之"。其创始人颜元认为,教育只在"文墨世界"中,只在口头纸笔上下功夫,而不在习行上求实,这种教育有害无益。学校应以习、行、实、动为导向,在教学内容上,突出"真学"、"实学",选择结合实际的"践迹"教材。在教学方法上,他强调"习行"教学法,即在教学过程中要联系实际,坚持练习和躬行实践。他为自己立号"习斋",以践行"思一日不习六艺,何以不愧'习斋'二字乎"。"习行"是读书求学最重要的方法,读书无他道,只需在"行"字着力。

第一次世界大战之后,中国的教育家们开始逐步接触并接受西方实用主义的教育思想。蔡元培自民国初年就不断向中国教育界介绍杜威的实用主义教育学说。他极力提倡"工"与"学"的结合,为了培养"完全之人格"的公民,必须重视劳动教育,实行边工边学、工学并进,才能使学习者身心获得全面和谐的发展。

陶行知是中国近代教育史上一位伟大的人民教育家,他在长期的教育实践中,批判地吸收了传统教育、西方教育的精华,创立了符合中国国情的生活教育理论。生活即教育、社会即学校、教学做合一是陶行知生活教育理论的主要内容,它对我国的学校教育产生过深刻而积极的影响。作为杜威的学习者,陶行知先生把杜威"做中学"的思想在中国发扬光大。他提出了"生活即教育"的思想,并且将此思想广泛应用于现实教学领域。他指出:生活教育是给生活教育,用生活来教育,为生活向前向上的需要而教育;生活无时不含有教育的意义,教育的根本意义是生活之变化,生活无时不变即生活无时不含有教育的意义,实际生活是教育的中心;生活教育是生活所原有,生活所自营,生活所必需的教育;从生活与教育的关系上说,是生活决定教育。陶行知生活教育理念的另一重要主张是"社会即学校",他强调:不运用社会的力量,便是无能的教育;不了解社会的需求,便是盲目的教育。如果学校不能运用社会的力量以谋进步,社会也没法吸收学校的力量以图改造。此外,"教学做合一"是生活教育的又一重要主张,这是对"生活即教育"在教学方法上的具体化,它的涵义是:教的方法根据学的方法;学的方法根据做的方法。事怎样做便怎样学,怎样学便怎样教。教与学都以做为中心,在做上教的是老师,在做上学的是学习者。"做"是知识的重要来源,也是创造的基础,身临其境动手尝试,才能真知,才有创新。

与陶行知同时代的另一位教育家——陈鹤琴——同样也倡导"活教育"的思想,他坚持把儿童视为教学活动的中心,其课程论的核心是"大自然、大社会是活教材",他主张:到田间去,到大自然去,到动物园去,一切的一切都是活的。其方法论是"做中教,做中学,做中求进步"。"做"是学习的基础,做了就与事物发生直接的接触,就得到直接的经验,就知道做事的困难,就认识事物的性质。

第二节 体验式培训概述

(一)体验式培训缘起与发展

体验式培训是教育者利用自然环境或人造环境,有目的地让学习者亲身参与各种"挑战"与"冒险"活动,并通过直接体验与引导反思,使个人与团队发生正向改变的教育方式。它通过让学习者面对看似困难重重甚至不可能完成的任务,让个人与团队学习克服原先对自我能力认知的预设,突破习惯的思维模式,并通过与真实生活进行联结,启发学习和改变。

将体验式培训作为体验学习教育理念具体化的一种独立学习方式,是由毕业于牛津大学的哈恩博士所开发的。他说:我把生存品质的提高作为教育最主要的任务——进取心、好奇心、永不言败的精神、韧性、自我判断、同情心。哈恩敏锐地发现了学校教育的局限性,认为学校教育早已不能充分满足学习者全面发展的需要,学习者普遍缺乏自信、不懂感恩、少有体谅。基于对此种问题的焦虑和担忧,他研究了一系列补救的教育方式,为学习者提供挑战、突破和冒险的机会,如野外生存、攀岩、徒步、皮划艇、沙漠求生等,以激发学习者个人及他们所在群体解决问题的能力,提高他们的环境适应与生存能力。自此,体验式培训逐渐被推广开来,学员也从海员扩展到军人、学习者、少年儿童、工商企业的学习者、政府公务员及特殊人群,培训目标也从单纯的体能训练、生存训练扩展到休闲、教育、发展与治疗等领域。

库尔特·哈恩(Kurt Hahn,1886—1974),德国人,教育家。1886 年,哈恩生于柏林一个犹太人家庭,年少的他酷爱露营和探险。哈恩在 19 岁那年,因光着头去划船而严重中暑,小脑被严重晒伤。为了配合治疗,他不得不在黑暗的房间里待了一年时间。恰恰是这段时间,他从事了大量的体育锻炼,同时还阅读了各种的书籍,为他后期从事教育事业打下了良好的基础。

哈恩从牛津大学毕业后回国(1910—1914),并在第一次世界大战期间供职于德国外交事务部门,期间担任马克斯王子的私人秘书。此后,在马克斯王子与教育家 Karl Reinhard 的协助下共同创办了萨勒姆(Salem)寄宿学校,在 1920—1933 年担任该校的校长。因为公开反对希特勒,哈恩于 1933 年 3 月被投入狱中,经英国政府的要求才得到释放,之后他便流亡到英国,并于 1934 年在苏格兰创办了戈登斯敦学校(Gordonstoun School)。

1. 外展训练学校(Outward Bound School) 戈登斯敦学校随着第二次世界大战的爆发,随即被英国军队征用。而后转移到威尔士的哈恩与船商劳伦斯及教育家吉姆合作,致力于解决年轻水手存活问题和青少年的需求问题。他们相信当时的年轻水手与年轻人需要得到一种经验来改变自己的态度。于是在共同努力下,他们创立了第一所户外学校——外展训练学校,意义为即将离开安全港口的船只,航向海外的冒险精神与求生意志。

1941年,外展训练学校作为一个延续哈恩教育理念的新学校在威尔士阿伯德威创立。这所学校并不是军队的基本求生技能训练中心,而是为青少年提供课程的学校。就学的青少年中,有许多准备开始服兵役,其中一部分人由劳伦斯的船业公司资助来学习的,而其他的学员则来自于不同的组织,如警察局、消防队、地方政府、学校或者企业。在这所学校里,最开始的时候是为期30天的课程,课程内容包括:定向、搜索与救援、运动技能、小艇航行、海洋与山脉远征、穿越障碍与社区服务。

外展训练学校如何达成它的目标?我们以穿越障碍类课程来简单了解一下。这类课程可以看做是现代绳索类课程的先驱。年轻的学员们必须以船舶绳摆荡,穿越架设于树顶的绳桥,然后攀爬绳网与平滑的木墙。这些障碍是用来模仿在海上航行时的情景。但是这类课程不只是用来作为年轻水手遭遇海难时求生的手段,更大的意义在于增进自信心,以及与同伴间合作的能力。可以说,外展训练学校不只是为水手的求生做训练,而是通过海洋训练进行价值教育,对年轻人的人生产生益处。

——Miner,1990

随着阿伯德威外展训练学校的成功创建,第二所外展训练学校在1950年于Eskdale Green成立。在此后的十多年的发展中,外展训练学校在英国陆续地成立。1958年,在马来西亚Lumut创建了英国以外的第一所外展训练学校;1962年,美国第一所外展训练学校在科罗拉多Marble成立,此后,多所外展训练学校在美国陆续成立;1969年,加拿大创建外展训练学校;1970年,中国香港成立外展训练学校;非洲的肯尼亚、新加坡、日本等地开设外展训练学校。外展训练学校目前已经遍布全球各大洲三十三个国家或地区,拥有四十五所学校,而且还在继续发展。

时至今日,外展训练学校已经成为世界上发展最早、最成功、最有影响力的体验式培训组织之一。

2. 国家户外领导力学校(National Outdoor Leadership School) 1951—1952年,美国人乔什·曼纳(Josh L. Miner)在戈登斯敦任教,受哈恩教育理念的启发与影响,于1962年将外展训练引入美国。随着外展训练学校的活动在美国的推广,人们对于其他类型冒险活动的需求也随之而来。1964年,科罗拉多Marble外展训练学校的Paul Petzoldt有感于一个成功的冒险探索课程需要卓越的户外领导力,他提议开设专门的外展训练学校来教育引导员成为优秀的外展训练领导者,但是由于当时美国外展训练学校的创立者乔什曼纳正全力以赴地创立明尼苏达缅因的分校。因此,Petzoldt带着这样的期望和遗憾离开了科罗拉多Marble外展训练学校,与Ernest Tapley在怀俄明州Lander成立了专门培养引导员的学校——国家户外领导力学校(National Outdoor Leadership School,NOLS),致力于野外教育与户外领导力的训练,以提高引导员的户外活动技能、野外技能、环境学习、风险管理与领导力等课程(表1-1)。

表1-1 NOLS课程介绍

名称	课程内容
领导力、团队建设、冒险行为	高效冒险行为领导力的角色与技能体系 个人领导力风格建立

续表

名　称	课　程　内　容
户外活动技能	户外装备使用、选择与维护 路线设计与计划 野外炊事与餐饮 户外环境中的保温与保暖 户外定向、导航、地图识别与指北针 营区的选择 卫生系统与垃圾处理方式
环境学习	"无痕山林"原则下的营地与资源保护 动物、植被、气象学、地理学知识 区域性环境问题 土地管理机构的功能与组织 社会、生态与经济系统的可持续发展 日常野外生活的伦理与实践
风险管理	健康与舒适的维系 野外损伤的防护与治疗 风险识别与决策 主客观风险的识别与规避 急救程序

3. 主题式冒险（Project Adventure，PA）　　主题式冒险作为在外展训练学校基础上的创新与发展，是众多改编课程中最有知名度的。在 1970 年，外展训练学校的课程就已经对美国的教育界的改革产生影响。教育者将外展训练学校课程中教育理念和教学方式的优势引入主流的高中课程，例如：

（1）能否在高中体能课中，每周安排两次约为 45 分钟的外展课程活动？

（2）学习者能否在体能课中，学到如何在团体中解决问题？同样的，能否在生物课中以团队合作的方式上课？

（3）学习者是否能在他们的社区中，协助某些团体解决问题？在这个过程中，能否知道针对需求提供服务，并且学到有关价值和社会方面的课程？

此时，Jerry Pieh 是汉密尔顿市温汉姆高中的校长。1971 年，他接受美国联邦政府教育部的资助，提出了一个三年的教育改革发展计划，这个教育计划称为"主题式冒险"。这项计划的内容为：将体育课学到的团队合作与问题解决技能应用到其他学科。

1974 年，当 PA 课程三年教育试验期结束时，评价结果发现学习者们的自我概念与学习焦点有了非常显著的改变。同年，教育部推荐该校为国家示范学校，最终 PA 课程得以在美国 400 所学校进行推广。1981 年，该组织正式注册成立为非营利性机构，并由卡尔·朗基（Karl Rohnke）任主席。从此，另一个对体验式培训领域影响深远的组织——主题式冒险——在美国诞生。

不同于外展训练学校课程，PA 课程的特点在于：运用游戏、问题解决类活动以及绳索活动，达到教学目标。不论是在学校、青年组织、政府部门、医院，或是社区、工商企业训练或咨询辅导等领域,开创出独具一格、极具创意的课程体系。值得一提的是,相对外展训练的课程结构,由于 PA 的绝大多数课程时间较短,为求更有效的团体学习,PA 发展出了一个完整的教学体系——经验学习圈、全方位价值契约以及选择性挑战等原则和价值观。PA 的教学过程以引导反思为核心,目的是让参与者透过团体活动的具体共同经验,与真实生活或工作进行连接联想,进而启发学习与改变。PA 对引导反思的技能研究与实务,一直扮演着先驱者的角色,到目前为止,尚未有任何其他机构可以替代。

外展训练学校、国家户外领导力学校、主题式冒险的陆续成立与发展,也促成美国许多体验式培训机构的发展,如美国体验教育协会(AEE)成立于 1974 年;1977 年,国家户外领导力学校的创始人 Paul Petzoldt 为了推动更专业标准的户外领导能力,提升户外冒险、户外活动的安全及对大自然的保护,成立了美国野外教育协会(WEA),并于 1986 年提出国家标准训练课程,从技能、领导能力、教学指导三个层面展开,定义了 18 项重点认证课程,为体验式培训从业者提供更加完善的训练课程。

(二)体验式培训在我国的发展

自 1970 年中国香港正式引进外展训练学校开始,体验式培训正式在中国开始了其发展和创新的道路。国内早期的体验式培训比较强调"纪律"和"服从"。20 世纪 90 年代中期,一些资深的教育家、社会工作者将"尊重为先"的理念带入培训中。尊重包括:导师尊重学员、学员尊重导师,由尊重带来"自重"和"自律"。培训内容也从技术训练逐渐加入个人成长的元素。1999 年,外展训练学校(香港分校)在广东肇庆市建立了国内第一个外展训练基地。借此,体验式培训正式传入中国。自 20 世纪 90 年代初开始,体验式培训在中国内地有了一个家喻户晓的名字——拓展训练,并于 1995 年 3 月 15 日,成立中国内地最早从事体验式培训的专业机构——人众人教育(前身为"北京华融拓展训练学校")。人众人教育作为国内第一家专业从事体验式培训的机构,是国内体验式培训的倡导者和领航者。自 1996 年,人众人教育将体验式培训注册为"拓展训练",这种新兴的培训方式随即得到了媒体的广泛关注。人众人教育陆续在全国 12 个省、20 多个城市推广体验式培训,并建设了 34 个专属培训基地,逾计媒体报道达数万条,由此产生了强大的社会影响力。从青少年院校教育到高等 EMBA 商学院,到各类组织机构员工培训,"拓展训练"已经成为社会教育中普遍运用的教育方式。在体验式培训行业,人众人教育首次出台了国内第一本《拓展训练安全操作规范》白皮书,其安全标准和效果标准,一直是行业的标杆和指导。今天,人众人教育已成为国内知名的培训机构,为各类企事业单位尽心服务,协助组织机构成长并引领行业不断前行。截止到 2014 年,人众人教育已培训学员超过 370 万人次,培训的企业超过 3 万家,帮助企业和个人实现突破式发展,成为全球最大的体验式培训机构。

中国人最早接触到国外体验式培训是在香港的外展训练学校。"外展"一词从英文"Outward Bound"意译而来,虽有些牵强,但知道英文的人也能接受,然而国人难以理解。刘力建议用"拓展"一词,以表达"拓展心胸、拓展意志、拓展人格"的理念。大家赞同,遂有"拓展训练"之名。时至今日,当年显得生僻的"拓展"一词,早已因拓展训练的带动成为流行词语。然而在当时,却在注册和推广时遇到困难——词语生僻、理念新鲜、形式奇怪,以"正统"的教育培训习惯眼光难以理解。

——王纯新

第三节　体验式培训的价值与特征

一、价值

(一) 外展训练学校的核心价值

第二次世界大战后,外展训练学校的价值被逐渐推广至与品格缺失和道德没落等社会问题的讨论。针对年轻人态度与能力的低落,哈恩总结了六个方面的问题:

(1) 因为现代的工业化,使人的身体不健康;
(2) 因为文明的生活,使年轻一代变成没有自动自发的精神;
(3) 因为匆忙的生活,使人们缺乏记忆和想象力;
(4) 因为科技的进步,使得传统工艺衰退,所以人们的技能也随之衰退;
(5) 因为生活较容易舒适,因而缺乏自律;
(6) 因为竞争而忙碌的生活使大家失去热忱。

外展训练学校在哈恩创办时,就强调以提高年轻人的意志力为核心,而这其中又以品格发展,提高心智、生理和精神层面,使得年轻人对自己、别人和社会的责任感有更好的理解和行为。以学习手工艺、体适能、团队合作、领导力、自信、责任的承诺等能力作为品格发展的内容。外展训练学校一直以来以提供年轻人冒险和挑战的机会著称,其课程大多的活动会包括比较具有挑战的内容,而这些刺激和不可思议的体验会包括不确定的结果和可被接受的风险。除了这些冒险和挑战以外,几乎所有的外展训练课程包含关怀和服务的活动,而这些活动改善我们所处的共同的、多元的人类和自然的世界,以真诚的关怀连接我们彼此和周围的世界。关怀的行为和服务的德行包含了实施与接受。这一切的学习都是体现体验学习强调"做中学"的基本思想,并是建立在活动和反思基础上的教育模式。经验是可以被设计和反思的,而价值和技巧同样是逐渐改变的过程。由于学习者自然地投入及热情地参与,他们很容易就会感受到作为社会公民对于社会和环境的责任,因为学习者会逐渐感到选择和行动的结果会对社会和环境有正面的冲击。因此,外展训练的学习者和教师都会主动关心社会和环境的需要,进而主动参与一些活动如自然环境保护、户外救援、社会救助与关怀行动。

除了延续传统外展训练学校的课程类型之外,美国地区的外展训练学校针对公立学校的需要进行了改革,发展出了另外一个全面性的远征式的外展训练课程(expeditionary learning outward bound, ELOB),展现出了不同的课程内涵。这些课程因为创办的地点和使用工具不同,所以使得体验式培训有了不同的特色及核心价值的存在。ELOB一直秉持"永不放弃"的课程信念,并相信成长是由支持、鼓励与强调正面积极行为作为成功的导向。为了获得成功的体验,鼓励是其中一项解决高期待与现实冲突的关键因素。所有的学习者都会在相互支持的氛围中协调合作、鼓励与人际关怀。所有的学习都是以团队解决问题的方式,这可以让不同的人贡献各自不同的力量,解决无法独立解决的问题。这种类似一种"实验室"的学习环境,比起较少预测性与熟悉度的教室而言,更复杂、更吸引人,更突出体验学习的价值。而这一切,都是为了整合智力、社会、心理与情感的学习与发展。

综合以上内容,可以看出外展训练学校的课程核心价值为:品格和发展、冒险和挑战、关怀和服务、社会和环境责任、高期待的目标和永不言弃的信念、个人发展与团队互动的平衡等。到目前为止,全世界的外展训练学校的共同口号依然是服务、奋斗、永不言弃。

(二) 主题式冒险(PA)课程的价值

PA作为美国体验式培训最具代表性的课程已有四十多年的历史,这期间不仅在学校、社区、工商企业界等各社会层面得到推广,甚至还针对示范行为学习者、困难家庭及需要特别治疗咨询的团体发展出各种不同的冒险治疗课程。作为PA的主席,卡尔·朗基在其著作《银色子弹》中总结了PA课程的价值。

(1) 增强参与者的自信心。许多活动的目标在于让人们发觉自我的潜能,通过一系列有不同强度活动的尝试,无论是成功或失败,都能提高学习者的自信心。

(2) 增进团队成员的互相支持。只要你努力去尝试,便会得到别人的尊重。只要彼此使尽全力,成功或者失败便不再那么重要。在许多活动中,团队的成功或失败往往取决于成员之间的努力程度、合作以及互相支持的气氛。

(3) 提高身体素质。许多的活动或游戏需要身体良好的平衡性和协调性。一般而言,在舞蹈和足球运动中,人们会认为自己是笨拙的。然而身体素质是可以经过练习而提高的,通过将运动类课程加入其中,这样的进步可以增加学习者的成就感。

(4) 促进独处时或者与他人相处时身心发展的乐趣。评估各种活动的一项标准,也是活动不可缺少的元素是趣味性。

由于PA在1971年开始推动之时是结合体育课程开始实施的,因此其价值不得不导入了体育课程的课程目标:①运动概念的理解以及运动技能的使用。虽然PA课程能够教会的不仅是运动技能,但由于身体运动主要集中在体育课上,学员在有趣而无危险的环境中,掌握重要的运动技能,这些不具有竞争性的活动,允许了更多初级运动技能者的参与。课程的目标不再是学习谁能把球扔得最远,而是投身于各种投掷活动中,运动技能的获得仅仅是吸引学习者的一部分。②个人和社会的责任行为。学习如何恰如其分地与他人互动,对学习者未来的学业、社会发展和个人成功至关重要。参加PA课程的学习者将有机会去探寻与讨论这些问题,学习者们将体验探索、质疑、参与,同时去学会如何分享和遵守制度。③有效人际关系技能的运用能力。大多数企业当被问到未来员工哪些素质会被高度关注时,不可避免地会提到是否拥有和他人一起顺利工作的能力,是否具备领导力,是否能够和他人协调冲突和解决问题。PA能够通过在活动中问题解决的过程提供给学习者学习、练习并应用在未来实践中的工具和思维方式。

此外,面对当前服务于工商企业训练的需要,PA课程中涉及了越来越多的有关冲突的管理、团队发展进程、领导力模型的讨论,其价值也进一步地得到了丰富,具体表现为:①运用于合适目标的设定的决策能力,冒险和问题解决能力;②从活动中可以了解挑战、享受、创造力、个人表达能力和社交;③对个体差异的理解和尊重。

由此可见,PA课程的核心价值可以概括为:提升自信心、沟通、信任、尊重、运动技能、人际互动问题解决、决策、领导与合作、团队社会责任。

(三) 美国童军挑战户外个人体验专案(project challenge outdoor personal experience,Project COPE)的核心价值

1982年,随着PA的发展日益扩大,美国童军总会接受了体验学习的观念,开始全面推广平面活动及绳索挑战活动,并且成立了Project COPE委员会,设立属于美国童军的冒险挑战课程。Project COPE课程并不强调竞争中的输赢,而是鼓励学习者做到最好,强调自信建立、

领导力培养、团队任务完成。课程提供每位学习者获得个人成功的机会。虽然 Project COPE 的目标是为童子军而定,但其广泛且弹性的课程适合各年龄层及各种社会背景的人,其核心价值如下。

(1) 非竞争性:竞争是人的本能,往往在竞争之时,我们很容易受情绪和思维的干扰而失去对学习意义的思考。非竞争性强调合作的重要性,在大部分的团队活动中,都没有赢家或输家,团队成功完成挑战是关键,此时团队合作比独自奋斗获得的更多。

(2) 沟通:Project COPE 鼓励团队成员学习在完成任务时倾听及讨论的技巧。这些技巧对任何准备完成困难任务的团队是至关重要的。

(3) 信任:活动具有冒险性,活动的设计会让学习者适当地离开舒适区进入成长区,造成"失衡"。一旦"失衡"(失去安全感)就会造成混乱和自我混淆,这时就需要外界的帮助,在帮助的过程中学习者逐渐建立信任,同时也建立新的舒适区。

(4) 领导能力:领导力在多方面得到表现,团队成员在解决活动中的任何问题时,都有机会发展及练习领导技巧。

(5) 做决策:Project COPE 需要团队在面临问题时找出一个或多个解决问题的方法,并决定采用哪种方法更为合适,考虑可获得的资源以及可替代的方案,并对可能的结果作出预测。

(6) 乐趣与刺激:所有的课程都会强调"乐趣与刺激",因为"乐趣与刺激"是人们学习的动力或者说是学习的吸引力。鼓励人们自发去参与活动,引导人们在合理的范围内得到乐趣,使他们不受偏见行为影响而有所互动。

(7) 问题解决:课程本身不断地挑战团队和个人对有趣的问题找出答案,学习者可以尝试他们的方法,并评价结果。

(8) 自信:自信的产生来自外界的鼓励、自我的鼓励和成就,如他人的帮助和支持、自己内心的暗示鼓励以及完成一件作品等。Project COPE 通常会设计学习者通过努力可以达到的课程目标,让学习者在完成目标的挑战中获得成就感,促使个人或团队产生自信,并鼓励他们接受调整达到更高的目标,逐步建立信任。

(9) 跳出思考框架:Project COPE 课程很多时候会鼓励学习者能跳出思考的框架寻找更多的解决问题及建立良好人际关系的创意。

综上所述,通过对外展训练学校(OBS)、主题式冒险(PA)、美国童军挑战户外个人体验专案(Project COPE)及拓展训练的核心价值的梳理和总结,我们可以将体验式培训的核心价值大致概括为:自我认知、自信、品格发展、冒险和挑战、怜悯和服务、个人责任、社会和环境责任、决策、领导力、冲突管理、问题解决、建立信任、高期待的目标、永不言弃的信念、个人发展与团体平衡、团队合作、注重绩效和步骤、快乐和刺激。

二、体验式培训的特征

体验式培训作为一种独特的教学形式,其包括了四种学习意义:①经验学习:学习者从实际的经验中学习。②行动学习:学习者从观察、尝试和操作中学习。③反思学习:学习者从一连串的反思中强化生活能力。④能力学习:整个学习过程中,能力的获得重于知识的记忆。

所以体验式培训的内涵是通过系统的情景设计,通过学习者全身心的体验,用眼睛观察、用耳朵倾听、用手操作、用身体感觉、并用头脑去思考,真正达到"从做中学"的一种学习方式。体验式培训有别于"讲授式"的教学法,针对一些抽象、难以描绘的主题,借助游戏与活动所创造的具体经验,通过引导的过程,带领学习者反思,深入地领悟与体会,进一步将厘清的结论与概念，应用于真实工作现场。

体验式培训究竟有什么样的魅力和特质，才能让学习者在不知不觉中融入团队融洽的学习氛围中，使活动经验产生学习价值，促使学习者学习，甚至是改变？美国学者 Ann Smolowe、Steve Butler、Mark Murray 等人在《Adventure in Business》一书中对体验式培训的特点进行了概括，即互动性，具有学习意义，趣味性，以经验为基础，冒险与挑战，信任与支持，内观察觉，跳出框架、创新思维，自然发展等。

1. 互动性（interactive） 每一个体验式培训活动都强调团队成员的参与及分工合作，活动目标的达成要求团体内部必须通过讨论、决策，进而找到更有效的方法、流程及策略来解决问题。在每一个活动的开始阶段，团队内部针对目标、规则进行思考，在讨论的过程中达成共识，找到可行的方法，进而间接地相互了解彼此的思维方式和价值观，在不断的互动中团队信任度得到提升，以此团队得以发展。

2. 具有学习意义（meaningful） 体验式培训之所以成为一种教育手段，不仅仅是因为活动中的玩乐，更重要的是活动中的体验能够转化为对生活有意义的经验。体验式培训的引导员通过对学习者学习需求的诊断和学习目标的厘清来精心设计活动，并邀请学习者进入活动情景，全身心地参与活动体验及讨论分享过程中，跟随引导员的带领将活动经验与实际生活连接起来。如此一来通过有效的活动设计与引导，让当下活动产生更加深远的意义。

3. 趣味性（mirthful） 轻松有趣的情境更有助于学习者专注学习与减轻防备。体验式培训的活动以有趣及富有挑战性为基本元素，有趣的活动一方面创造活跃的团体学习气氛，另一方面亦能激发人们尝试挑战的动机。有别于一般讲授式课程，一天的活动体验让学习者置身轻松有趣、安全信任的环境中，以开放的心胸，通过彼此脑力激荡，沟通与协作，找出真正属于学习者的解决方案。有趣且具有诱发动机的气氛是体验式培训学习的基础。

4. 以体验为基础（experiential） "做中学"的体验学习理念无时无刻不影响着体验式培训的教学过程，通过对"经验"的反思察觉，发展出一套更有效的想法及解决方案。真实经验的代价太大了，可能是一场意外，或是一笔损失，这样的学习称不上"有效率"。体验式培训是通过情境的模拟，借助团队共同的具体经验，经过反思与察觉，与现实连接产生意义，进而讨论未来可行的想法或做法，即使失败，它的代价也不至于太大，只需要再来一次！体验式培训着重于提供及塑造出一个贴切的团队共同经验。这样的操作方法，其关键在于如何让学习者将活动的具体经验与实际工作进行连接，即便是最初的任务简报、规则说明，若能设定合适的情境剧本，都可以让学习者的思绪开始与其经验产生连接。

5. 冒险与挑战（risky） 体验式培训活动中最具有"冒险与挑战"特点的非高空绳索类的活动莫属（图 1-1）。可以想象一位学习者在穿戴好安全装备的情况下，通过个人努力攀爬并站上 12 m 左右高的立柱，在没有任何的支撑物帮助下保持身体平衡，他需要跳出去抓住距离他 1.5 m 的一根横杆。其他团队成员在地面为他提供保护，并大声鼓励着他，他站在上面犹豫了很久，直到他身心做好准备，并愿意为挑战放手一搏，奋力跳出，但他最终并没有抓到这个横杆，回到地面。尽管如此，所有的同伴向他表达祝贺与鼓励，因为他已经做了对他来说最勇敢的尝试。抓到横杆，实现目标固然是件令人兴奋的事，但是更重要的是他尝试挑战的意愿。冒险与挑战让人们尝试超越自己的安全地带，跳出过去具有的经验及价值观，进而接触新环境、学习新经验和新思维。体验式培训的过程中，挑战有两个层面：心智和体能上的挑战。

心智上的挑战针对学习者面对问题、困境时所持有的态度与想法。体验式培训鼓励学习者可选择性地面对挑战，而他是否抓到那根横杆，并不是体验式培训要解决的重点，重点是学

图 1-1　高空绳索攀爬

习者是否愿意冒险，突破自己的舒适区，尝试参与和应对挑战。爬上 12 m 高的立柱，站在立柱上方，又继续突破第二道安全界限，跳出去试图抓住横杆。跳出活动来讲，这样的行为动机可以被迁移至许多工作和生活情景，以极小化的失败——没有抓到那根横杆为代价，带来极大化的无限可能——愿意冒险突破自己的安全界限，接受新的挑战。

6. 信任与支持（supportive）　体验式培训通过创造安全信任、彼此支持的学习环境，使学习者更愿意彼此互动、讨论分享、发现新思维、产生学习与改变。事实上，这种信任与支持的气氛，同时也是学习者期望在真实的工作生活中能感受到的。甚至这种积极营造的互动情境，能促使部门或团队成员以更和谐和有效的方式合作，解决问题产生绩效。值得一提的是，在这样的氛围下，透过观察往往会意外地发现，团体成员彼此在真实的工作现场之外，当扮演不同的角色时，也有彼此不为人知的新潜能，进而促进未来变革的新的可能。

7. 内观察觉（introspective）　体验式培训的引导员通常会通过带领学习者面对过去，察觉自我，审视个人认知、价值观、行为及对团体的影响力。虽然体验式培训课程的情境与真实生活有所差异，但经过针对需要而设计的活动流程与引导方向，团体中每个人对彼此之间所产生的团体动能与影响力，会不断地出现在体验活动的过程当中，透过观察，让彼此发现新的可能性与学习目标。体验式培训的过程，即是自我察觉的过程。

8. 跳出框架，创新思维（out of box）　如同企业运作需要不断地创新流程、产品，让客户满意，维持与客户良好的关系，体验式培训也需要给团队提供许多问题解决活动，并号召团队成员一起运用"头脑风暴"等思维方式深入地引导与讨论分享，引导员带领学习者一步一步地澄清工作上、组织内部与外部的运作与关系，激发出新的创意与新思维。体验式培训的许多活动的设计与带领，目的是让学习者保持"跳出框架"的创新思维。

跳出框架的意义不只是带来创意与思维，更重要的是，让学习者借由一系列的活动与引导察觉，跳出过去的成功经验框架，产生新的思维方式与新的行为模式，面对现在与未来的挑战，通过改革进一步为他们的团队与组织带来竞争力。

9. 自然发展（natural）　体验式培训是一段极具生命力的过程，不同的团体、不同的活动、不同的地点与时空，都会被激发出不同的团队表现，无法重复。从热身活动、破冰活动，经历问题解决活动、沟通活动，通过精准的引导与讨论分享，既尊重每位学习者的想法与价值，又看中团体自身的共识与目标。在这个过程中，如何带领团队向问题解决与学习目标迈进，即是体验式培训活动设计及教学过程的重点。

第二章 体验式培训的基础理论与学习理念

第一章介绍了体验式培训的定义、缘起与发展历程,为我们初步诠释了何为体验式培训。体验式培训作为体验学习在个人与团队学习领域的应用,已涉及休闲、教育、发展与咨询治疗等领域,其学科基础涵盖了哲学、心理学、行为科学、教育学、社会学在内的众多知识体系。作为一种适用性较强的学习方法,支撑它的基础理论是什么?本章我们将从教育学、心理学和行为科学的角度深入了解体验式培训的基础理论,以及要想更好地发挥体验式培训在实际应用过程中的效用,需要遵守哪些学习理念。

第一节 体验式培训的基础理论

一、体验学习圈

库伯作为"体验学习之父",最伟大的贡献在于他系统地研究了人类历史上各种学习理论和学习策略,创造性地提出四阶段"体验学习圈"(experiential learning cycle)模型(图 2-1),由于这个模型构建了程序化、科学化的体验学习过程,也使得体验学习圈在世界范围内被广为引用。库伯通过体验学习圈将学习定义为基于体验的持续过程,包括具体体验(concrete experience)、反思观察(reflective observation)、抽象概括(abstract conceptualization)和行动应用(active experimentation)四个阶段。

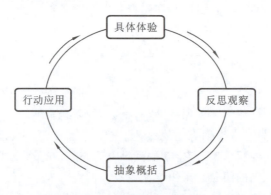

图 2-1 库伯的体验学习圈

在体验学习过程中,具体体验应该是反思观察的基础,例如一个儿童手碰到火焰,结果被灼伤。由于疼痛感会引发此体验者的思考——为什么会被灼伤呢?此时的情境就会同化形成一种概念或理论——火焰会伤人。再经由体验者演绎推理到新的认知中去——以后遇到类似火焰的物质,它会使我受到伤害。这些认知或假设要经由未来行动应用的检验,并产生新的体验——我接触到高温物质时,会不会也受到伤害?以上事例说明,体验学习圈继承了杜威的经验连续性的哲学思想,循环过程促进了学习者经验的改造与重组(图2-2)。需要注意的是,体验学习圈并不是从具体体验到行动应用,经过一个阶段的循环就结束了,它也不是一个单纯的"平面循环",而是一个"螺旋上升的过程",到行动应用又意味着新的体验的开始。

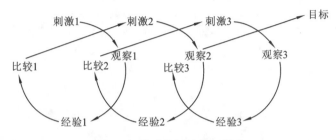

图 2-2　杜威的经验学习模式

注:杜威经验学习模式强调将学习放在一个经验、概念、观察和行为相结合的辩证过程。经验的刺激促进观念的形成,观念进一步指导刺激。观念和判断必须介入其中以延缓立即行动,行动是目标达成所必需的条件。

从体验学习圈的发生过程来看,从具体体验、反思观察、抽象概括到行动应用四个相适应的学习阶段,学习者经历了从感知者、观察者、思考者到实践者之间的角色转变,反映出体验学习本身不仅要经历感知和思考,更有反思和行动等复杂的学习过程。因此,有效的学习必须相应拥有四种能力:具体体验的能力、反思性观察的能力、抽象概括的能力和应用实践的能力。若没有知觉、反思与感受、行动的整合,学生就仅仅是被动的参与者。如此一来,具体体验与抽象概括、反思观察与行动应用之间就形成了辩证对立的矛盾关系,而经由此冲突解决的过程便产生了有意义的学习。这两个维度的冲突能够反映出体验学习的过程机制,即学习过程中经验获得与意义转换的方式。

1. 经验获得方式　从认识论的角度来看,人类经验的获得来源于直接经验或间接经验。在传统教学领域内,直接经验与间接经验、个体经验与学科知识之间一直存在着人为地割裂和对立,其本质是经验与理性的对立。在体验学习过程中,库伯将通过真实具体的觉察来获得直接经验的具体体验称为感知(apprehension),而将体验深入内心并依赖概念解释或符号描述的抽象概括的认知过程称为领悟(comprehension),它是获得间接经验的主要方式。因此,我们清楚地看到体验学习不仅要重视具体体验所获得的直接经验,对于通过抽象概括所获得的间接经验也需要重视。在体验学习的过程中,感知的经验和领悟的认识处于平等的地位,知识正是从这两种认识形式的辩证关系中产生。

我们的智力发展过程由各种各样的方式所组成。其中,直接理解的过程可以称之为感知,而间接理解的过程则称为领悟。

——杜威《我们怎样思考》

2. 意义转换方式　体验学习过程中,学习者必然要经历对认识对象的意义转换,或者说建构学习的意义。这个过程同样包含着两个相对的意义转换方式:一是通过对体验进行反思和观察,这是缩小内涵(intention)的过程;二是通过将个体抽象概括的结果进行应用,或与现实生活进行连接,这是扩大外延(extension)的过程。内涵和外延是两种基本的意义转换与学习迁移的方式。建构主义学习理论认为,任何一个知识都具有一定的内涵和逻辑外延。体验学习中的反思观察所形成的意义要通过行动应用来验证和理解,这说明学习离不开应用。体验学习的意义就在于学习者在体验学习过程中,经历着知识内涵及外延的变化,通过"看"与"做"的交替,形成学习迁移的能力,并不断地通过外界环境来进行验证。正如前文被火焰灼伤的例子,火焰本身并不能构成经验,只有将火焰与被火灼伤的痛苦后果连接在一起,才算是收获了经验。同样,如果只知道手被灼伤,而不知这是把手伸到火焰里的后果,依旧无法构成经验。

由此可见,体验学习者本人在体验之后必须有所作为,才会使体验产生意义,这就需要经历内涵缩小的反思——即将火焰、手的灼伤、疼痛等观察转换为"火会烧伤人"的内涵意义,内涵缩小的转换表明形成了体验的意义,并可作为今后继续尝试或改变行为的参考。而所形成的意义还要经由外延扩大的过程去检验,使得体验学习产生迁移——以后碰到类似的场景时(如燃烧或高温等情境),在行为上能否以顺应的方式来调节自己的行为?因此,体验学习中如果没有内涵的缩小,体验就会稍纵即逝;如果没有外延的扩大,体验就会停留于此时此地,体验学习就会失去它应有的效应。

关于体验学习圈,国外不同学者因研究兴趣及研究方向的不同,曾提出其他的多种体验学习模式,见表 2-1。

表 2-1 其他的体验学习模式

名 称	提出背景	特 点
单阶段模式——"让山峰自己讲述"(mountains speak by themselves)	外展训练学校在英、美国家的日渐兴起	(1)认为体验本身就足够激发学习,教师只要架构与组织学生喜欢且乐于从事的活动,而不需要组织讨论和反馈,便能产生学习 (2)由于体验式学习的过程实际上只是经历一个过程,因此学习者所获得的体验能否整合产生学习,并应用到实际生活中,难以说清
二阶段模式	杜威:"体验加反思等于学习"理念	(1)体验与随后的反思是构成和促进教学的有效方法。教师除了创设情境,引发体验之外,还要帮助学生厘清体验的意义并整合到日常生活中 (2)在体验之后进行反思,有助于学习的深入,并产生系统的感悟,而反思之后的进一步体验,又会引发新的思考与感悟
三阶段模式	计划阶段—体验阶段—反思阶段	(1)在原有二阶段模式上增加"计划阶段"这一环节,为的是强调体验学习不能没有目的,必须事先有所规划 (2)"计划"既指确定学习目标、学习计划,也包括设计学习方案,以及学生的自我规划。事先有所计划的体验学习,目标更加明确,学习的内容更为集中,学习的效果通常也更好
六阶段模式——体验学习和评价模式	Peter Jarvis:体验—归纳—概括—演绎—应用—评价	它突出了"评价"在体验式学习过程中所起的重要作用,强调了对体验学习的效果进行分析的重要性

尽管至今仍有学者不断地在对体验学习模式进行研究,但最终这些学习圈的影响却没有超过库伯的四阶段模式。体验学习圈由于是将体验学习划分为若干阶段的一个框架模型,揭示了体验与学习发生的过程机制,可以启发体验式培训活动的设计与组织,因此已成为体验

式培训领域内最为核心的基础理论。

二、学习风格理论

由于我们每个人的学习方向受个人学习目标和需求的引导,因而我们每个人的学习风格在方向上和过程上都是非常个性化的。例如,数学家可能更加强调抽象的概念,艺术家可能会较注重具体的经验,企业管理者更关心概念的实际应用,而植物学家则注重非凡的观察技能。所以,每个人都拥有自己的学习风格,且各有优缺点(图 2-3):过于看重具体体验的学习者,可能容易沉浸在自己的经验中,但没有观察到从经验中应获取的教训;而抽象概括能力较强的学习者往往在形成概念的同时,却忽视了对其有效性的验证。

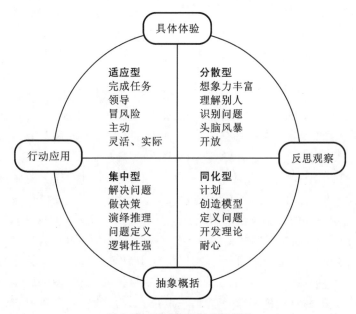

图 2-3 不同学习风格的优势

1. 分散型 综合"具体体验"和"反思观察"两种学习方式。具有这种学习风格的人最擅长从很多不同的角度来看待一个具体体验。他们解决问题的方法是观察而非行动。这种风格的学习者可能会更喜欢那些需要形成很多想法的情景,如头脑风暴式的团队会议。该类学习者可能有很广泛的文化兴趣,并喜欢收集信息,这种对感觉的想象力和敏感性在艺术、娱乐和服务行业都很有效。他们可能会喜欢团队工作、收集各方资讯、开放的沟通以及个性化的反馈意见。

分散型学习风格强调具体体验和反思观察。这种类型的最大优势在于想象力和对意义与价值的领悟能力。这一风格最主要的适应能力是从多角度来审视一个问题,并将复杂的关系整理成有意义的形态。这一风格强调通过观察而非行动来适应。这种风格之所以称为"分散型",是因为这种类型的人在需要提出很多想法和意义的情况下表现得比较好。分散型风格的学习者对人很感兴趣,具有想象力,并以感觉为导向。他们一般具有广泛的文化兴趣,在艺术方面很有研究。因此,这类风格是具有人文背景的人的特点。组织顾问、组织发展专家、人事经理等倾向于具有这种学习风格的特征。

2. 同化型 综合"反思观察"和"抽象概括"两种学习方式。具有这种学习风格的人最擅长理解大量的信息,并把它们梳理为简洁的逻辑形式。同化型学习风格的人可能较少关注到人,而更多地对抽象的观念和概念感兴趣。一般说来,具有这种学习风格的人认为一个理论更重要的是要有很强的逻辑性,而不是实践价值。在正式的学习场合,他们可能更喜欢讲座、阅读、探索分析,以及有时间去全面地思考问题。

同化型风格的学习者主要的学习能力是抽象概括和反思观察。这种风格的最大优势在于归纳推理的能力、建立理论模型的能力,以及将观察到的不同现象同化为一个整合的解释。同化型学习风格的人较少以实际价值来判断想法,他们更重视这个想法在逻辑上是否合理准确。这类风格是具有基础科学和数学背景的人的特点。在组织中,这种人大多数在研究和计划部门。

3. 集中型 综合"抽象概括"和"行动应用"两种学习方式。具有这种学习风格的人最擅长实践想法和理论。集中型风格的学习者可能有能力基于寻找问题的解决方法来化解冲突和制订决策,更喜欢处理技术任务和问题,而非社会和人际问题。这些学习技能对专家和技术职位很重要。在正式的学习场合,他们可能更喜欢实验新想法、模拟、实验任务和实际应用。

集中型学习风格的优势与分散型相反,主要依赖于抽象概念化和积极实践的学习能力。这种风格的最大优势在于解决问题、制定决策和实施想法等实际应用。之所以称为"集中型",是因为这种类型的人在传统的只有一个正确答案或对一个问题只有一种解决方案的智力测试中似乎表现得特别好。在这种学习风格中,知识通过假设性的推论加以组织,并注重在具体的问题上。对具有这类学习风格的人的研究发现,他们更善于控制自己的情绪的表达,偏好处理技术性的任务和问题,而较不喜欢处理社会和人际相关的问题。较多工程师和技术专家显示出比较明显的集中型学习风格。

4. 适应型 综合"行动应用"和"具体体验"两种学习方式。具有这种学习风格的人最擅长从"亲身实践"的经验中学习。这种学习风格的学习者可能喜欢执行计划和参与到新的具有挑战性的经验中,他们倾向于根据自己的直觉而不是逻辑分析来行动。在解决问题时,你可能更多地依赖他人而非自己的技术分析来获取信息。这种学习风格对行动导向的职业十分重要,如市场与销售岗位的员工。在正式的学习场合中,这种学习风格的人可能更愿意和团队成员一起完成任务、制订目标、实地考察,并通过检验各种不同的方法来完成一个项目。

适应型学习风格的优势与同化型相反,强调具体体验和行动应用。这种学习风格的最大优势在于付诸行动、实践计划、厘清任务目标,以及参与到新经验中。这种风格的学习者强调寻找机会、冒险和行动。之所以称为"适应型",是因为具有这种学习风格的人能够快速适应环境变化的情况。在理论或计划与事实不符的情况下,适应型的人最可能摒弃计划或理论。这类风格的学习者倾向于用直觉来解决问题,依赖别人提供的信息多过于自己的分析。他们能和他人和睦相处,但有时候会被认为缺乏耐心、好出风头。在组织中,具有这类学习风格的人常常从事行动导向的工作。

由表2-2可知,没有哪种学习风格比其他的更好或更差,每一种学习风格都有自己的优势和劣势。最有效的学习在于,能够在适当的时候适当地运用最适当的学习方式。在体验式培训的学习过程中,每一个团队成员对于团队来说都是能够有所贡献的,不同的学习风格对于在不同的学习阶段能够发挥不同的效用,在体验式培训的每一个环节,充分利用不同参与者的学习风格,这样就能够避免在一个组织或团队中,由于同一种风格人数过于集中而导致的过于僵化或冲突过大等问题。

表 2-2　组织里某种学习风格的人太多或太少时的问题

适　应　型	分　散　型
适应型的人太多时： 　很少改进； 　无意义的活动 适应型的人太少时： 　不能按时完成工作； 　不实际的计划； 　工作不是目标导向的	分散型的人太多时： 　太多选择而不知所措； 　不能做决策 分散型的人太少时： 　缺乏观点； 　无法识别机会和问题
集　中　型	同　化　型
集中型的人太多时： 　解决错误的问题； 　仓促做决策 集中型的人太少时： 　缺乏集中； 　不能测试观点和理论； 　想法分散	同化型的人太多时： 　空中楼阁； 　没有实际的运用 同化型的人太少时： 　不能从错误中吸取教训； 　工作没有坚实的基础； 　没有系统的方法

三、体验学习发展观

学习是在不断积极主动地做出各种假设的基础上向前发展的。体验学习的每一个阶段都具有发展的可能性，比如从盲从的行为冲动到人生目标的选择，这个发展的过程如同"军队的行进"；在体验"行进"过程中的每一次停顿，经验都经历着同化，并获得了先前事件的意义。除非先前的事件是完全的变化无常，或是太过频繁，不然每一件事情本身都会带着已被提取和保存了的意义。如同军队的行进，在对所有已经取得的成果进行定期巩固的同时，必须思考下一阶段的行动目标。如果行进得太快，我们就脱离了物质供应——自然增长的意义，这样的体验是混乱、贫乏和令人困惑的。如果在吸取了纯粹的意义之后我们还是无所事事，体验将变得毫无意义。

——杜威

在上述四种学习风格中，我们可以通过整合的复杂水平程度来描述学习决定发展过程的方式：具体体验中的情感复杂化导致较高水平的情感；反思观察中的知觉复杂化导致较高水平的观察；抽象概括中的符号复杂化导致较高水平的概念；行动应用中的行为复杂化导致较高水平的行为。图 2-4 描述了体验学习的发展模式，四个维度被描绘成一个圆锥体的形状。底部表示发展的较低阶级，顶部表示发展的最高阶段，整个过程呈现出高度整合的趋势。在每个维度上的发展都经历了参与、冲突、信任、反应到自我实现、独立自主、积极行动和自我调节的过程。在发展过程中，应对外部环境个体经验的方式变得越来越复杂多元、更具有针对性。在早期发展阶段，四个维度之间的发展均处于相对独立的状态。如儿童和青少年能够发展出较为复杂的符号系统，而情感上的发展则表现出天真、纯粹。但是在个体发展的最高阶段适应是为了致力于学习和创造，这就对四个基本适应形式提出了整合的强烈要求。一个学习形式的发展促进了另一个学习形式的发展。例如，符号的复杂化改善和加快了知觉和行为的发展。因此，复杂化和对基本适应形式之间对立冲突的整合是真正创造和成熟的最终特征。库伯认为,人的发展可以被分为三个阶段:习得阶段、专门化阶段和完整阶段。

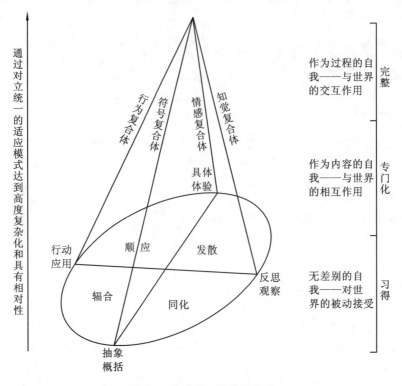

图2-4 体验学习的发展模式

1. 习得阶段 这个阶段从出生到青春期,以基本学习能力和认知结构的习得为标志。皮亚杰对人类这个阶段的发展是研究的最为深入的学者之一。他认为习得阶段可以进一步分为四个过程:①感知运动阶段——从出生至2岁。这个阶段的学习主要是动作式的。也就是说,认知外化于动作和对环境的感知中。因此,适应学习和通过外延转换进行感知是适应的最重要模式。②表象阶段——从2岁至6岁。内化的表象开始独立于他所表征的客体。在这个阶段获得了发散学习的早期形式和通过内涵转换进行感知。③符号发展阶段——从7岁至11岁。皮亚杰称之为具体运算阶段。在此阶段,儿童开始出现发展一系列的逻辑思维和归纳能力,并通过内涵转换进行领悟而达到同化学习。④独立运算阶段——12岁至15岁。在符号表征和归纳演绎的过程中,符号实现了独立于具体实体的过程;这是处于该阶段的青少年能够想象和假设纯粹符号的意义,并能够在现实中检验,从而通过外延转换进行领悟而达到复合学习。

习得发展阶段以结构的逐渐内化为标志,它允许儿童获得不同于环境,可以与具体物分离的自我意识,逐渐开始表现出对内外世界不再是被动接受。

2. 专门化阶段 本阶段跨度较长,涵盖了学校正规教育阶段、职业培训和个人生活与工作中的早期成长时期。通过文化、教育和社会系统的塑造,人们在适应具体化模式中发展了越来越多的能力,使人们在他所选择职业的道路上掌握着个性化的人生目标和发展愿景。尽管儿童在家庭和学校的早期经验中可能就已经开始在学习倾向上形成特殊偏好和专门能力,但往往在中学毕业后才开始做出深刻影响个人发展过程的选择。例如继续接受高等教育,还是经过短期职业培训获得某种职业技能,甚至包括对所学专业的选择等,它们都开始有选择性地决定着人们将会拥有的社会化经验,并由此影响和决定着他们对世界的适应模式。在此过程中,个体所做出的选择对于专门化的发展有着重要的、自我决定性的影响。

关于成人发展的学习理论认为,生活的稳定和改变被看做是来自于内部个性动力和外部社会力量之间的相互作用,它所带来的最强有力的发展动力导致了主体机能与环境要求之间的紧密匹配。匹配以两种方式出现:一是环境倾向于改变个体的特征,使之适应环境;二是个体倾向于选择与他们个体特征相一致的环境。发展总体上趋向于强调个体的特征和技能,因为发展是选择倾向和社会化经验相互作用的产物。社会化经验与选择倾向之间的匹配进一步强化了在以后行事中以类似的匹配方式来进行的经验。这个过程作为选择性加工结构内在于学习方式的概念中,控制着个体与环境之间的交换,因而塑造了个性。在具体化阶段,个体为了达成职业的需要而习得了专门的适应能力,同时在此过程中形成了个性和个人认知。一般而言,个体自我价值感建立在社会对个人努力的回报和认可上。这个阶段主体会开始思考各种与周围世界相互作用的方式——我能做什么,我想拥有什么,世界如何作用于我。

3. 完整阶段 前一阶段的专门化发展为社会发展注入了强大的动力,但却经常以服从个人的实践需要为代价。特别是自西方思想启蒙运动以来,社会对个人实践活动的限制一直是西方社会所讨论的话题,弗洛伊德提出了社会情绪的概念,以此解释个人自然属性中的需求与社会要求之间的冲突(如性和伦理之间)。而后荣格(Carl Jung)对这种冲突作了最为清晰的描述,提出了通过较高水平的整合来应对世界的多元发展。

专门化阶段向完整阶段过渡以个体自身直接面对这一冲突为标志:个体对于社会要求和个体实践需要之间的冲突经验和相应的自我作为客体的意识促使个体向发展的完整阶段转变。体验可以是一个循序渐进的过程,类似于专门化发展阶段需要不断地积累和尝试。但是可能会面临某些急剧的改变,如出现生活或职业发展中的突发变故。在此认知的背景下,个体对生活经验、行为评价和决策的参照体系改变了,而改变的性质依赖于个体占据优势的专门化能力和适应形式。

四、多元智能

也许,将来的某一天,人们会对现时的教育模式感到可笑:教师用同一种教学和评价方式对待所有的学生。我想,我们应该超越传统的简单划一的教学模式,更多地关注:什么是最好的教育概念或主题?怎样把它呈现给学生?什么是展示学生多元智能及推动这项改革实践活动的最好方法?

多元智能观点的核心,不论在理论上还是实践上,都在于认真地看待人的个体差异。

——霍华德·加德纳

智能通常称为"智慧",是指人们认识客观事物并运用知识解决实际问题的能力。它集中表现在反映客观事物深刻、正确、完全的程度上和质量上。一般通过观察、记忆、想象、思考、判断等行为表现出来。

长久以来,智力及其性质和结构的问题上,心理学家们从各个不同的角度提出了很多相异的观点,主要有"单因素说"和"多因素说"两个阵营。传统的"智商理论"和皮亚杰的"认知发展理论"都认为,智力是以语言能力和数理逻辑能力为核心,以整合方式存在的一种能力。这两种理论都属于智力"单因素说",他们认为智力具有单一的性质,通过规范化的测验就可以测出人的智力的高低,某一年龄发展阶段得到的智力测试数据,可以作为后续的依据。由此,心理学家和教育学家们编制了大量的智力测试工具和量表,以测量一个人的聪明程度——智商,即"IQ"。他们信奉"智商像人的头发颜色一样不会改变",这是受基因所决定,与生俱来的"原始"能力。智商越高的人越聪明，反之越愚笨。因此一个人的智商实际上是指解答职能测试题的能力或者善于应试学习的能力。智商测试成为学生学习能力的基本检测工具。我们生活于"完全考试化的社会中"，并像商店出售的商品一样被分门别类地贴上各种标签。

根据英国心理学家斯皮尔曼提出智力的"二因素说"，认为智力可以被分为一般因素和特殊因素。美国心理学家桑代克提出智力的"三因素说"，将智力分为心智智力、具体智力和社会智力。美国心理学家塞斯顿提出智力的"群因素说"，即智力可以被分为计算、词语理解、记忆、推理、空间知觉和知觉速度。

自20世纪80年代以来，西方不少心理学家和教育家在批评智力的"单因素说"的基础上提出了人具有多种智力且都与具体的认知领域或知识范畴紧密相关并独立存在的观点。1983年，美国哈佛大学教育研究院的心理发展学家霍华德·加德纳（Howard Gardner）博士在其著作《智力的结构》一书中，首次提出并论述了多元智能理论（The Theory of Multiple Intelligence）及其基本结构，并认为支撑多元理论的是个体身上相对独立存在着的、与特定的认知领域或知识范畴相联系的智力。加德纳指出：单纯依靠用纸笔的标准化考试来区分儿童职能的高低，评估学校的教育效果，甚至预言他们的未来的成就和贡献，是片面的。这样做实际上过分强调了语言智能和数学逻辑智能，否定了其他同一为社会所需要的智能，使学生身上的许多重要潜能得不到认可和开发，造成了他们当中相当数量的学生虽然考试成绩很高，走上社会后却感觉不能独立解决实际中的问题。这是对人才的极大浪费。他认为，我们应该从测试和量表的数据中彻底地解放出来，关注一下世界各地的人们，看一看他们是如何获得那些对于他们的生活来说及其重要的技能。例如，在大洋中航行的水手们，凭借着观察天空的星座来判断在大海中的方位。除此之外，外科医生、工程师、画家、运动员和舞蹈家等，均拥有各自独特的技能。因此，加德纳把智能定义为：所谓智能，是在某种社会和文化环境的价值标准下，个体用以解决自己遇到的真正难题或生产及制造出某种产品所需要的能力。解决问题的能力就是能够针对某一特定的目标，找到通向这一目标的正确路线。

加德纳打破了传统智能理论所信奉的两个基本假设：一是人类的认知是一元化的；二是只要用单一的、可量化的智能就能适当而准确地描述每一个人。在此基础上他把人类的智能分为了七种（后来又增加为九种），并给出了划分的标准，用于判断一项"才能"是否实际上就是一种"智能"。每一种智能都必须具有发展的特征，能提供一些大脑部位分区专门负责此智能的证据及此种智能所支持的一套符号或记号系统。由此可知，人的智能不应该是一元的，而应该是多元的，由此提出了多元智能理论。每个人与生俱来都在某种程度上至少拥有以下九种智能。

1. 言语—语言智能（Verbal——Linguistic Intelligence） 指人对语言的掌握和灵活运用的能力。表现为个人能顺利而有效地利用语言描述事件、表达思想并与他人交流，如记者、编辑、作家、演讲家和政治领袖等。

2. 逻辑—数学智能（Logical——Mathematics Intelligence） 指运算和推理的能力。表现为对事物间各种关系，如类比、因果和逻辑等关系的敏感，以及通过数理进行运算和逻辑推理等。这种智能突出体现在侦探、律师、工程师、科学家和数学家等人身上。

3. 视觉—空间智能（Visual-Spatial Intelligence） 指在头脑中形成一个外部空间世界的模式并能运用和操作这一模式的能力。表现为个人对线条、形状、结构、色彩和空间关系的敏感，以及通过图形将它们表现出来的能力。如在画家、雕刻家、建筑师、航海家、博物学家和军事战略家的身上都有比较突出的体现。

4. 身体—运动智能(Bodily-Kinetic Intelligence) 这种智能是指运用四肢和躯干的能力,表现为能够较好地控制自己的身体,对事件能够做出恰当的反应以及善于利用身体语言来表达自己的思想和情感的能力。如运动员、舞蹈家、外科医生和发明家,这种智能的表现比较突出。

5. 音乐—旋律智能(Music—Rhythmic Intelligence) 指个人感受、辨别、记忆、表达音乐的能力,表现为个人对节奏、音调、音色和旋律的敏感,以及通过作曲、演奏、歌唱等形式来表达自己的思想或情感。主要以作曲家、指挥家、歌唱家、演奏家、乐器制造者和乐器调音师等群体为代表。

6. 人际关系智能(Interpersonal Intelligence) 指能够有效地理解别人以及与人交往的能力。表现为觉察、体验他人情绪、情感和意图并做出适当的反应。比如教师、律师、推销员、公关人员、谈话节目主持人、管理者和政治家,这种智能的体现比较突出。

7. 自我认知智能(Self-cognition Intelligence) 这种智能主要是指认识、洞察和反省自身的能力,表现为能够正确地意识和评价自身的情绪、动机、欲望、个性、意志,并在正确的自我意识和自我评价的基础上形成自尊、自律和自制的能力。这种智能的突出表现者有哲学家、小说家、律师等。

8. 自然观察智能(Naturalist Intelligence) 指观察自然的各种形态,对物体进行辨认和分类,能够洞察自然或人造系统的能力。表现为能够认识到其他物种或类似物种的存在,能够把几种物种之间的关系罗列出来等。这种智能的代表人物有农夫、植物学家、猎人、生态学家和庭院设计师等。

9. 存在智能(Existential Intelligence) 指喜欢提出并思考关于生命、死亡与终极本质相关的问题。存在智能的代表人物有亚里士多德、孔子、爱因斯坦、柏拉图、苏格拉底等。

这些智能的开发和培养,环境和教育对其起着重要作用,每一种智能通过恰当的教育和训练都可以发展到更高的水平。个体间智能的差异在于智能的不同组合,一个人有很高的某一种智能,却不一定有同样程度的其他智能。教育的起点不在于一个人有多么聪明,而在于通过什么变得聪明,在哪方面变得聪明。多元智能理论从心理学的角度阐述了学生与生俱来就不相同,而且具有自己的智能强项,有自己的学习风格,因此在教育界受到普遍关注。所以,加德纳多元智能理论的提出,对体验式培训的活动课程设计的作用是不言而喻的。将多元智能的内涵融入活动课程的情境中,并提供学习者体验、反思与实践的机会,来发展学习者在日常生活中运用多元智能的能力。

第二节　体验式培训的学习理念

一、约翰·阿代尔的"团队发展模式"

约翰·阿代尔(John Adair)提出的团队发展模式,主张团队发展必须考虑到三个不同但却彼此相关的领域,它们分别是:①达成整体任务(achieve the task);②建构并维护团队(build and maintain the team);③自我发展与自身肯定(develop and satisfy the individual)。这三者的关系可以用图2-5来描绘。

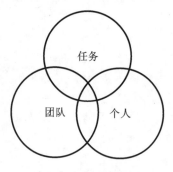

图 2-5　团队发展模式

此外,约翰·阿代尔指出,作为团队管理者还需注重以下三件事。

(1) 互动:每个领域都会与其他领域互动,且彼此影响其成效。如团队可以影响每一个人的发展,同理个人也可能影响团队。

(2) 程序检验:团队必须能够回顾其过去、团队发展在三个领域中及其互动历程的绩效与状况,以提供团队再出发的契机。其相关的活动包括设定目标、规划、支持、监督以及评估等。

(3) 达成目标任务与否:这些领域必须根据不同团队状况之需求,来发掘团队发展过程中领导者的工作。如考虑"团队"及"个人"两个领域时,可能是为了要提供个人发展与团队构造的基础,而非过度地要求高目标的设定或不断地催促二者去实现任务。

在不同发展阶段,团队管理者必须了解各自所需要关注的核心要素。

1. 强调发展个人阶段(图 2-6)

(1) 提供支持及关照。

(2) 尊重个人价值差异。

(3) 澄清角色及价值。

(4) 发展领导潜能。

(5) 设定个人目标。

(6) 回馈及评估。

(7) 训练及发展。

(8) 鼓励承担风险。

(9) 贡献团队。

(10) 促进正向的态度。

(11) 了解个人的动机。

图 2-6　发展个人导向

2. 强调达成任务阶段(图 2-7)

(1) 规划及组织。

(2) 检核品质。

(3) 问题解决。

(4) 确认资源。

(5) 收集相关信息。

(6) 了解时间限制。

(7) 有效应用资源。

(8) 改善流程。

(9) 工作再设计。

(10) 工作负荷的调整。

(11) 设定优先次序。

3. 强调建构团队阶段(图 2-8)

(1) 了解目的、目标。

(2) 鼓励全员参与。
(3) 分享领导的角色扮演。
(4) 发展团队规范。
(5) 挑战团队现况。
(6) 开放、沟通。
(7) 发展人际关系技能。
(8) 共同分享及反思任务。
(9) 共同庆祝成功的经验。
(10) 创建相互关系。
(11) 发展团队共同愿景。

图 2-7　达成任务导向

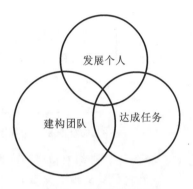

图 2-8　建构团队导向

二、布鲁斯·塔克曼的"团队发展阶段模型"

1965年，布鲁斯·塔克曼（Bruce Tuckman）提出"团队发展阶段模型"（stages of group development），用来帮助我们分析体验式培训中团队建立与发展过程中的关键因素。他通过对团队发展进程的模型化处理，将团队发展划分为五个阶段：形成期（forming）、风暴期（storming）、规范期（norming）、绩效期（performing）和休整期（adjourning）（休整期是在1977年后加入的）。根据布鲁斯·塔克曼的解释，五个阶段都是必需的、不可逾越的，团队在成长、迎接挑战、处理问题、发现方案、规划、处置结果等一系列经历过程中必然要经过上述五个阶段。如图2-9所示。

1. 形成期阶段团队表现　当一个团队正在形成时，团队成员常会很谨慎地观察及试探团队能接受的行为程度，如同不太会游泳的人在水边试探性地将脚趾头伸入水中的状况一样。这个阶段正是由个人自我转换成为团队成员的阶段，同时也是正式与非正式地测试领导者的带领方式。形成期的阶段里会产生下列感觉和行为。

(1) 刺激、参与感和乐观。
(2) 以身为团队的一份子为荣。
(3) 开始对团队产生依赖和情感。
(4) 对下一步的任务感到质疑、惶恐及紧张。
(5) 试着界定任务的范围及目标的性质，并共同商议如何完成。
(6) 尝试决议团队行为接受度及面对问题团队如何处理。
(7) 决定共同搜集什么样的信息及资源。

规范期阶段团队特征	风暴期阶段团队特征
团队凝聚力形成 互助合作技巧不断加强 形成默契，达到自动自发 清楚明白职责 了解彼此行事风格 目标明确 任务为先，目标第一	冲突产生 具有基本合作技巧的团队 能达成简易的任务 各有想法及意见 个性相互产生冲突 意见分歧 权利运用
绩效期阶段团队特征	形成期阶段团队特征
彼此信赖相互依靠 着眼于各项任务的完成 理清角色扮演与职责所在 目标明确 各方面皆有良好互动技巧	相互依赖依靠 提出问题 界定角色 了解目标及任务 彼此了解有限

图 2-9　布鲁斯·塔克曼团队发展阶段模型在体验式培训中的运用

（8）常讨论与任务目标不相关的问题，对与任务目标相关的问题无法精确的掌握。

2. 风暴期阶段团队表现　风暴期对团队而言是最难通过的一关，大家开始真正体会到任务的困难远远超过了他们的想象，团队开始互相试探并有可能会出现相互责难，或是过分热忱以博取他人的好感。团队在风暴期阶段会产生下列感觉和行为。

（1）针锋相对的态度与对团队成功完成任务的信心摇摆不定。

（2）即便是在解决方案上已达共识，各种纷争仍旧不断。

（3）团队成员之间的防卫心及竞争心，派系纷争、搞小团体等。

（4）假设非实际目标等。

（5）可观察出团队成员强势及弱势者，内部分裂不团结，彼此猜忌，紧张气氛变浓。

3. 规范期阶段团队表现　在这个阶段里，团队成员言归于好，达成共识，产生对团队的责任心及效忠态度，大家不但接受了团队基本规范（或标准）以及彼此在团队中所扮演的角色，并能够包容每位同伴的独特性，同时，因为先前彼此较劲而导致的紧张关系也演变为合作关系，所以情绪上的不愉快和冲突也就减少了许多。换句话说团队成员们了解到了他们并不是在水中等待溺亡，而是要彼此帮助而得以求生。规范期的阶段里会产生下列感觉和行为。

（1）能提出具有建设性的批评与建议。

（2）接受团队里成员的紧密关系。

（3）了解每件任务都会找到解决方法，以平常心并轻松地去完成。

（4）和睦相处，尽量避免冲突与争执。

（5）更友善、更信赖彼此，并愿意分享个人想法及感受。

（6）能意识到团队凝聚力、团队精神及团队目标。

（7）形成并维护团队基本规范和准则。

4. 绩效期阶段团队表现　在这个阶段，团队已建立了良好关系，也逐渐对团队的表现有着更高的期待。这一阶段，团队可以真正地走上快速发展的轨道，团队成员共同分析当前问题,并妥善解决。通过分析彼此的优缺点,每个人开始仔细扮演好自己的角色。绩效表现期的阶段里会产生下列感觉和行为。

(1) 团队成员们更了解彼此的优缺点。
(2) 从团队完成任务的过程中得到满足感和成就感。
(3) 自我成长和改变。
(4) 团队具有防止问题产生,即便产生问题,也有合力解决的能力。
(5) 个人与团队情感紧密相连。

三、选择性挑战

PA 课程自提出"选择性挑战"以来,很快便成为了体验式培训领域所广为应用的学习理念。

选择性挑战,意指所有学习者在活动过程中,有权利去选择想要亲自参与的活动,选择权永远都是在个人,只要是个人觉得不适宜或不确定是否参与某项活动,那么他(她)就可不必亲自参加活动,但必须在活动外围做个观察者。这并不表示个人可以借着"选择性挑战"的理由离开团体,而是团体尊重个人不希望亲自参与的意愿,但个人也应以团体为重,并且以另一种主动观摩的方式参与,给予团体不同角度的价值经验并给予反馈,这才是选择性挑战的主旨与意愿。

选择性挑战认为学习者永远有权利选择何时参与活动或挑战以及选择参与的程度。当面对挑战过程中,学习者即使退却而选择放弃时,仍然有机会重新选择挑战。绝对尊重每位学习者不同的想法、需求、价值与选择,并尊重团体成员共同的决定。选择性挑战中的选择,不代表学习者可以无限制的选择,如选择离开团队或选择提前下课。事实上,学习者是在一个最高原则与学习目标的前提下,挑战信任、支持与尊重的空间。

选择性挑战的精神在于每一个选择后面都寄托着一份责任。学习者必须对他做出的每一个选择承担相应的责任,以及对责任的理解。通过选择性挑战的安排,学习者学会如何在规定时间内,将想做的事和该做的事完成,甚至包括如何作正确的选择。

四、全方位价值契约

相比较而言,选择性挑战是尊重每个学习者的个人意愿与想法,关注每一位学习者不同的需求。而全方位价值契约是通过营造一个安全、信任、支持学习的环境,建立优质的团队互动关系,为学习者的学习与成长所提供的团队行为规范。借助团队鼓励、肯定、目标设定与达成、团队沟通、问题解决、冲突管理等过程,使得团队成员能够肯定自我以及他人价值,探索每位成员的正面特质,进一步肯定团队学习经验和学习价值。所以全方位价值契约要求每位学习者做到以下承诺。

1. 参与 课程活动所提供的每个活动与学习机会,不但能参加,而且尽可能地全身心投入,将焦点放在课程学习上,排除任何会导致分心的人、事、物。

2. 专注 邀请学习者将全部的专注力放在体验及学习上。聆听是表现专注度最基本的行为,不只是聆听其他人所说的话,更要聆听自己内心所发出的声音。这些声音所传达的想法,常常是丰富并且具有启发性的,对于个人的成长将有很大的益处。

3. 说真心话 我们并不是强迫学习者分享个人的秘密,而是在当下学习者所察觉到的事实,如在体验式培训的课堂上所察觉到、听到、想到及感受到的有意义的人或事。体验式培训所关切的是学习者的个别感受,而这些感受对全体学习者的学习经验的总结是非常重要的。学习者的感觉及其想法,对于自己及他人有潜在的学习价值,所以要自由并诚实地说明事实现状与感受,同时也要虚心地聆听他人的意见。

4. 开明的态度　或许学习者会对即将发生的学习经验以及团体成员不同的想法与反馈,表示出质疑、成见或心怀恐惧。但若想从学习中有所收获,所有学习者必须试着放弃这些感受,以开明的态度来迎接全新学习经验与多元价值的探讨。倘若学习者能保持开明的态度和开放的胸怀,不在课程结束前做任何断章取义的判断,那么在课程结束后,学习者会发现自己在心智上有意想不到的惊人收获。

5. 重视身心的安全　团队中的每个人都有责任确保学习环境的安全,不论在言语或肢体行为上,都要注意他人生理上及心理上的安全要求。同时竭尽所能地给予同伴最大的鼓励与支持,并相信他人对你也会给予真心的扶持与回报。

五、指导成年人学习的原则

成年人群体作为体验式培训的重要对象,了解其学习特征是引导员取得良好工作成效的基础。关于成年人学习的研究有很多,此处我们引用成年人教育领域权威学者马尔科姆·诺斯尔斯(Malcolm Knowles)的研究成果,用以指导我们如何在体验式培训课程中更好地为成年人提供服务。

1. 自愿　如何调动成年人的学习动机,"开启"学习者的大脑?答案很简单,成年人对知识需要的态度决定了他们的学习成效。当他们决定敞开心扉,打开思维时,就做好了学习的准备。最有效的方法就是用事实证明他们需要学习你所提供的知识。

(1)用这些知识解决或者避免学习者可能遇到的某个问题。

(2)为学习者提供一个尝试的机会。

(3)让他们看到通过学习可以得到职业领域和个人方面的发展。

实现自愿原则必须关注学习者的需要,因为你无法教会一个不愿意被教会的人。当学习者的思维是封闭的时候,你无法把知识、技能或者新思想灌输进他们的大脑。

2. 经验　成年人带着各自不同的独特背景知识来参加培训,这些知识在体验式培训领域,我们习惯称之为"经验"。成年人学习者比儿童的经验更加丰富,有些经验对学习有利,有些则可能阻碍学习。如果培训符合其水平和经验类型,就会产生学习效果。如果培训内容超出其水平或经验,他们就不会理解,进而很难有好的学习状态。因此,在体验式培训准备和实施阶段,考虑学习者的经验背景越多,学习效果就越高。

(1)调查一下学习者的背景情况,如能力水平、知识基础、心态、文化背景,以及从业时间等。

(2)培训中所运用的语言、词汇、案例和背景资料是学习者熟悉的,并有一定关联性。

(3)从学习者内部收集案例或经验,会让新知识与学习者产生更多的共鸣。

(4)给学习者打预防针,如果他们之前就有一些负面经验,提醒他们放下包袱,不要受到干扰和影响。

3. 自主　当我们踏入教育领域,特别是走进正式的课堂时,成年人会发现又回到了传统的以学校为依托、以教师为中心的学习模式。从广义上来说,培训需要为学习者创建一个动态的环境,任其自由进步和发展,如果成年人能够在学习中占据主导地位,那么就能够达到最好的效果。

不同于儿童受家长或老师的管理和控制式的生活。成年学习者喜欢自己做决定。"自主决策"是成年人的特点之一,学习者在决策中自主程度越高,他对决策结果的重视程度就越大,对培训后的工作也有着更大的正面影响。

成年人学习者希望别人把他们当做独立、有能力的个体来看待。他们需要得到尊重,甚至在犯错的时候也需要尊重。尊重是实现自主的基本要素之一,特别是在体验式培训过程中,尊重能够为学习者带来勇气去尝试、犯错,而不必太多顾虑。在很多方面,其实成年人更脆弱,如更害怕失败和丢脸。因此,引导员在为学习者创造具有挑战的情景时,应予以正面的鼓励,可以采取如下的行动。

(1) 为学习者创造参与实践的机会,为他们提供练习、实践、案例、游戏和讨论的机会。

(2) 请他们分享自己的观点、建议、解决方案、信息和实例。他们贡献得越多,就越能够融入学习当中。

(3) 认可与提倡有独特性和创新性的观点。对这些观点的褒奖可以激励学习者根据自己的潜力打造独特的学习方法。

4. 行动 烤鸭的味道如何,只有尝过了才能知道。同理,培训效果如何,也需要学习者在培训结束后在工作和生活中才能够检验。成年人学习者大多都是参加与工作有关的培训,为了确保学习者认可培训,必须首先让他们了解对他们最有用的学习内容。如果他们不知道如何将所学内容应用于工作,他们的兴趣和动机自然就会下降。为了培养学习者的行动意识,培训内容的设计可以参考以下要点来进行。

(1) 为学习者指出如何立刻把所学内容运用到工作中,为他们提供工作方面的支持。

(2) 在培训中提供机会,让学习者在与其工作环境相似的条件下实践学到的新知识。实践可以增强竞争力和自信心,竞争力和自信心可以很好地促进所学内容在工作中的应用和转化。

(3) 确保新知识能够应用于工作,使其与工作规程相适应。

(4) 行动原则的底线:如果不使用它,就会忘记它。

第三章 体验式培训引导员

实施体验式培训的教师扮演了多种角色,包括个人与团队问题解决的专家顾问(consultant)、负责活动组织与实施的培训师(instructor)以及协助团队实现目标的引导员(facilitator)等。"专家顾问"角色的职责在于以个人与团队的成长为导向,通过全方位的思考,从整体上洞察团队内部的互动与学习,并通过培训,探索出与学习目标相关的学习焦点,进而反思、厘清并最终与真实生活产生连接。"培训师"的角色更注重培训执行的过程,一次成功的课程必须有效地创建学习情景和氛围,巧妙地对课程内容进行设计,并找出学习的目标,让活动经验能够产生丰富的学习意义。而引导员角色的内涵则更加强调:如何引导团队与个人进行与活动经验相关的自我反思、发展新思维、探究自我内心对话、协助学习者厘清在体验过程中的察觉,进而形成有价值的概念与学习,并指导未来生活中的实践。

第一节 引导员的角色定位

实施体验式培训的教师通常被习惯称作为"引导员",其使用的教学方法被诠释为"引导"(facilitation)。Priest 与 Gillis 认为,"引导"是能够更有效地管理目标任务及人际关系,以促进团队成功的程序。"引导"这一职能要求体验式培训课程教师必须以学员的需求、问题与兴趣来设计课程,并保证课程内容不仅停留在好玩、有趣的层面,应更着重于如何有效地使课程产生教育意义,达成一定的学习目标,如此才能使体验式培训发挥最佳的学习效果。

一、多元角色

体验式培训"引导"学习者将活动经验转化为学习成果与改变,并迁移至将来的生活与工作。引导员扮演着至关重要的作用,且角色具有多元的特征。

(1) **专家顾问**:专家顾问的角色职责在于从全局上来观察团队的互动与学习。当学习者不清楚、不理解,甚至没有触及学习的关键环节时,专家顾问通过引导出相关重点信息,协助学习者厘清目标和方向。在课程目标的诊断阶段,专家顾问协助学习者将活动经验与实际工作情景产生适当连接;在设计与实施课程中,专家顾问需要促进学习者、课程与学习目标三者之间形成良好的连接;课程结束后,专家顾问应该转变为学习者的"良师益友",帮助他们总结学习成果,并提出有关下一步的计划和建议。

(2) **培训师**:培训师不但有责任为体验式培训设定积极向上的课堂氛围,同时必须协助课程学习者高效地完成学习任务,实现学习目标。在此过程中,引导员必须持续地观察每一位学习者在情感上和生理上的状态,以及所在团队的发展阶段。要成功地扮演好一位培训师必须有较强的洞察力,与专家顾问强调对整体环境的把控与判断不同,培训师更加注重课程实施的过程,特别是要能够有效地创建学习氛围,巧妙地设计课程内容与学习目标的关联,让学习者的体验产生意义。需要注意的是,在课程中出现非预期的状况时,培训师需要具备足够的知识和技能,将所察觉到的事件引入团队讨论,并进行分享与反思,这就要求培训师拥有足够的课堂把控能力,并能够对课程进行适当的弹性调整,以满足多元的期待与目标。

（3）引导员:引导员的角色经常被简单地理解为只是引导体验式培训课程的学习者经历体验式培训课程内容的每一个环节。而事实上,在体验学习领域,引导员的角色不再是如此单一,引导员必须能够引导团队及课程学习者进行自我反思,并协助学习者将课程中有价值的经验应用于将来的生活。

知识链接

1. 引导是一种对他人的服务。
（1）厘清团队要实现的目标是什么。
（2）为团队完成任务提供保障,需要具备保障团队完成任务的相关技巧、知识与经验。
（3）协助团队始终保持在完成目标的正确方向上,并保证一直专注。
（4）使团队发展历程与完成目标的焦点一致,保持发展状态,并确定全员参与。
（5）协助团队不偏离方向,但不干预团队任务的内容。
（6）专注于团队完成任务的方法与历程。
（7）具备团队建立与团队发展技能,能够扮演协助团队进行资料分析与问题解决的顾问。
（8）有时要介入协助团队维持正确的方向与建立共识,并以优异的成绩完成任务。

2. 我能当引导员吗?
（1）我愿意倾听他人的想法,而不去做价值判断或预想他人该如此做或者说吗?
（2）我愿意尊重每一个意见,即使意见想法与我不同吗?
（3）我愿意放弃团队言论与其他状况的完全掌握权吗?
（4）我愿意处理团队冲突吗?
（5）我愿意公开发表想法吗?
（6）我愿意自我嘲解吗?
（7）我认为团队合作胜过单打独斗吗?
（8）我能接受别人对我的回馈吗?

如果大部分问题的回答是肯定的话,意味着你将会是一个称职的引导员。所有的引导技巧都可以学习改进,并且引导的过程也会使你成长。如果有些问题你的回答为否定,也不必灰心。这代表你必须在某些方面改变自己,如信仰、态度或行为。你能改变自己吗? 当然可以,我们能做到,你也可以。当一位成功的引导员吧!

3. 引导员不可做的事。
（1）改变学员的话。
（2）拒绝记录学员的想法。
（3）为团队解决问题。
（4）干涉团队的工作内容。

(5) 只重视结果。
(6) 判断学员的意见，偏好某些想法。
(7) 随意变更工作流程。
(8) 操控学员的行为。
(9) 控制学员的言论。
(10) 立场偏向某些人或言论。
(11) 被团队建议牵着走。
(12) 尝试寻求所有的解答。

二、教学原则与价值理念

从与课程服务对象初次沟通，至课程内容、教学形式及学习目标的最终确定，一直到课程实施及课程成果的评估与反馈的整个过程，要求引导员必须灵活地应对各种情景，施展其各项能力，如沟通能力、策划能力、项目管理能力、教学能力等。这一切的努力都是为了尽可能在有限的资源与时间内，帮助所服务的学习对象进行有效的学习。在整个复杂的培训服务过程中，引导员必须秉持以下的教学原则与价值理念。

1. 基于事实 体验式培训引导员从需求诊断阶段到实施课程前，会从很多渠道收集了解关于学习对象的信息，其中占主导地位的信息通常来自学习对象所在团队的管理者或培训的组织者（一般为人力资源部）。引导员将这些信息加以分析、归纳后，进行培训课程设计与实施。在这个较为复杂的"沟通—设计—反馈—设计……"的过程中，引导员必须留意有哪些信息是基于清楚的事实，哪些可能是来自某些人的主观判断。因此，引导员应客观地作出基于事实依据的判断，并将所获得的信息与培训对象进行确认，否则容易陷入先入为主的误区中。

2. 尊重与信任 体验式培训引导员必须以身作则地践行"全方位价值契约"与"选择性挑战"的学习理念，对参与培训的团队与成员给予最大的尊重。在课程实施过程中，每位学习者的决定都会被得到尊重，但同时也要积极引导学习者尊重所在团队的利益与选择，以此来建立引导员、学习者与团队三者之间的尊重与信任。

3. 激发团队潜能 在体验式培训实施过程中，常会出现学习者为了"顺利"而"和谐"地完成课程任务（在被迫参与培训时较易出现该类情况），会非常聪明地配合引导员所提出的要求进行"表演"，而不会冒任何风险（多为心理风险）。想尽办法把真实的自己隐藏起来，而回避冲突、选择逃避，以模糊的"标准答案"、"玩笑"或"沉默"来规避涉及团队或个人利益的讨论。如果让这样的局面继续下去，体验式培训最终就会流于形式。面对该种情景，体验式培训课程的引导员需要不断地提醒学习者"以团队目标为努力方向，而不是为了我"，激发团队及学习者对课程的参与度和认同感，让他们正视所遭遇的困境与挑战，促进他们对课程目标的承诺与团队荣誉的担当。

4. 共同学习 体验式培训引导员并不是无所不能的天才，面对来自不同领域、不同年龄、不同背景、不同文化的课程学习者，引导员无法做到百分之百地了解每一位学习者在想什么。如果引导员总想主导整个场面，控制所有学习者的想法，那最终的结果必然会将太多来自个人主观的价值判断强加在学习者身上，这对于学习者来说无疑是一场没有依据的审判。

最后不但会失去团队与引导员之间的信任,甚至会造成不必要的误解与冲突。共同学习的原则是以尊重、开放、信任为基础,依据事实、尊重与信任、激发团队潜能等原则,与团队建立良好的互动关系,引导学习者积极面对挑战与困境,倡导学习者对相关议题的不同认知与想法,促进彼此平等的交流。

5. 保持中立　为不让学习者有距离感,在适当距离下维持中立的态度,有助于引导员在引导过程中的主动性。换句话说,引导员能采用多种不同的角色看待一件事情,无需附带个人的价值判断。当团队发生正向冲突时,带有主观偏见或执着于某种改变方向的做法,均为不必要的行为。

保持中立的方法之一,就是记得及执行下列作为引导员的箴言——我对你负责,而非为你负责。学习者需要承担起学习的责任,并从冲突的解决中来吸取正向的经验。

6. 致力于良好道德规范　面对不同道德观念的学习者时,要保持适度的好奇心,去了解他们的真实需求和想法。道德规范的运用不仅能主导学习成果,也是达到学习成果的重要过程。致力于良好道德规范的引导员应该具备以下特质。

(1) 能力:在既有的能力上提升并指导学习经验。根据引导员自身的教育程度、背景及经验累积的程度为学习者提供服务。持续了解所在领域的最新变化,不断发展自己的专业知识,以此保持自己的专业能力。

(2) 正直:以真诚的态度来带领课程,尊重与学员及同行之间的互动。避免在说明或陈述资质、服务能力、产品或费用时,出现误导或隐瞒事实的解释。引导员必须要了解到自己会影响学习者特别是青少年的个人信念、价值判断、需求和行为倾向。

(3) 责任:对自己的行为与决定负责。设计课程内容与带领课程时适应不同族群及文化的需求,确保自己有足够的专业能力,勿提供风险无法预知的课程。

(4) 尊重:尊重人们所有的基本权利、自尊及存在的价值,包括隐私权、保密资讯及自我决定权利。努力观察文化及个体差异,包括年龄、性别、种族、地位、国别、宗教、性取向、残疾及社会状态。勿骚扰或利用学员,尊重学员的决定权,协助他们了解选择的结果。

(5) 关怀:观察学员的需求,了解如何让他们达到身心健康状态。若课程无法合理提供学员所需的服务,应协助其取得其他服务。

(6) 认知:了解自己的社会责任,并在工作中展现出对社会责任的担当。

第二节　引导员应具备的能力

一、影响力

当团队与个人在参与体验式培训时,团队的动力无形中会持续对学习者产生影响,而引导员在课程中所扮演的角色及所产生的影响力,关系着团队成员的互动关系及学习者的学习成效。引导员在带领团队完成课程任务的过程中,主要工作之一便是创造一种"授权"领导方式,而不是始终将"权利"掌控在自己或少数团队成员手中。通过"授权"来实现团队和学习者之间的相互尊重,并逐步平衡团队内部的权利关系。

如前文中我们谈到,学习者有时会在活动中根据引导员的期待来采取行动,而做出"配合性"的行为。尽管表面上看起来团队显得一团和气,甚至连必要的冲突都被掩盖,如此一来,缺少了冲突,也就缺少了解决冲突后团队的学习和成长。此时,团队会将"权利"交还给引导员,并期待他能够直接给予解决方案。这时候引导员需要以"共同学习"的真诚态度来回应团队——自己并不是一个答案的提供者,团队成员必须通过共同的努力来面对当前的困境,并引导学习者一起找到最好的解决办法。对于体验式培训引导员而言,这需要足够的勇气来承担风险,有时甚至会面对来自团队的挑战。但是随着课程的深入,学习者会逐渐厘清活动成败并不是由其他人来决定,而是由团队自身来解决,所有人需要为自身的学习和发展承担责任。引导员只需要对学习者提出的想法给予肯定,而非任何主观的评价与判断。因为对于体验式培训课程而言,除了学习者自身有权决定采取何种行动以外,任何人都没有权利干涉或代替他们做出选择,只有他们自己才是未来生活的实践者。

此外,另外一种"权利"不平衡的状况是,团队内部有"真实的领导",如团队真实的领导者——老板,或者个别"老资历"的成员,这种绝对的权利和优势极有可能造成团队被少数成员所控制或出现个别"意见领袖",而限制了其他人参与关于课程的讨论与学习的机会。这些无形的社会压力都会直接或间接地影响团队内部权利平衡,并抑制其他学习者的学习空间和情绪。此时,引导员需要通过引导或是巧妙地介入,提醒当事人认识到团队每位成员均有其价值,必须得到肯定和尊重。

总而言之,引导员的工作并不是将权利集中在自己身上,或授权给个别人,而是应该创造一个开放、真诚、正向的沟通环境,让所有人都有机会获得表达和倾听的权利。

二、洞察力

体验式培训引导员必须具备对课程内外环境的洞察力,时刻能够和团队的变化保持同步。从与培训对象第一次接触到培训课程的结束,引导员无时无刻都需要对团队及学习者保持高度的警觉,了解学习者个体的心理状态,掌握团队的发展状态。引导员的洞察力需要不断地练习和总结,无法通过间接的学习方式来掌握。为了提高洞察力,可以从做助教开始养成每次培训课程结束后或中间休息时,写教学笔记和观课记录的习惯,将自己所观察到的具有典型意义的事件记录下来,并结合资深引导员的辅导和讲解,再配合阅读相关辅导书籍的学习,不断提升对团队及个体行为观察的敏感度和判断的准确性。

三、行动力

体验式培训引导员在实施培训时,除了发挥其影响力之外,还需要时刻准备采取行动,这些行动包括:①监控课程学习者对课程内容的参与度和学习状态,并依据学习者的行为表现将这些信息反馈到下一个课程内容中,并及时做出适当的调整。②建立积极的团队信任关系。体验式培训课程所营造的学习情景必须是安全(身、心)、开放、支持与信任的氛围,让学习者置身于低风险的团队关系中。只有这样才能使他们安全地投入、反思、分享、讨论。让每一位学习者能够感受到,只要他愿意,团队会给予最大的尊重。③必要时,需要适时地介入。这里的介入并不是为团队提供答案或指导他们如何采取行动,而是当引导员发现在学习过程中,团队或某个学习者遇到了阻碍而停滞,无法进行下去的时候,引导员需要扮演"培训师"的角色,给予专业上的协助和支持。例如,在分享反思环节,很多学习者或因语言组织能力不足,没有办法顺利地描述真实的想法时,引导员可以在一旁协助他归纳和演绎,但当介入结束后,一定要向当事人征询反馈意见,确认自己的理解与协助是否正确,并最终得到他的支持。④引导员必须通过引导技术来协助学习者将活动经验与实际生活进行连接与迁移。⑤用同理心来倾听。课程的学习者经常以语言或非语言的方式传达一些信息,引导员必须对这些高度敏感,并厘清其意义。

四、直觉

直觉对于体验式培训引导员而言是相当重要的,却也是最难习得与掌握的能力。它并不是一种特定的能力,因此难以通过常规的学习或训练来获得。但是对于有经验的引导员而言,学习者一个细微的表情或动作立刻能够引起他的警觉,并作出合适的判断。一般而言,引导员的直觉必须经过长期的理论积累和实务操作才能逐渐形成,并在不断的反思总结中融会贯通。将原本机械化、结构性的思考模式渐渐转化成条件反射式的直觉反应。有时候直觉的判断比理性分析更有效。当然,前提是不断地学习和积累。

体验式培训引导员所需具备的能力远不止以上几种,而仅仅是依据课程所对应的关键环节所作出的凝练和概括。从本质上来说,引导员是一个"实践者"与"理论者"的结合,对相关理论与价值观必须做到以身作则,只有这样才能够对学习者产生持续、有力的影响。

第三节　成功培训对引导员的要求

我从不教导我的学生,仅试着提供最佳的学校场所。他深知"引导"是教学的一项基本要求,即教师应该为学生建立一个最佳的学习氛围和情景。

——爱因斯坦

作为体验式培训引导员,在设计和带领课程时不仅要让学习者有一些好玩、有趣、富有挑战性的活动,还需要使活动经验与现实意义相结合,一个没有意义的活动就像一个没有灵魂的躯壳一样,只能算作供学习者休闲娱乐的游戏而已。因此,为了能够让体验式培训课程的学习者产生个人内在的改变,提高自我认知水平和社会技能,引导员的工作还包括以下要求。

> **知识链接**
>
> 何为自我认知?
>
> 自我认知(self-cognition)是对自己的洞察和理解,包括自我观察和自我评价。自我观察是指对自己的感知、思维和意向等方面的觉察;自我评价是指对自己的想法、期望、行为及人格特征的判断与评估,这是自我调节的重要条件。
>
> 如果一个人形成不正确的自我认知,无法察觉自我的优势,觉得处处不如别人,甚至低人一等。长此以往,就会产生自卑、丧失信心、做事畏缩不前的思维惯性。同样,如果一个人过高地评估自己,也会出现骄傲自大、盲目乐观等自我认知,从而导致工作和社会交往陷入不良的情景。因此,形成良好的自我认知,能够帮助我们全面地了解自己,在生活中寻找到适合自己的定位。

一、帮助学习者简化学习内容

引导的目的就是使学习者完成任务、达成目标变得更简单。引导员通过采取适当的引导流程和手段帮助学习者改变个人的感觉、想法与行为,并使学习过程变得容易、主动、顺畅。

这些改变通常来自参与某些形式的学习,例如,被动式的学习(如会议、上课、影片、书籍)和主动式的体验(如模拟、角色扮演、行动演练、冒险活动)等。但是若无法在学习后进行反思,没有将学习经验与现实环境进行整合,则会阻挡学习者对学习或改变的期望与动机,更不用说是让整合后的经验在真实生活中长时间的延续,这将是十分可惜的局面。良好的引导不仅注重经验,促进学习与改变的联系,而且设法消除妨碍学习与改变的障碍。最贴切的说法就是:引导就是在学习前、中、后的过程中,提升人们的反思、整合与延续学习效力。

为何要思考引导方法?何不直接告诉人们应该要学习的结果,或是让他们自己找出学习的方法?以下为关于引导价值的厘清,我们可从中思考为何使用引导的理由。

(1) 增加独立自主的员工,提升服务与负责的工作态度。
(2) 建立及强化一个鼓励开放沟通、亲身参与的正面工作环境。
(3) 重视可应用到其他组织的工作流程。
(4) 增加信息与资讯来源的渠道,有利于问题解决方案的形成。
(5) 能在解决问题的过程中加入多种观点。
(6) 减少向管理者或指导者寻求答案的依赖。
(7) 增加权利的分享,使员工主动形成寻求最佳解决方案的习惯。
(8) 主动建立员工之间的和谐关系。
(9) 以系统化的观点,提升掌握组织营运的方法。

二、为学习者设计最适合的学习体验

学习直至产生改变的基础在于加入某些重要的学习经验。但是由于人们拥有多种学习方式(详见第二章),我们通过选择最适合学习者的方法,改变学习经验的内容与模式,创造充满乐趣的学习体验。以下为设计课程时可参考的学习体验。

(1) 参加各种集会、研讨会、工作坊等类型的会议。
(2) 旁听各种不同领域、学科课程或演说。
(3) 观看各种视频或纪录片。
(4) 阅读各种类型的书籍。
(5) 参加或组织各种休闲活动。
(6) 协助组织或团队解决问题或冲突。
(7) 尝试改变经常新的角色,扮演另外一种身份。
(8) 时常总结过去与展望未来。
(9) 检查与反馈工作成效。
(10) 根据反馈尝试改进工作方法和思路。
(11) 参与各种户外与冒险活动。

以上每一种体验均涵盖着丰富的内容,本书不做进一步的分析。

在借鉴以上所提示的各种学习体验之前,引导员须根据课程学习者的需求、背景与喜好来选择不同的学习体验,所以学习体验并不仅仅只是局限在各种常见的体验式培训活动或游戏的提供,如图3-1中,为各种青少年提供的学习体验包括劳动、手工、绳结、防火与急救常识等。

需要特别注意的是,为学习者量身设计学习体验时,仍需与反思、整合及延续学习效力的策略联系起来,而这些策略必须通过引导才能产生最佳的学习与转化成效。举例来说,激动

图 3-1　青少年学习体验

人心的演讲可能足以唤醒听众的思想,启发行为的动机,但是当听众无法利用或尝试演讲者所说的经验时,学习者就无法真正地掌握这些宝贵的经验,并无法保持经验的整合与延续学习效力,最终也可能只是在听演讲时有片刻的激动而已,而无法将经验应用到工作中。

三、厘清课程目的

1995 年,美国学者 Michael Gass、Simon Priest、Martin Ringer 及 Lee Gillis 建议将体验式培训分为四大类,分别为休闲(recreation)、教育/训练(education/training)、发展(development)与咨询辅导(psychotherapy)。因此,不同的类别也决定了体验式培训不同的教学目的。

1. 休闲　该类课程的目的是通过休闲、娱乐来改变人们的感受,通过创造有趣、兴奋的气氛与回忆,达到愉悦的目的,课程重点在于产生欢笑、良好社交,以及拥有好的心情。例如,青少年参加的休闲夏令营(图 3-2),孩子们既享受到了泳池戏水的乐趣,又感受到了和小伙伴们一起玩扎筏活动的愉悦。

图 3-2　用废弃的塑料瓶扎筏

2. 教育/训练 该类课程的目的是为学习者提供自我概念或认同感的形成与改变。通过为学习者加入新的概念或知识,改变学习者的思考方式,如图 3-3 中孩子们展现出对合作解决问题的新的认知方式。

图 3-3 在活动中展现出新的认知方式

3. 发展 该类课程目的侧重于两个部分:一是个人部分,即为自我概念或自我认同感的形成与改变;二是人际关系,目的是提升团队互动与运作技能。因此,不论是个人或团体,为达到特定教育或训练目的,而发展个人及团队的能力或职能的课程活动,都可以归为发展型的课程。如图 3-4 所示,通过攀树课程的学习,学习者除了能够掌握绳索保护与上升技术之外,还能够对树的种类、木质和结构的知识有所掌握。

图 3-4 在引导员的带领下学习攀树的青少年

4. 咨询辅导 该类课程的目的是通过减少失功能性行为的方式,建立重新导向,消除行为失功能的现象,以更多的功能性行为加以代替。例如,运用"冒险治疗"的方式帮助残障人士建立自信,走出阴影,回归生活(图 3-5)。

图 3-5　台湾学者谢智谋运用体验式培训进行冒险治疗

第四节　引导员的特质

一个合格的体验式培训引导员应该具备以下特质。

（一）角色功能

师者,所以传道授业解惑也。

（二）专业技能

根据体验式培训课程的不同功能,引导员应具备的技能略有不同,由于涵盖较广,只是从大体上进行概括,具体内容可依据不同领域的需求进一步拓展。

(1) 基础技能:户外技能、救援技能、环境保护技能、运动技能、风险管理技能等。

(2) 综合能力:具有中英文听、说、读、写的能力,洞察力,主持能力,表达能力,时间管理能力,领导力,判断力等。

(3) 基础理论:哲学、逻辑学、管理学、社会学、心理学、教育学、策划学等。

（三）个性特质

(1) 具有强烈的学习意愿。

(2) 善于与人相处。

(3) 对问题具有追根究底的意愿。

(4) 愿意尝试新事物。

(5) 勇于冒险。

(6) 高敏感度。

(7) 有耐心。

(8) 勇于承担。

(9) 决断力。

(10) 热心助人。

(11) 高尚的道德观。

(12) 有社会使命感。

(13) 毅力。

(14) 热爱生命。

(15) 尊重大自然。

（四）工作经历

市场营销、管理实务、教师、企业顾问、讲师、社会工作者、心理咨询师等。

（五）兴趣

户外活动、球类运动、冒险活动、团队活动、童军活动、旅游、历史、地理、文化、民俗。

（六）特长

登山、攀岩、露营、定向、旅行、游泳、潜水、自行车、独木舟、木工、电工、烹饪、游戏、活动带领、课程设计。

第五节　引导员的职业发展

一、与引导员职业相关的术语

培训、指导、教育与学习，是我们经常在体验式培训领域通用的词汇，更是体验式培训的引导员实现其价值与完善职业能力的必然手段。但是，当对它们详加分析时，我们会发现每个词都有独特的含义。这四种活动既独立又相互联系，帮助我们培养不同类型的技能并获取各种知识。

1. 培训　在培训中，我们的目的是改变学习者，使其做出反应。集中培训能够使学习者更有能力重复学到的行为，减少犯错次数，提高行动速度，并且做出更符合实际情况的反应。例如，我们让一只狗坐下，是培训它？教育它？还是指导它？显然，我们会通过培训，希望它能够准确地做出特定的动作，并期待它能够服从命令。当主人说"坐下"，它就会立刻反应。培训方法越有效，狗的反应就越准确、迅速。

2. 指导　指导是指帮助学习者超越具体的学习内容，概括地领会其中的主旨。仅仅能够下意识地重复我们学到的行为，绝对不是只有人类才具备的能力。在体验式培训引导员职业发展过程中，我们需要接受大量的指导。以安全问题为例，虽然我们可以实现设定很多种不同的安全风险情境，并能够提供相应的处理方法。但是，无论考虑得多么周全，总有超出事先预计的情况。所以，引导员在接受指导的过程中，需要超越所学的内容，自己总结经验。

培训与指导的区别见表 3-1。

表 3-1　培训与指导的区别

培　训	指　导
（1）可以准确地重复所学内容	（1）可以超越所学内容，自己总结经验
（2）可以自动做出反应	（2）三思而后行
（3）无论何种情况，都能够连贯地施展所学	（3）在新情况下可以运用所学内容

3. 教育　从我们的成长环境、教育经历和语言习惯来说，你可能已经察觉到，相比较培训和指导来说，教育的词义所涵盖的范围更广，所历经的时间周期更长，如经常谈及的"终身教育"的问题。而培训和指导的时间相对更短，关注范围更加聚焦。教育包括积累各种经验，并需要高度地总结学到的原则和内容，与学习明确的知识点相比，需要更多的是从榜样的行为中进行信息提取和学习。教育的目的是建立整体性的心智模型和价值体系。

例如，当前在体验学习领域的户外教育广泛兴起和日渐普及。通过培训，我们可以使课程的学习者学会如何安全地露营，在不破坏自然环境的前提下，与大自然和谐地相处，并学会特定的技能，如营地选址、帐篷搭建、取火和水的净化等。通过指导，学习者能够判断在何时何地露营时有可能会出现较大的安全隐患,判断风险出现的时机与可能性,或者在从未被蛇虫咬过的情况下,遇到该类紧急情况时采取合理的行动。但是,通过教育,学习者会在生活中建立全面的户外安全意识,提前采取各种措施和预案来避免、转移或降低风险,并为自己与他人创造安全的环境,做出符合安全原则的行为。

综上所述,培训、指导和教育都着眼于使学习者获得知识和技能,每一种活动又以其独特的方式帮助学习者学习,但三种活动形式并不是完全独立的,可以将它们综合运用。因此,体验式培训课程的引导员在教学过程中,需要综合运用讲授、故事、表演、对话、隐喻、情景演练等方式实现对学习者的教育。

4. 学习 学习是变化的过程。不要忘记:培训、指导和教育的唯一目的就是让人们学到东西。作为体验式培训课程的引导员,可以说是在"改变"学习者。在进行培训的时候,我们用"培训"这个词概括并代表上述三个词的全部含义——不仅传播信息,还要改变人。所以说,无论是作为引导员,还是培训师、教练或是教育者,能够促发学习行为的唯一秘诀就是以学习者为中心,以绩效为基础。

即使你已经在正确的轨道上,但你只是原地不动的话,你将会被超越。

——Will Rogers

二、专业发展阶段

第一阶段:以学习者的身份参加体验式培训课程的全过程,了解课程的相关内容和流程,包括各种活动的体验与引导反思;感受不同课程类型的活动经验对个人成长与团队发展的影响。

第二阶段:了解体验式培训课程中常见绳索活动的器材、设施的使用与保养,掌握体验式培训绳索场地保护系统建立、上升与下降等技术,掌握现代户外运动风险管理相关理念与技术,学习与掌握紧急救援及户外活动常见伤害急救知识和技术,学习与识别体验式培训课程中常见安全风险,掌握体验式培训课程安全管理的方法。

第三阶段:了解体验式培训课程的设计的原理与方法,了解学习团队状态评估的方法与理论,熟悉引导反思理论与实务。

第四阶段:掌握体验式培训课程活动的带领与引导反思技术,提升体验式培训课程教学水平,提升引导员的自信心及开发潜能。

第五阶段:区分体验式培训不同类型课程的特点与带领风格,包括工商企业训练、学校教育、青少年营队、社区与家庭教育、个人与小组咨询辅导、特殊人群的治疗等领域。

第六阶段:探索符合个人风格的专属课程,逐渐形成个性化的教学风格,了解自我能力及相关行业最新进展,创新与发展适合自己的课程内容,并逐步建立完整的课程效果评估体系。

第七阶段:深入挖掘与建立课程体系的核心理念,发展完整的哲学思维体系,与国内外其他同行共同交流分享,推动自我在体验式培训领域的进步与发展。

三、职业发展进程

体验与学习阶段:了解课程内容与教学流程,熟悉教学常规与管理,熟悉器材与教具的使用与维护,熟悉培训方案,厘清课程目标。

实习阶段:教学行政,教学助理,撰写培训方案与培训报告。

业务执行阶段:业务访谈,具体活动操作与带领,培训目标设定,教学行政,培训观察与评估,课后服务与成效跟踪。

监督阶段:协助带领实习阶段的实习人员,督导教学工作进度,负责实习人员的成长,经验的交流与分享。

主训阶段:沟通、反馈与最终确认培训目标,负责培训期间引导员在课前、中、后的会议和协调,引导员等教学资源的调配与管理,主导教学过程的执行与反馈,培训效果评估与回馈及后续相关需求的跟进。

教学总监:负责引导员团队选拔、任用、成长与晋级的评估,培训课程设计开发,对外交流学习与互动,学术理论建构与专业技能的深入发展。

第四章 体验式培训安全管理与操作规范

第一节 体验式培训风险管理

一、安全风险的认知

目前学术界对风险的内涵并没有完全统一的定义。对风险的理解和认识程度不同,或对风险研究的角度不同,不同的学者对风险有着不同的解释。通俗地讲,风险就是发生不幸事件的概率。换句话说,风险是指一个事件产生我们所不希望的后果的可能性,是某一特定危险情况发生的可能性和后果的组合。体验式培训课程中的风险是指在活动中存在或潜在造成伤害的可能性。风险是一种不以人的意志为转移,独立于人的意识之外的客观存在。风险表现为损失的不确定性,其基本的核心含义是未来结果的不确定性或损失。也有人进一步定义为个人和群体在未来遇到伤害的可能性,以及对这种可能性的判断与认知。风险的存在是体验式培训的魅力之一,活动中风险总是存在的,绝对的安全是不存在的,绝对的安全只存在于假想中。不论是身体风险、心理风险,还是行为风险,没有一点风险的活动不能称为体验式培训,否则这类活动只是休闲游戏而已。因此,体验式培训中的风险是事实的存在,绝对安全是臆想。对这个观念必须要有清醒的认识,只有认识到风险的存在,才能通过科学的管理和手段,努力将它降到最低。

在体验式培训中感受风险的挑战,并最终将它克服的感觉很惬意。对于活动中的风险,可分为"未然风险"和"已然风险",也就是需要防范和现场处置。对于风险最好的选择是"防患于未然",但是,活动中不可能保证万无一失。因此,安全教育与安全预案是减少事故和事故损失的前提,制订相关的应急预案,多次演练是非常重要的,在"未然"中学习是防范风险的最高境界。一旦出现意外,按照提前制订的预案结合实际情况,可以将事故造成的危害最小化,同时解决好"已然"事故,并将其总结分析,为避免再次出现类似的事故积累经验。

(一)安全的释义

体验式培训中安全的概念是,在体验式培训中,所有学习者与其所处的环境能够受到保护,从而获得身体、心理与环境的正常状态。体验式培训安全的概念是在"大安全观"指导下的概念,即培训中所指的安全不仅指身体的安全,而是全方位的安全,包括如下内容。

(1)身体安全:保护参与者身体不受到伤害。
(2)心理安全:参与者可接受的、伤害阈值前的心理压力。
(3)行为安全:不强迫参与者做违背个人价值观、信仰及违反道德与法律的行为。
(4)器械安全:活动中涉及的器械、道具、设施。

(5) 环境安全:对环境、生物等因素的保护意识。

现阶段体验式培训课程的安全没有相关的标准和依据可以参考,保证安全主要是依靠引导员和学习者的自律来完成,对于参加体验式培训课程的人来讲,很难将其控制在可接受的安全范围之内。一旦出现不应该出现的事故,对于个人和体验式培训本身都将是巨大的损失。

> **知识链接**
>
> **安全意识**
>
> 安全意识是体验式培训中非常重要的部分。安全与不安全之间没有过渡,只要踏出100%的安全即进入100%的不安全。将安全意识融入日常生活习惯中,以此获得体验式培训的外部效应。引导员与学习者需要从意识深处认可体验式培训的安全操作规范是对体验式培训理念的尊重。

(二)安全原则

体验式培训的安全操作是引导员与学习者在相关理论与技术的指导下对活动中潜在的危机与风险进行有效的管理,并将风险所造成的意外控制在可接受程度的方法的集合。安全原则在制订之后,经常会被有意或无意地置于一边,有时候甚至会被人认为,"原则"是束缚,多此一举。事实上,一旦出现意外事故,很容易发现是由于某项原则未能执行造成的,与其后悔不已还不如严格遵循原则,防止意外发生。体验式培训的学习者必须遵循以下的安全原则。

(1) 备份原则:所有的安全措施以及一些实践证明需要进一步加强,起连接保护作用的装备位置都采取备份的方式,确保万无一失。

(2) 复查原则:所有的安全保护在准备完成后都要再复查一遍,消除操作失误的可能性。

(3) 监护原则:引导员对活动进行中可能遇到的安全问题进行全程监护,将任何隐患消除在萌芽中。

(4) 及时报告和分享的原则:活动中出现的任何事故、事故隐患和异常现象,以及新的改进设想,都必须及时报告,以便在组织内部及时借鉴、分享和作出认定。

(5) 自愿参与原则:根据"选择性挑战"的原则,不得强迫学习者参加某些高风险活动,由学员自己判断和选择是否参与及参与的程度。避免造成意外事故及身心的伤害。

二、体验式培训的风险管理

(一)风险管理的认识

体验式培训中的风险管理是指如何在一个肯定有风险的环境中把风险降至最低的管理过程。体验式培训中的风险是指在活动中存在或潜在造成伤害的可能性,即活动中的风险(R)等于伤害的程度(H)与发生的可能性(P)的乘积。

$$R(风险) = H(伤害的程度) \times P(发生的可能性)$$

对于体验式培训风险管理而言,可将它定义为:引导员在对体验式培训课程中所面临风险的不确定性及可能性等因素进行观察、预测、收集分析的基础上,制订出包括识别风险、衡量风险、管理风险、处置风险及妥善处理风险所致的有形和无形损失等在内的一整套系统而科学的管理方法。

（二）风险识别

1. 绝对风险 这种风险主要是由于自然天气所致，是无法避免的。如：雷电天气很容易引发触电的危险；雨水天气很容易引发参与者滑倒而造成摔伤、扭伤等危险；炎热天气很容易引发中暑的危险等。

2. 真实风险 这种风险是指由体验式培训的安全器材、设施、流程或引导员操作不当等因素所导致的危险。体验式培训的器材维护不到位，保护装备保养不彻底，操作流程不规范，引导员安全意识淡薄，都会诱发危险事件的发生。

3. 感知风险 这种风险是指学习者在参加体验式培训过程中一种心理上不安全的状态，尤其在高空绳索活动与户外冒险活动中，由于学习者所处的环境发生了变化，环境的差异会使学习者变得亢奋或焦虑。感知风险高，真实风险低是体验式培训的独特魅力之一，恰恰是这种感知与真实之间的冲突，为学习者带来了学习过程中的高峰体验。

（三）常见风险因素分析

体验式培训中的常见风险因素主要包括主体因素和非主体因素两类。

1. 主体因素 主体因素包括人、组织、社会。人可以是某一类型的人，如体能状态无法适应课程的最低需要，以及性格特质中特别谨慎、胆小，或冒失、粗心的人，此外还包括没有任何运动常识的人。

2. 非主体因素

（1）环境因素：如野外地理环境、天气状况、动植物、天气状况等。

（2）装备状况：如装备保养及损坏情况、数量、装备使用频率等。

（3）内部因素：指人及团队。内部因素比较复杂，具体如下。

①状态：装备和衣着状态，身体和心理状态，以及相互叠加的作用。

②行为：进程、团队管理。

③判断：压力、疲劳、应变力、错误判断以及忽视某些苗头等。

据中国登山协会对历年户外伤害事故的统计来看，近年来全国各地多家体验式培训执行机构在教学期间出现了教学事故，造成了不同程度的伤害事件，其中严重受伤、致人死亡的事件不在少数，究其原因大致有以下几点。

（1）安全意识淡薄：对于初次接触体验式培训的学习者而言，体验式培训的环境、场地、设施往往会格外有吸引力，容易出现比较兴奋的心理状态。随着体验式培训广泛运用到社会生活的各个领域，甚至被引入到电视节目或真人秀活动中，很多人在参加体验式培训以前，都通过各种媒介或多或少地对体验式培训有所了解，这样一方面激发了很多人参与的兴趣，对高空绳索活动所带来的刺激体验和震撼充满渴望；因此当他们看到体验式培训的场地，尤其是在面对高空绳索类活动时，表现出较强的参与动机。但由于缺乏有关体验式培训安全的基本认识，总以为爬低一点不会有危险，很多学习者会在无保护的情况下攀爬绳索场地，增加了风险的发生概率。

（2）相关硬件维护不到位：体验式培训所使用到的场地、设施和器材是课程顺利进行的物质保障。体验式培训场地的选择和场地的建设都具有严格的要求，通常都建设在环境相对封闭的户外环境中，因此在选址时应考虑土质和周边环境等因素所带来的干扰和限制。受自然环境的影响，体验式培训场地与设施往往长期受到风雨的侵蚀，木质结构或钢结构会发生锈蚀，坚固性受到影响，从而破坏了原有的平衡。同时由于硬件保养与维护成本也比较高，很多单位对场地和器材的维护速度远远落后于损耗的程度,这样就导致场地和器材的老化;再加上目前很多场地交由第三方运营,课程执行单位无法对教学场地进行及时的管理和维护,再加上运营单位为了提高盈利水平,也会提高场地利用率,这无形中也加大了管理的难度和风险水平。

(3) 器械过度使用:保护性器械与体验式培训中的安全息息相关,在整个高空绳索类活动中,保护性器械对参与者的安全起着至关重要的作用。体验式培训所涉及的保护性器械都有严格的使用标准、保养维护方法和报废制度。很多公司和执行单位为了降低成本,对保护性器械的使用过于频繁,保养维护不到位,报废制度不健全,还有部分执行单位或从业者过度依赖保护性器械的性能,忽视了对器械的定期检查,对可能存在的风险排查不彻底,甚至有的明明知道保护性器械都有各自的适用环境和注意事项,但为了省时或省力而在使用时抱有侥幸心理,操作不规范,在很大程度上增加了安全隐患。

(4) 环境因素恶劣:气候、环境等客观因素对体验式培训的顺利进行制约性很强,如雷雨天气下,在户外进行的活动必须终止。因为高空绳索场地大多为钢架结构(现逐渐开始引入木质结合和混合结构),并且略高于周围环境,在遭遇雷电时,很容易使参与者受到伤害甚至丧命;雨水天气也会造成场地的湿滑,使参与者在活动中极易摔倒受伤,以及暴雨天气所造成滑坡和泥石流等危险;炎炎烈日天气,紫外线强度较高,室外温度也较高,在这样的环境下持续活动,参与者中暑的概率也随之增加。就体验式培训的本质而言,学习者主要是获得活动中的相关经验和高峰体验,而并非要挑战身体的极限,在恶劣的环境条件下,体验式培训不但达不到理想的学习效果,而且还会增加很多不安全事件发生的概率。

(5) 行业管理混乱:科学合理的设计和严格的执行是展现体验式培训核心价值的唯一途径。与西方国家相比,我国尚没有出台针对体验式培训行业的法律法规,行业归属还有待明确;具有影响力的行业协会还没有形成,行业标准亟须完善,人才培养体系和从业者素质参差不齐;区域性的组织机构如雨后春笋般成立,分割各自所在的区域市场,成规模的企业几乎没有。因此,教学水平、管理水平和服务能力的混乱也必然会增加体验式培训的安全风险。

(四) 风险管理策略

第一,风险回避。其目标是避免引起风险的行为和条件,使伤害发生的可能性降至最低限度。在设计体验式培训内容时,如果学习者没有提出具体要求,引导员应根据培训对象的年龄层次、性别比例、学习目标等因素,因人而异地安排活动内容,尽量避免如背摔、毕业墙等危险事件发生率较高的活动。风险回避是一项最彻底、最简单的方法。

第二,风险转移。对于意外发生频率低,所受伤害严重性较大的风险应采取风险转移的技术。意外伤害保险制度是体验式培训规避风险的重要途径之一。建立意外伤害保险制度有利于降低风险,提高课程执行单位的风险抵御能力。保险业的加入是体验式培训执行单位、引导员和学习者安全的制度保障,对于促进体验式培训中安全问题的责任界定,促进行业安全操作责任制的健全,以及完善学习者的安全保障,进而促进整个行业的安全管理规范程度具有重要作用。

第三,风险保留。对于体验式培训过程中出现的一些发生率低、危害严重性较小的潜在风险,如擦伤、扭伤等,可采取风险保留的技术,以保证学习者能够从活动中获得高峰体验。

第四,风险降低。对于发生率较高,但不严重的一些小伤害,可以采取降低风险的策略。风险降低有两方面的含义:①降低风险发生的概率;②一旦风险事件发生,尽量降低其遭受损失的程度。健全体验式培训器材、设施定期维护与保养制度,增大其安全系数,加强对引导员安全意识的培养和技术操作的规范程度,避免因疏忽而引发的危险是风险降低的重要手段。

(五) 有效规避风险的措施

根据风险管理理论,不安全的系统涉及人、物、环境和管理策略四个要素,其中最重要的因素是管理策略,因其对人、物和环境都会产生作用和影响。体验式培训安全风险受到参与者因素、器械与设施因素、环境因素和活动管理策略因素的影响,还有可能受到法律法规和社会保险领域等微观因素的影响。规避体验式培训中安全风险的原则:消除物的不安全状态、杜绝人的不安全行为、控制不安全环境因素。

1. 完善硬件的使用与报废制度　体验式培训中所涉及的保护性器材是由特殊材料或特殊工序制作而成,所以保护性器械的购买要认定产品的产地、规格和认证标准等。按照产品说明书的要求来使用是保护器械使用寿命和效果的基本前提,合理的保养与维护是降低器械损耗,保护安全的重要手段。一般情况下使用频率较高的保护性器械有动力绳、安全带、安全帽、锁具、8字环、快挂等,这些器械都有各自严格的适用环境、注意事项、保养方法和淘汰要求。保护性器材的特殊性决定了一旦损坏绝对不能人为修复后再次使用,所以只有建立完善的保护性器械使用与报废制度,并且严格遵守,才能降低相关活动的风险。高空绳索场地和设施修建后必须要定期进行检查和维护,一般为一年一次(需视使用环境和使用频率而定),主要检查的环节包括:绳索场地连接点松紧度检查、整体防锈处理和坚固性检查等。发现安全隐患要及时处理,对于年久失修的器材要更换或拆除,切不可在没有相关工程建设许可的情况下擅自修建绳索场地。

2. 加强安全意识的培养　在体验式培训教学过程中,引导员不但是规则的执行者,还是安全的监督者,引导员的协助与保护既是风险控制的有效方法,也是引导员的重要职责。在高空绳索类活动中,从学习者进入教学场地的那一刻起,就意味着其生命安全已托付给了引导员和团队同伴,所以引导员不仅要有过硬的专业技术,更要有强烈的责任心和综合素质。引导员在进行器械操作时一定要养成良好的安全操作习惯,要同时满足四个操作要求:一是逐一检查安全器械;二是清晰明了地讲解活动中涉及的安全操作规范和要点;三是边讲解边示范,强化学习者的记忆效果;四是仔细观察学习者穿戴器械并保证保护万无一失。此外,在课程教学过程中,引导员还必须做到:时刻关注学习者的行为;时刻保护器械安全无误;时刻掌握学习者的动态变化等。引导员在规避体验式培训课程风险的过程中,起着很重要的作用;只有不断加强其安全意识的培养,才能更好地保证体验式培训行业的可持续发展。

3. 制订合理应急预案　由于天气等外部环境因素是客观存在且无法为人的主观意志所转移,甚至有时是瞬息万变,所以为了尽可能地减少环境因素对体验式培训的影响与干扰,引导员必须结合内外环境的变化与学习目标的针对性,科学合理地设计课程。尤其要注意的是,那些在室外进行的课程必须准备应急预案,在不影响学习效果的情况下保持课程内容的适度弹性,如在南方雨季或北方秋冬季,室外课程往往会受到雨水、高温、大风、沙尘等天气的影响,引导员应准备两套课程实施方案,以备不时之需。同时,引导员也必须防范的是,在学习者进行户外活动时总会偶发一些不可避免的小伤害,如扭伤、擦伤、挫伤或虫蚁叮咬等,所以教学团队或后勤保障应配备专用的医药箱,以便能第一时间处理伤害,防止事故加重。

4. 缜密的项目管理制度　缜密的项目管理制度是对体验式培训课程实施过程进行科学管理的一种有效的手段,主要包括课程的准备阶段、实施阶段和总结阶段。准备阶段又叫安全排查阶段,主要包括器械选择、检查、安装和教学场地的布置等;实施阶段又称安全控制阶段,主要包括安全知识讲解、安全操作规范、安全意识察觉等;总结阶段主要包括场地器材维护、保养,以及器材报废等。

5. 建立意外伤害保险制度 随着公民权利与个人意识的觉醒,加强风险管理与安全控制已成为各行各业的共识。当然,体验式培训适当地为学习者带来一些感知风险是体验式培训课程独具魅力的核心要素,但不可否认,安全更是体验式培训的生命。意外伤害保险制度是体验式培训规避风险的重要途径之一。建立体验式培训课程意外伤害保险制度有利于降低风险,提高体验式培训执行机构的风险抵御能力。保险业的加入是体验式培训执行机构、相关从业者和参与者安全的制度保障,对于促进体验式培训中安全问题的责任界定,完善行业风险管理制度,加大参与者的安全保障力度具有重要作用。

(六)培训参与者在风险控制中的职责

一次成功的体验式培训除了要有良好的课程设计与执行来保驾护航之外,另外一个至关重要的保障要素就是培训期间的风险控制。风险控制对于体验式培训来说,不仅关乎培训的成败,更体现的是对生命的尊重。不同参与主体在体验式培训中所承担的责任各有不同,他们之间高效的分工与协作才能确保培训期间的万无一失。以下将介绍课程负责人、场地督导、引导员及学习者在风险控制中的职责。

1. 课程负责人 课程负责人对体验式培训课程风险控制的影响是多方面的,应承担相关的责任有:识别培训在实施过程中潜在的危险;建立化解危险的方法与手段;确认引导员及参与者了解这些方法;创建评估活动操作安全与否的管理系统。

(1)因地制宜地选择适当的培训实施场地以提高培训过程的安全保障。在陌生的环境实施课程,课程负责人必须先对环境进行勘察,评估潜在的风险因素,并提出应对措施。若风险因素过多或超出可控范围,需酌情考虑更换场地或课程内容。

(2)遴选合格的场地督导与引导员是课程负责人的基本职责。教学团队遴选条件之中以急救技能最为重要。此外,其他方面的综合素质,如判断力、沟通技巧和心理稳定性也需有一定的要求。这些素养的培养需要在引导员培训期间或实习期间得到重视。

(3)建立明确的安全规范和制度,其涵盖了各种潜在危险及各种突发事件的应对原则和方式。

(4)设备、伙食及交通工具的选择也是课程负责人的职责之一。选择适当而坚固的设备,并持续评估其使用状况;设备的清单要提供给教学团队的相关人员;紧急救援的设备要由场地督导或后勤人员负责管理与维护。培训期间来自引导员及学习者的反馈意见需进行系统性的客观分析,分清主客观原因,尽可能降低主观所导致的安全隐患;培训期间的菜单与伙食需考虑到课程的类型、所在季节、学习者个体差异或群体特征来设计,要定期由专业营养师检查,并且依据引导员与学习者的反馈意见做改进。交通工具必须根据人数、距离、区位环境、气候等因素来进行选择。建议以公共交通的方式为主,长距离的行程以火车或飞机为佳。所有设备的使用条件及保养状况,必须达到或高出制造商或行业所建议的要求。

(5)课程负责人要建立一套有效评估风险控制成效的评价体系。通过收集来自多方人员对培训过程中安全问题的反馈来提出完善的策略。

(6)课程负责人需对活动场地保持经常性的走访与勘察,并与场地督导及引导员保持频繁的沟通,促进课程负责人对所掌握相关信息的真实情况进行核实。

(7)只要出现各种伤害事故或意外事件,场地督导与引导员就要撰写并提交事故报告,以便能够更快地反应安全问题及加强风险的控制。

(8)课程负责人必须确认风险控制所需的设备足以应付各种意外的出现。场地督导应在课程实施前保持与最近的救援中心或医院建立外送伤员的救护合作机制,并保证教学团队都清楚该程序。

2. 场地督导　场地督导是教学团队中至关重要的岗位,他们必须对教学场地中所发生的事情了如指掌,能够通过对内外环境风险因素做出及时、客观的评估,预测危险事件所发生的可能性。有时候场地督导肩负安全控制与教育两种责任。场地督导应承担的职责:能预测课程中可能产生的危险;确认有防范危险的计划;观察引导员及学习者是否了解如何安全地操作教学设备;评价课程中安全控制的有效性。

(1) 场地督导应针对引导员所设计的课程提出建议或修改,以降低人为因素造成安全隐患的可能性。引导员需将每次所设计的课程实施方案交给场地督导,场地督导根据其经验对其可行性、合理性、安全性进行评估与调整。

(2) 一般来说,引导员的安全知识与技能的培训是由场地督导来协助执行的。场地督导会根据有关技术要求和操作原则来观察引导员是否达到风险控制的需要。

(3) 及时、详细地上报意外事件是场地督导的职责。这些报告既用来分析造成事故的原因,认定责任的归属,也是调整与改进风险控制原则与手段的依据。场地督导必须确认所有意外事件都有客观、真实的反馈报告。

3. 引导员　因为引导员能够与学习者保持紧密而持续的接触,所以他们才是直接影响风险控制成败的核心角色。引导员在风险控制中应承担的职责:观察及预测他所带领的团队可能遭遇的危险;使用适当的方法使他所带领的团队能成功的化解危险;对每位学习者提供完善的安全保障;评价培训整体风险控制的成效。

(1) 引导员观察学习者,并设计处于安全限制范围内的活动;预测潜在的危险、学习者的状态,并根据需要提出调整与应对策略。

(2) 如潜在性的风险因素可能会导致学习者受到伤害时,引导员必须能及时介入。通常必须设计双重的安全保障,如攀岩活动或高空绳索类活动的保护必须由三个人共同完成(图4-1),以防止保护员操作不当时所造成无法弥补的损失。

图 4-1　学习者在高空绳索活动中相互之间的保护

(3) 引导员风险控制的方法与手段都必须满足或超出培训实施环境的最低要求,且这些理论与技术的灵活应用需要长时间的实践才能逐步积累相关经验。因此,引导员应该客观地对自我风险控制能力进行分析与评估,不可抱有任何侥幸心理。

(4)引导员最好能够参与以下的急救知识与技术的培训。①拥有红十字中级或高级救护员的培训经历,并取得相关证照;②熟练操作心肺复苏(CPR)技术;③接受野外急救知识与技能培训,如国际野外医学协会(WMAI)急救员培训(图4-2)。

图4-2　正在接受WMAI急救员培训的学员(图片由张艳杰提供)

(5)引导员最重要的职责是指导学习者掌握与培训有关的安全知识与保护技能,并在他们初次应用所学技能时加以监督与指导(图4-3)。

图4-3　引导员在指导与监督学习者如何使用安全装备

(6)引导员必须对课程风险控制的成效撰写报告和总结,并详细、客观地记录每一件伤病或意外事件,并提出改进风险控制程序的建议。

4. 学习者　学习者是最直接影响风险控制的对象,通常也是潜在意外事件的受害者。关于保障安全问题的讨论,千万不要使学习者觉得他们对于自己的安全毫无责任。特别是在他们参加户外冒险类(或高空绳索类)课程之前,必须对学习者的情况有一个比较详细的调查,如年龄、身体状况(体适能、运动风险)、运动经历、病史等。学习者必须经过评估后才能确定他们是否可以参与及参与课程的程度。学习者在体验式培训风险控制中应承担的职责如下。

（1）在进行课程前，能够将自己的健康状态如实反馈给培训实施单位，并对自己能够参与课程的程度进行预期的判断。

（2）在课程实施中，遵照引导员及相关工作人员的指导和要求，并严格遵守培训场地各项安全管理规范。

（3）严格按照引导员对器械使用的指导要求进行操作。

（4）在课程结束后，积极配合引导员对风险控制的成效进行如实的反馈和评价。

第二节　体验式培训常用技术装备

工欲善其事，必先利其器。体验式培训所使用的器械、绳索、设施等技术装备是其安全开展的前提和物质保证。高空绳索类和户外冒险活动课程中通常也使用登山运动中所使用的专业技术装备，有时也会采用工程专用技术装备作为替代，其原则是不低于登山运动技术装备的质量标准。此外，有些活动课程，如皮划艇、独木舟、溯溪、扎筏等，所使用的保护装备不仅涵盖了登山运动的技术装备，同时也会采用登山保护装备以外的装备进行保护，这些装备同样必须符合相关行业的国家标准。

由于目前我国还没有针对体验式培训行业出台相关的标准体系，因此，从业者多半自发地执行登山等户外运动的技术标准，如 UIAA（Union International Alpine Associations，国际登山联合会）、CE（CONFORMITE EUROPEENNE，欧盟安全认证）制订的标准，如图 4-4 所示。

图 4-4　UIAA 与 CE 标识

> **知识链接**
>
> UIAA 与 CE
>
> UIAA（Union International Alpine Associations）——国际登山组织联盟，它是国际间公认有权威能为登山器材订立标准的组织。UIAA 标识是指这项产品通过 UIAA 规定的测试，并达到 UIAA 所订的标准。
>
> CE（CONFORMITE EUROPEENNE）——欧洲统一安全认证，它是比 UIAA 更常见的标识，因为它的范围不限于登山器材。CE 表示本产品适合于依照它所设计的用途使用。CE 标志是一种安全认证标志，被视为制造商打开并进入欧洲市场的护照。

一、织物类

(一) 登山绳

对于高空绳索类活动来说,登山绳是最重要的装备。在大多数的高空绳索类活动中,学习者的安全主要由登山绳提供保护,所以也习惯将登山绳称为保护绳。

1. 登山绳的材料、结构与特点 目前登山绳的材质主要为尼龙。随着科技的进步和发展,目前制造登山绳通常使用的尼龙材料主要有两种,即尼龙 6(聚酰胺-6)和尼龙 66(聚酰胺-66)。尼龙 6 是制造动力绳的主要材料,它具有很好的弹性和延展性;尼龙 66 通常用于制造静力绳,因为它具有较强的耐热性、抗疲劳度和较高的刚性。

> **知识链接**
>
> 尼　龙
>
> 聚酰胺纤维俗称尼龙(nylon),英文名称 Polyamide(简称 PA),是美国杰出的科学家卡罗瑟斯(Carothers)及其领导下的一个科研小组研制出来的,是世界上出现的第一种合成纤维。尼龙的出现使纺织品的面貌焕然一新,它的合成是合成纤维工业的重大突破,同时也是高分子化学的一个非常重要的里程碑。
>
> 尼龙最突出的优点是耐磨性高于其他所有纤维,比棉花耐磨性高 10 倍,比羊毛高 20 倍,在混纺织物中稍加入一些尼龙,可大大提高其耐磨性;当拉伸至 3%～6% 时,弹性回复率可达 100%;能经受上万次折挠而不断裂。尼龙的强度比棉花高 1～2 倍、比羊毛高 4～5 倍,是黏胶纤维的 3 倍。尼龙产品用途广,是以塑代钢、铁、铜等金属的好材料,是重要的工程塑料。

如今的登山绳是由尼龙纤维制成的绳皮和内芯组成,每股内芯是由纱线拧成一股或三股,用环绕的方法制成。这样的工艺使得登山绳具有延展性,能够缓解冲坠时给攀登者带来的冲击力。而登山绳的绳皮使其具备了耐热性和耐磨性。当制造一根登山绳的内芯时,机器会同步用表皮把它有序地包裹起来,形成完整的结构。制成的登山绳尽管看不到内芯,但通过仔细观察表皮就能判断登山绳的质地。登山绳表皮的厚度和纱线环绕的圈数决定了它的抗磨性和耐久性。登山绳表皮可以在多次磨损中保护内芯的纤维,所以当表皮起毛时不用担心它的安全性;如果表皮磨破或内外脱离,那登山绳就一定要报废了。

2. 登山绳的坠落系数 坠落系数由坠落的严重程度决定,系数越大,坠落越严重。以攀岩为例,在攀岩中,坠落系数的值通常是从 0 到 2。坠落的严重程度不是单指下坠距离,而是它与保护作用的绳索长度的比值,即坠落系数。因为起保护作用的绳索越长,它就可发挥更长的延展性来吸收坠落时的能量。

坠落系数 = 坠落距离/有效的绳长

如:坠落距离 5 m,有效的保护绳长为 2.5 m,坠落系数就是 2;坠落距离 5 m,有效保护绳长为 5 m,坠落系数就是 1。

但这个值只是一个理论上的参考值,因为在攀登过程中,每个保护点之间,绳索的拐点都会产生摩擦力,加上绳索具有延展性,保护员制动的绳长也不等,致使最终的坠落系数还是会有偏差。

> **知识链接**
>
> UIAA Fall
>
> "UIAA Fall(国际登联下坠次数)"是检验动力绳耐用性的一个参数,它是指用来检验攀登绳的一个标准实验过程。根据规定,将一个 80 kg 的重物自由下坠 5.6 m,拉住重物的攀登绳长度为 2.8 m,物体止落时所受冲击力小于 2 kN,绳索的延展长度低于 8%,绳索所能承受的这样下坠的次数被称为 UIAA Fall。

3. 使用登山绳的注意事项

(1) 尽量避免接触强烈的紫外线或放在强光下暴晒。
(2) 避免接触油类、酒精、汽油、油漆、油漆溶剂和酸碱性化学物品。
(3) 避免接触水、冰、火、高温物体。
(4) 避免接触尖锐的东西。
(5) 使用绳包、或地垫垫在攀登绳下。
(6) 不能踩踏、托或当坐垫用,以防止岩屑、细沙进入登山绳里面而形成缓慢的切割。
(7) 切忌转借他人使用。

4. 登山绳的检查与保养

(1) 使用前的检查:每次使用前进行仔细检查,将整条绳索从头到尾用手梳理一遍,登山绳正常情况下应该是粗细均匀,无鼓包,柔软度适中,没有明显硬或者变软的地方,表皮没有破损。

(2) 使用后的保养:解开所有绳结并且盘好存放;存放在阴凉、干燥、通风处,避免接触潮湿和热源;不要经常清洗。如要清洗,应使用清水冲洗,如果要添加洗涤液,必须使用专业的洗绳液。

5. 登山绳的寿命与报废　一根登山绳的寿命等于第一次使用前的储存时间加上它的使用时间。工作寿命与使用它的频率和方式有关,磨损、紫外线辐射、潮湿等因素都会逐渐损伤登山绳。平时正确储藏也是很重要的,登山绳的使用寿命最长不能超过 10 年。建议从购买之日起,就开始进行编号管理,详细记录购买时间、每次使用时间、使用频率、使用中都发生了什么情况等。

> **知识链接**
>
> 攀登绳在不同使用状态下寿命的参考值
>
> 每天都高强度地使用:1 年。
> 每周都高强度地使用:2 年。
> 在攀登季节每周使用(通常指一个季度):3 年。
> 在攀登季节每周使用(通常指一个季度):5 年。
> 一年中使用几次且强度一般:7 年。
> 很少使用:10 年。

即使你非常爱惜使用,登山绳早晚也是要报废的。在大多数情况下,登山绳会提前报废,这基于以下几个方面的原因:承受过几次冲坠系数接近 2 的冲坠之后;经过野蛮使用,如拖拉重物、汽车等;被落石或重物击中过,经检查有明显的伤痕;表皮明显破损。

6. 登山绳的分类 按不同的用途，登山绳主要可分为动力绳（dynamic rope）（图 4-5）、静力绳（static rope）（图 4-6）。在攀登和保护过程中，动力绳可以为攀登者提供动态保护。动力绳在受力以后，可以靠自身的动态延展性降低对攀登者的冲击。静力绳则相反，由于材质基本没有弹性，所以多用在一些静力操作中，如下降、探洞等。辅绳则是辅助攀登用的绳索，多用来制作保护站、抓结、备份保护点。

图 4-5　动力绳

图 4-6　静力绳

（1）动力绳：体验式培训高空绳索类活动推荐选用 10 mm 或 10.5 mm 单绳，其在正常受力情况下最大延展性在 6%～8%，一般用于参与者在活动中有可能出现冲坠情况下的保护。动力绳按用途不同可以分为单绳（sing rope）、双绳（double rope）和半绳（twin rope），其用途见表 4-1。

表 4-1　动力绳分类及用途

动力绳	直　径	使用要求	用　途
单绳	9～11 mm	长度为 50 m 左右	用于可能会产生冲坠的各种攀登运动
双绳	8～9 mm	攀登时两根绳必须同时使用，两根绳可轮流挂入不同的保护点	常用于攀冰、大岩壁攀登、器械攀登、结组攀登等。使用双绳攀登可有效降低因路线改变而造成的绳索摩擦，从而使攀登和保护更加安全。此外，在下降时，可延长双倍的下降距离
半绳	7～8 mm	任何情况下两根绳必须同时使用，两根绳必须同时挂入每个保护点	与双绳类似，由于双股绳要同时通过一个保护点，所以更安全，多用于易出现较大摩擦的自然岩壁攀登

注：表中登山绳的直径只是一个参考范围，不能根据直径来判断登山绳是否安全，只要登山绳符合 UIAA 或 CE 的测试标准，它就是可靠的。

（2）静力绳：静力绳就像钢缆一样，把所有的冲击力直接传给保护系统和脱落者，这种情况下即使一个很短的冲坠都会对系统产生非常大的冲击力操作,因而就具有了很强的伸缩性并且小于最大坚固度。在应用方面如作为固定绳,它的拖拽负荷会在一个巨大墙面、峭壁或洞穴上。所以值得应用更多的具有最小伸缩度的粗糙绳索。缩性相当小的绳索称为静力绳,在体重和重力的作用下大概会伸长1‰左右。为了保护受到很多额外磨损的绳索,通常将绳索制造得更粗并且加上粗糙的保护鞘。内芯由两根较细的双绞纤维构成,因而它可以减小巨大的压力所带来的影响。

推荐选用10.5 mm静力绳,它的延展性小于1‰,可以视为理想状态下的延展性为零。这类绳索一般用于溪降、速降时使用,安装上升器或止坠器沿绳上升或下降。静力绳一般颜色比较单调,如白色。静力绳绝不能用于体验式培训课程中的某些跳跃活动,例如空中抓杠、大摆荡。实验结果显示80 kg的物体,下落0.6 m被静力绳拉住后,绳索给物体的冲击力远远大于12 kN,这对于体验式培训用绳来说是决不允许的。切记静力绳不可代替动力绳使用。

(二) 安全带

1. 安全带的功能 体验式培训高空绳索类活动中安全带的作用与登山运动基本相同,它起到了在攀登者和绳索之间提供一种舒适、安全的固定链接的作用。安全带与其他保护装备配合,在攀登者发生坠落时,安全带可以最大限度地吸收这些冲击力,给攀登者提供可靠的保护。同时由于安全带上配有装备环,能够为需要高空作业的引导员携带其他装备提供便利。

2. 安全带的分类与使用

1) 分类 安全带按承重受力点的不同分为:半身式安全带(坐式安全带)和全身式安全带(胸式安全带)。

(1) 半身式安全带:系于腰部,承重受力点在腰间,由腰带与腿带组成,腰带上有保护环,是各种保护装备与人体的连接装置(图4-7)。坐式安全带的主要受力部位为腰部,腿部也可以分担一些力量。根据腰带能否打开,又分为封闭式和开放式两种。闭合式安全带操作简便,状态容易确认,又不存在带头磨损不易穿插的问题,因此适合活动参与者使用。开放式安全带舒适性好,便于携挂其他装备,因此在体验式培训中更适合引导员及场地督导使用。

图4-7 半身式安全带

> **知识链接**
>
> 开放式安全带与闭合式安全带使用时的区别
>
> 引导员穿戴开放式安全带的原因:一是尺码固定,方便选用;二是操作复杂,需要在穿戴过程中将腰带穿过片环后反扣且留出长度不得少于8 cm;三是器械环较闭合式多,有利于操作。
>
> 参与者穿戴闭合式安全带的原因:一是不分大小号适合全体成员,二是调节时有自锁铁片,既可在其成90°时轻松拉动进行调节,也可在其他任何角度安全锁死,保证安全。

（2）全身式安全带：承重受力点在胸前，主要受力点在胸部或背部（根据不同安全带设计差异有所区别），可最大程度上使攀登者在失重的情况下尽快恢复平衡、稳定重心（图4-8）。在体验式培训绳索活动中用于可导致参训者在空中翻滚或需要在从身后进行保护的项目。如空中抓杠、高空相依等活动。

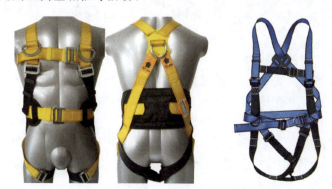

图4-8 全身式安全带

2）穿着安全带注意事项

（1）开放式坐式安全带的腰带顺向插入环扣后，一定要折回来再反向插入环扣，我们称为腰带的反扣，以增大摩擦力，防止腰带脱开。

（2）调整好腰带和腿带的长度，腰带略紧，要求能平伸入两指且不能翻转直立。腿带要松紧合适，要求能平伸入一手掌且不能翻转直立。调整好重心，腰带要尽量上提使之紧贴腰部。扣上铁锁后，铁锁应位于身体的正中，使重心稳定。

（3）全身式安全带的穿着是在穿好它的下半部分（同坐式安全带）的基础上，将背带套在双肩上，按体形调整好长度，背带要非常紧，在背带连接处打好反扣。

（4）闭合式安全带在腰带和腿带上设计了自动反扣的功能，穿时只要收紧就可以了。

知识链接

如何讲解穿戴安全带？

半身式：安全带分为两部分，即腰带和腿带。穿戴时主保护环向前，然后像穿短裤一样将安全带提至髋骨上，松紧以放进两指不能立起为宜，一定要在髋骨上方系紧；腿带以一手掌五指并拢能插进腿环并不能立起自由转动为宜，不要太紧以免影响腿部动作或造成下肢血液循环不畅。

全身式（在半身式讲解规范的基础上）：全身式安全带穿戴方式，系紧腰带，腿带一定要系紧（这是与半身式不同之处），上身微曲收紧肩带，上身挺直后进行调整，记住肩带一定要反扣。其重心一般在背部或胸部。

（三）扁带

1. 扁带的用途 扁带在高空绳索类活动的使用与登山运动类似，主要作为软性连接应用在保护系统中，通常与人工或自然保护点直接连接后，经主锁连接形成保护。

2. 扁带的材质 现今扁带多由尼龙材料制成。在20世纪60年代，美国杜邦公司研制出一种新型复合材料"凯夫拉"（Kevlar），由于这种新型材料密度低、强度高、韧性好、耐高温、易于加工成型，越来越受到攀登者的重视。

3. 扁带的类型

（1）机械缝制扁带（sling）：用特殊工艺将扁带缝合成型，拉力达到 22 kN，强度大、韧性高、安全性强（图 4-9）。

图 4-9　机械缝制扁带

（2）手工打结（runner）：截取散扁带，用水结将扁带头连接成型。由于使用水结连接，扁带的拉力很难达到 20 kN，但价位一般来说较机械缝制扁带稍便宜，而且安全性也足够好。

一般推荐使用 60 cm 与 120 cm 扁带，可根据需要截取连接成为长短不一的长度，并用水结做成绳套，用于器材之间的连接或固定空中作业，并用于保护点的设置。优点是受力面宽，受力均匀，破损情况易观察。扁带的延展性近似于 0，用于保护时不宜过长，以免冲坠系数过大。由于扁带的材料与绳索相似，在使用中可遵循登山绳的使用原则。

二、金属类

（一）主锁

主锁是体验式培训中涉及攀登和高空绳索类活动不可或缺的技术装备。目前，大多数主锁都用 7075 号铝合金制成，它是由 88% 的铝、6% 的锌、2.5% 的镁、2% 的铜以及少量的铬、硅、铁、锰、钛组成。主锁通常由锁身和锁门两部分构成。

1. 锁身　锁身的形状主要取决于这把锁的主要用途。随着攀登技术和保护需求的不断发展，出现了许多不同形状的主锁来满足攀登者的需要。现如今攀登与保护中常用的铁锁主要有基本型（B 形）锁、D 形锁、O 形锁和 HMS 梨形锁。

> **知识链接**
>
> HMS 梨形锁
>
> HMS 梨形锁是主锁里应用的最广泛的。由于它大而圆的轮廓，所以当它和其他保护器连接做下降、保护及保护点设置等都是非常理想的。其中一个重要的功能就是可以在这种铁锁上使用意大利半扣下降。

2. 锁门　大多数主锁的锁门都是由笔直的铝杆制成，并在两端固定好。有时为了安全，凹槽还会加深一些。弯曲的锁门可以将铁锁挂在下面，帮助扣进绳索。有的锁门弯曲角度很大，给绳索一个很好的进入角度。锁门上弹簧的松紧程度同样会影响铁锁的挂和取。如果弹簧较松，当主锁受到岩石的撞击和冲坠的影响时会很轻松地被打开。这说明，强大的冲击力会增加锁门自动打开和失误的概率。

主锁是体验式培训高空绳索类课程中用途最广且最不可缺少和替代的技术装备。主锁的最主要用途是连接保护绳与保护点，在活动中可以替代许多复杂而繁琐的绳结。安全带、上升器、下降器等许多攀登装备的组合和使用都要靠主锁来连接。根据国际登联的坠落实验，保护绳索至少要承受 12 kN 的拉力，由于绳索通过主锁摩擦制动，因此主锁的承受负荷是国际登联坠落实验中保护绳索承受负荷的 4/3 倍。所以主锁至少要能承受 15 kN 的冲击力。也就是说，在严重的坠落中要想获得最大的安全，铁锁最起码能够承受这样的负荷。

为了更好地发挥主锁的性能，使用时的注意事项如下。

(1) 不建议与金属物体直接连接，金属之间的相互作用将会产生较大的应力，破坏装备，但直接与保护点（如挂片）的连接除外。

(2) 丝扣锁在使用过程中切记拧紧后回拧半圈。

(3) 保证锁在使用中呈纵向受力。

(4) 锁身横断面积的磨损如超过 1/4 应报废。

(5) 使用中妥善佩戴，避免从高空坠落。如主锁从 2 m 的高度坠落在坚硬物体地面或物体上则不能继续使用。

(6) 主锁受力后不得与岩石、硬物撞击，要合理选择连接位置。

(7) 使用后要进行检查，长期储存前需要将其清洁。

(8) 如果主锁在雨、泥、冰雪环境使用后，一定要及时检查，尤其是锁门部位，一些细小的泥沙容易落入锁门的丝扣中，如不及时清理，容易将丝扣磨光而不起作用。

(9) 使用主锁的五个步骤：挂上主锁—锁门向下—拧紧丝扣—回松半圈—按压锁门。

(二) 保护器

1. 保护器的功能与作用原理 保护器是利用器械与绳索产生摩擦力，让绳索因摩擦而减速滑动，直至停止滑动，从而达到减速下降或停止下降的目的。攀登与保护中使用保护器来完成对攀登者的保护或者下降操作。常用保护器种类及性能见表 4-2。

表 4-2 常用保护器种类及性能

名 称	保护原理	优 点	缺 点	局限性
8 字环	摩擦	操作简单； 通用性强； 价格低廉	自重比较重； 下降时绳索易拧在一起，易绞绳； 如果靠得太近，手套、头发、衣服等易绞入其中	保护过程中不能自锁
ATC	摩擦	重量轻； 双绳操作极为方便		保护过程中不能自锁
REVERSO	摩擦	双绳操作； 结组保护时扣入主锁可以实现自锁		结组保护时绳索容易穿错方向致使自锁失效
GRIGRI	凸轮挤压	能够自锁； 保护时省力	在先锋攀登保护中，绳索松紧度不好把握，不建议使用； 操作烦琐，容易失误引发安全事故	只能用于单绳操作
STOP	摩擦加凸轮挤压	可用于长距离下降； 有自锁功能	重量重； 操作相对复杂	只能用于单绳操作

2. 使用保护器的注意事项

（1）保护器多是按照摩擦制动的原理设计的。在经过一段距离的摩擦制动后，铝合金保护器会迅速导热，所以在下降或保护完毕时不要立即用手触摸，避免烫伤。

（2）在保护与下降过程中，手套、头发、衣服都不要距离保护器过近，以免手套、头发、衣服等卷入保护器中。

（3）长距离下降时（超过 20 m），因重力、速度等因素，绳索会变得不好控制（抓不住），建议配合抓结。

3. 其他类 安全帽是登山运动中必备的装备，它可以避免头部受落石或其他落物的伤害，起到保护头部及颈部的作用。登山运动使用的安全帽为专用安全帽，切忌用自行车安全帽、工程安全帽代替。在有硬物坠落击中安全帽时，如果冲击力过大，安全帽会产生裂纹，以分散坠物对颈部产生的冲击力，从而起到有效保护作用。

（1）安全帽的结构：随着技术的不断革新，安全帽在透气性、舒适性、美观性上都有了很大改进，但主体结构不变，大致分为盔顶、脑后调节器、下颌（脸侧）调节带、透气孔、头灯夹等几个部分（图 4-10）。

（2）安全帽使用的注意事项：体验式培训中很多学习者都是初次使用安全帽，有些学员甚至会感觉到很别扭，不愿意戴安全帽，也有人戴上后喜欢用手不断地调节，这和安全帽戴得是否合适有直接关系。引导员要尽量为学习者选择适合不同头型的安全帽，而且每一次尽量调节到最适合的状态。使用安全帽时需要注意以下几点。

①尽量使用可调节的安全帽，包括头围与颈部的收紧装置。如头围大小不能调节，一旦有头围较大的学习者戴上之后，安全帽高高地翘在头顶，紧紧勒住颈部，既不美观也不舒适，更重要的是，无法提供足够的安全保障。

②不要将安全帽前后戴反了。安全帽和我们常戴的棒球帽一样都有前后之分，棒球帽檐朝后戴在头上是不错的选择，但是安全帽这样戴就完全不同了，尤其是那种非流线型的半圆安全帽，经常有人无意间戴反了，这样会很不舒服，而且很容易遮住自己的眼睛。

③将长头发盘在安全帽里是最好的选择，头发上的装饰物应该摘下。如果长发在安全帽外飞舞，很有可能会和安全带或绳索缠绕在一起，尤其在类似"空中单杠"这类的活动中，戴安全帽时一定将长头发盘起来或用橡皮筋扎住，戴在安全帽里。

④每次活动开始之前都要检查安全帽是否佩戴正确。

⑤休息时切忌把安全帽当做"椅子"。

(a) 安全帽

(b) 安全帽中的保护垫

图 4-10　安全帽

(三) 药箱及常用药品

通常体验式培训大多都是在户外进行，尤其是绳索类活动都在专门的绳索场地进行，如云梯、高空独木桥、高空绳网、高空抓杠等活动；再如户外冒险类活动中的野外徒步、穿越、溯溪等。即使是非常有经验的引导员也无法保证参与者不会在活动中出现磕伤、碰伤、擦伤、扭伤，甚至在野外环境中还有可能被蛇虫咬伤、中暑等。所以为了应对这些无法完全预知的风险，在培训前期必须准备药箱及常用的药品。以下为常用药品清单，仅供参考。

咽喉、口腔肿痛：华素片、草珊瑚含片、金嗓子含片、西瓜霜含片、复方甘草片等。

蛇伤：季德胜蛇药片等（亦可治疗蜂蜇伤，可内服、可外用）。

烧伤或晒伤：美宝湿润烧伤膏、绿药膏、芦荟胶等。

扭伤：跌打红花油、云香精、斧标油等。

心脏：速效救心丸等。

感冒：速效伤风胶囊、姜和红糖、维C银翘片、左氧氟沙星胶囊、板蓝根片、感康、康泰克等。

退热：冰冰贴、百服宁、易服芬等。

止痛：芬必得、头痛散、康必得、散列通、阿司匹林等。

止血：利君沙、严迪、云南白药、止血带、创可贴等。

过敏：息斯敏、氯雷他定等。

消炎：增效联黄或螺旋霉素、板蓝根冲剂、康弘一清等。

腹泻：黄连素、诺氟沙星、土霉素、宝济丸、易蒙停、蒙脱石散、泻药等。

胃痛：雷尼替丁、吗丁啉、诺氟沙星、藿香正气水、泻痢停、黄连素等。

中暑：藿香正气水、藿香正气丸、仁丹、清凉油、莪术油、风油精、白花油等。

虚脱：生理盐水、葡萄糖等。

蚊虫：蚊不叮、清凉油、皮炎平等。

眼药膏：眼药水、红霉素软膏（可处理眼疾，也可防止伤口感染）等。

其他：风油精、伤湿止痛膏、曲别针、棉花1包、体温计、净水药片、银针、雄黄及个人药品等。

外伤：绷带2卷、三角巾、胶布、红药水、酒精、消毒纱布、拔罐器、棉签、碘伏、双氧水等。

外伤工具：眼科镊、眼科剪、一次性手术刀、灭菌医用无损伤缝针、线等。

多种维生素：金施尔康、善存、21金维他、维生素（A、B_2、B_3、B_6、C）等。

高原反应：红景天、西洋参含片、诺迪康胶囊等。

第三节　绳索与绳结技术

体验式培训的高空绳索类活动必须借助保护绳的保护才能进行。保护绳的基本用途是连接、拴挂和捆绑物体，因此必须要用到各种不同功能的绳结技术。对于学习者而言，合理、有效地利用绳索，不仅能够保障培训中学习者的安全，而且学习绳结，并通过围绕绳结所设计的游戏本身就能够有效地开发学习者的思维，提高逻辑条理性，甚至会改变学习者的认知能力（图4-11）。

在高空绳索类活动中，保护绳要与其他保护装备、固定点及绳索自身发生连接才能满足

图 4-11　各种不同的绳结活动

各种实际需要,因此就出现了各类绳结。绳结本身很容易理解和掌握,但关键在于要在不同的情境下使用最适当的绳结,掌握这项技术不仅需要掌握各种绳结的用途和原理,还需要不断地实践才能慢慢找到感觉。

一、固定绳结

(一) 8 字结

我们通常使用 8 字结连接攀登者,而且这个绳结可以直接与安全带连接,所以这个绳结也是目前攀岩正式比赛中唯一允许连接攀登者的绳结。该绳结由于形似阿拉伯数字 8,所以被称为 8 字结。体验式培训课程高空绳索类活动中,8 字结使用得最频繁、最广泛。

1. 注意事项
(1) 受力绳圈要尽量与安全带连紧。
(2) 绳结连接的部位是安全带的攀登环,并非保护环或其他部位。
(3) 打好结后一定要将各个部位调整顺滑,以保证均衡受力并易于检查。
(4) 打好结以后一定要将绳结收紧,松垮的外形是不安全的。
(5) 绳尾做好末端处理后,还要留出绳索直径 8 倍的长度。
(6) 攀登前一定要再次检查并确认无误。

2. 8 字结的分类　8 字结有单 8 字结、双 8 字结和改良 8 字结(图 4-12)。

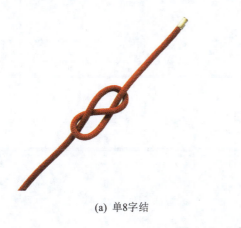

　　　　(a) 单8字结　　　　　　　(b) 双8字结　　　　　　(c) 改良8字结

图 4-12　8 字结的分类

(1) 单 8 字结打法:如图 4-13 所示。

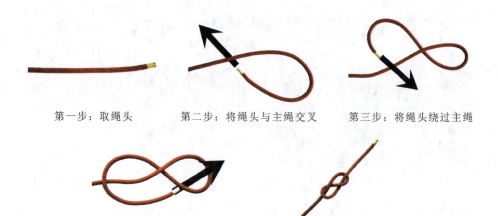

图 4-13 单 8 字结打法示意图

(2) 双 8 字结打法：如图 4-14 所示。

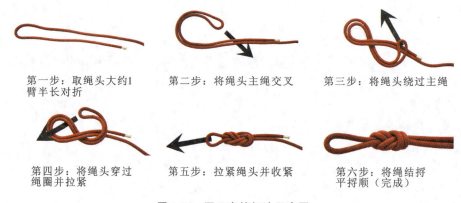

图 4-14 双 8 字结打法示意图

(3) 穿 8 字结打法：如图 4-15 所示。
(4) 改良 8 字结打法：如图 4-16 所示。

（二）布林结

布林结，又称称人结，有绳结之王的称号。通过这种绳结可将绳索一端与自然物体固定在一起，有时也用于结组中的胸绳连接。布林结在攀登中常用于保护点的连接。

1. 布林结的打法　如图 4-17 所示。
2. 布林结的优缺点
(1) 优点：易解易结，安全性高，用途广泛，变化多端。
(2) 缺点：一松一紧受力不稳定时容易松动以至完全脱开，难以辨认正误，因此一定要打绳尾结。

（三）双套结

在绳索活动中，双套结可以提高保护和操作效率，其用途大致如下。
(1) 扣进铁锁做临时保护点。
(2) 在多段攀登或设置、拆除保护系统时做自我保护。

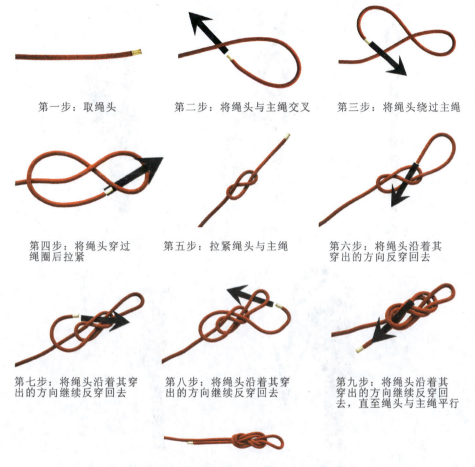

第十步：反穿8字结完成，同时将绳结收紧，捋平捋顺

图 4-15 穿 8 字结打法示意图

注：反穿 8 字结的前五步和单 8 字结是一样的，反穿 8 字结可以用来固定不能直接套入的物体，如攀岩时用反穿 8 字和安全带的保护环相连接。

(3) 捆绑物体和制作绳索担架时比较常用。

双套结的优点是打结简单、快速，可以在绳索间任意地方打结，不需要在绳头位置，受力后绳索两端均可承重；绳结的位置调节便利，但在不受力的情况下容易松开。双套结要反复操作，直至熟练；而且这个绳结极易打成意大利半扣，所以要反复检查。

双套结一般分为两种打法，一种是开放物体上的打法，另一种是闭合物体上的打法。

1. 开放物体上的双套结打法　如图 4-18 所示。
2. 闭合物体上的双套结打法　如图 4-19 所示。

(四) 蝴蝶结

蝴蝶结又称中间结，是在绳索中间打绳圈的绳结，经常用在登山时绑在中间的人身上，通常只要作个大绳圈套在中间人的身上即可。同时也可以在一条绳索上利用中间结做成数小绳圈，这样可以用来装吊手提灯之类的东西。蝴蝶结的优点：牢固，易解易结，安全性高，用途广泛，不必担心会松散。

蝴蝶结同双套结一样也分为两种打法。

第一步：取绳头对折或绳中，某一部分

第二步：将绳头与主绳按如图所示方式缠绕

第三步：将第二步中箭头尾部绳索穿进绳环内，不用全部穿出

第四步：将绳头绳环从绳结顶部穿过，并拉至绳结尾部，同时收紧整个绳结

第五步：整理整个绳结，使之整齐顺畅

图 4-16　改良 8 字结打法示意图

第一步：取绳头与主绳交叉形成一个小圆圈

第二步：将绳头穿过小绳圈

第三步：穿过绳圈的绳头再次从主绳底下绕过并穿出

第四步：将绕过主绳的绳头再次穿过绳圈

第五步：将穿过绳圈的绳头拉紧，并预留出防脱绳结的距离

第六步：打好防脱即完成布林结

图 4-17　布林结打法示意图

第一步：取绳头与主绳交叉绕成一个圈　　第二步：将绳头再次反方向在绕一个圈，使两个圈成逆向分布　　第三步：将两个绳圈交叉相叠，即左边绳圈压在右边绳圈上

图 4-18　开放物体上的双套结打法示意图

第一步：取绳头绕过物体　　第二步：将绳头从主绳后绕过　　第三步：将绕过主绳的绳头从物体后再次绕过　　第四步：将绳头绕过物体后从主绳右侧绳圈中穿出

图 4-19　闭合物体上的双套结打法示意图

1. **开放物体上的蝴蝶结打法**　如图 4-20 所示。
2. **闭合物体上的蝴蝶结打法**　如图 4-21 所示。

二、连接绳索的绳结

在高空绳索类活动中往往需要对绳索进行的连接，如接绳索、做绳套。连接绳索的绳结可以分很多种，下面介绍一些常用的绳结。

（一）平结

平结打法简便，但是只能用来捆扎物体，决不能用于攀登或者其他承重的操作中。

1. **平结的打法**　如图 4-22 所示。
2. **使用平结时的注意事项**　平结虽说看起来简单，但是容易打错，以下方面需要注意。

（1）打结方向要正确，两个绳尾下面的是左边压右边，上面是右边压左边，反之亦然。

（2）此绳结只能临时用于连接绳头，决不能用于攀登，如果连接绳头用于攀登或下降，请使用 8 字结、布林结、渔人结等替代。

（3）正确的平结将会呈两个绳套相互连接状，每个绳套由绳头与绳身平行组成，一旦打错，很容易松脱或变成死结。

（4）绳索粗细、材质不一时不能用平结相连接，绳索太滑或太硬也不能用平结连接，这些情况都会导致绳结松脱。

第一步：取绳头对折或直接选取绳中部分

第二步：将对折绳拧一圈形成第一个绳环

第三步：将拧成一个绳圈的绳头再拧一圈形成第二个绳环

第四步：将绳头往下从第二个绳圈下方穿入

第五步：将从第二个绳圈下方穿出的绳头再从第二个绳圈内穿出

第六步：将穿出的绳头拉紧

第七步：将绳结底下的两根主绳分别横向拉紧，即完成

图 4-20　开放物体上的蝴蝶结打法示意图

第一步：取绳中或绳头放于手掌中

第二步：将绳索在手掌中缠绕一圈

第三步：再绕第二圈，注意第二圈从第二步中绳间距绕过

第四步：将最外侧一圈绳向手内侧拉过

第五步：拉过的绳头从掌心中两股绳索底下穿出

第六步：将穿出的绳头拉紧，并将两根绳索拉紧，即完成

图 4-21　闭合物体上的蝴蝶结打法示意图

图 4-22　平结的打法示意图

(二) 渔人结

渔人结是用来连接两根直径相似的绳索或用同一根绳索的绳头连接后做绳圈的,同时渔人结有单渔人结和双渔人结。

1. 渔人结的打法

(1) 单渔人结:如图 4-23 所示。

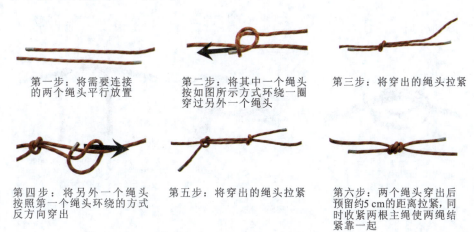

图 4-23　单渔人结打法示意图

(2) 双渔人结的打法:如图 4-24 所示。

图 4-24　双渔人结打法示意图

单渔人结与双渔人结最大的不同是两个绳头环绕的圈数不同,基本打法是相同的。

2. 渔人结的用途

(1) 连接一根绳索的绳头,形成绳套。
(2) 连接直接相同的绳索后做双绳下降。
(3) 连接小绳套做抓结。
(4) 连接辅绳(直径>7 mm)做保护站用绳。

3. 渔人结的优缺点 渔人结的优点是强度大、结实、安全性高。缺点是受力后不易解开,尤其是湿的、细的和变软的绳索,在使用抓结几次后几乎无法打开。

4. 渔人结的使用注意事项

(1) 每次使用前一定要仔细检查水结是否有松脱现象。
(2) 打完水结后,必须把绳结拉紧。
(3) 打水结前先将扁带理顺,否则打完后绳套容易扭曲拧劲。

(三) 水结

水结是用于连接散扁带两端并使之形成的一个绳套。
水结的打法如图4-25所示。

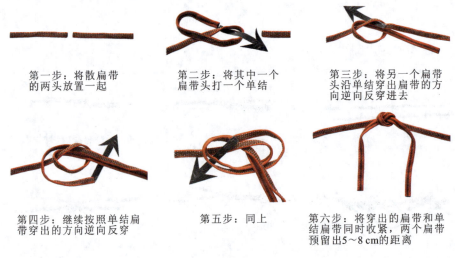

图 4-25 水结打法示意图

(四) 抓结

1. 抓结的作用

(1) 在下降过程中利用其临时制动,起副保护作用。
(2) 在救援过程中利用抓结起单向受力的作用。
(3) 临时保护中,可代替上升器使用。

2. 抓结的分类 抓结的打法有很多,叫法也不同,有普鲁士抓结、法式抓结、贝克曼抓结、克氏抓结等。

1) 普鲁士抓结

(1) 普鲁士抓结的打法:如图4-26所示。
(2) 普鲁士抓结的注意事项:绳套直径一定要比主绳直径小,绳套直径不小于5 mm,主绳直径不小于9 mm。以防万一,绳套直径一般为6 mm,主绳直径为9.8~14 mm;绕的次数3次以上;若绳套直径大(如7 mm),则绕的次数要少些,一般为2次,但效果不如6 mm好。

第一步：做绳套　　第二步：将绳套按如图所示方式缠绕　　第三步：继续缠绕，至少三圈　　第四步：将带有绳结的一头穿过绳圈，并拉紧缩在一起

图 4-26　普鲁士抓结打法示意图

2）法式抓结

(1) 法式抓结的打法：如图 4-27 所示。

第一步：将绳套放置主绳上，按如图方式缠绕　　第二步：继续缠绕三至四圈　　第三步：将缠绕好的绳套两端扣入主锁内，即完成

图 4-27　法式抓结打法示意图

(2) 法式抓结的注意事项：绳套直径一般为 6 mm，主绳直径为 9.8～14 mm。绕的次数 5～6 次。

3）贝克曼抓结

(1) 贝克曼抓结的打法：如图 4-28 所示。

第一步：将带有主绳的绳套与主绳连接　　第二步：把带有主绳的绳套同时将主绳与主锁缠绕　　第三步：继续缠绕三到四圈　　第四步：用另一把主锁扣进缠绕好的绳套

图 4-28　贝克曼抓结打法示意图

(2) 使用时的注意事项：①受力点不是锁扣，千万不要握着锁扣作上升器把手；②锁扣的

作用是方便松开爪结,把爪结往上推或向下溜;③应用另一锁扣,挂进下面有渔人结的绳套,连接安全带作保护。

4)克式抓结

(1)克式抓结的打法:如图4-29所示。

第一步:将绳套放置主绳上,按如图方式缠绕　　第二步:继续缠绕三至四圈　　第三步:将绳套中带有绳结的一端穿过绳套的另一端,按如图所示方式穿过,并扣入主锁

图4-29　克式抓结打法示意图

(2)克氏抓结的优缺点。

①优点:打法简单,双重保护;在长距离或悬空的下降中可保护制动手不至于被烫伤。

②缺点:缠绕圈数不好判断,多了会卡死,少了会失效。

(3)使用克氏抓结时的注意事项。

①连接绳头的绳结必须是双渔人结,不能使用单结代替。

②使用前一定要进行测试,看是否受力。

③抓结绳套的直径和缠绕的圈数完全取决于所作用的主绳直径的大小(通常作用在单绳上时,使用一根6 mm的绳套,并缠绕3圈)和绳索质地的软硬程度(如果主绳较硬就多绕几圈)。

④抓结绳套的接头处(双渔人结)不可以绕到主绳上去。

⑤当使用次数过多时要经常检查,一旦起毛或破损必须要更换。

⑥此绳结也可用一根短扁带代替,打法与小绳套相同。

三、绳尾结

绳尾结是打在攀登绳或保护绳绳头、绳结尾端的绳结,目的是防止在下降过程中因绳索长度不够而突然从下降器中脱出,以及防止打好的绳结在使用过程中脱开。这个绳结在遇到坏天气或者天即将变黑、有大风,或者无法看到下降地面时使用,当然,对于欠缺经验的攀登者、初次体验或学习下降的攀登者也能起到很好的保护作用。近年来,在下降过程中由于绳头脱出的情况发生的安全事故不断增加,所以在任何下降操作中,尤其是在长距离下降、攀冰、自然岩壁攀登中更是要把这个绳结作为其中不可或缺的一部分印入脑中。

绳尾结的打法如图4-30所示。

四、盘绳

每次攀登或者保护过程结束后,绳索可能被胡乱地堆放在一起,上面还有没有解开的绳结,这时即使再累,也要花时间认真地把使用过的绳索盘好理顺,以便下次使用时得心应手。

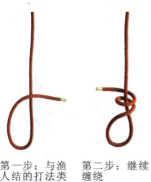

第一步：与渔人结的打法类似，将绳头往回绕　　第二步：继续缠绕　　第三步：将绳头至少缠绕四圈以上　　第四步：将绳头从所绕的绳圈内反方向穿回　　第五步：将反方向绕出绳圈的绳头拉紧　　第六步：打好以后，绳尾留出8 cm以上的长度

图 4-30　绳尾结打法示意图

（一）普通盘绳

操作如图 4-31 所示。

第一步：捋绳，检查绳索是否有破损　　第二步：开始盘绳，每股收同样的长度并且独立分开，即一左一右分开置于手掌中

第三步：同第二步　　第四步：收置最后预留约2 m绳距，然后将预留绳分别取第二、三步一般距离左右放置　　第五步：将余下绳索在收好的绳索中间缠绕三至四圈

第六步：将绳头穿过一侧的半距绳圈中　　第七步：将另一侧半个绳距拉紧　　第八步：完成

图 4-31　普通盘绳操作示意图

(二)背绳盘

操作如图 4-32 所示。

第一步：捋绳，检查绳索是否有破损，且将两个绳头放置一起再次捋绳直至绳索中间，在绳索中心位置打一个单节

第二步：开始盘绳，以绳索中间打好的单节为起点，左右手各持绳索置于肩上，距离均等

第三步：持续肩上盘绳，直至预留2.5~3 m绳距

第四步：将盘好的主绳从肩上取下，并握紧所盘绳的中心，然后用预留的绳索在主绳上缠绕

第五步：持续缠绕三至四圈，并收紧

第六步：按如图所示方式将预留绳从缠绕好的主绳绳圈中穿入。注意不可完全穿出

第七步：将穿过的绳头所形成的绳圈套入主绳，并拉紧

第八步：将捆好的绳索背上肩

第九步：将两个绳头在胸前交叉一次，然后通过两侧到背后再次交叉压住背后主绳

第十步：将穿回胸前的绳索在腰间打一个平结用于固定绳索，即完成

图 4-32　背绳盘操作示意图

第四节　绳索保护技术及装备的使用

一、保护系统、保护点的设置

保护技术是运用绳索来制止滑落的系统,是安全攀登和高空绳索活动操作的基础技能。保护技术有如魔术般神奇,但也像魔术一样,必须熟练才能用得好,同时必须对保护原则非常了解。体验式培训课程中的高空绳索活动主要是绳索类活动,需要类似登山和攀岩的保护技术作为基本操作技术。

在人工攀岩场或者是体验式培训绳索场地进行活动时,岩壁或高空绳索架的顶部是提前预设好的。在人工场地上设置保护点,无论是安全性,还是操作效率都要优于自然场地,但其中也有许多共通规律和原则需要遵循。这里指的保护点亦称保护站,指承载绳索与攀登者的保护系统,通常是由两个或多个保护点组成的一套系统。

(一)保护点的选择

人工攀岩场和高空绳索架上的保护点多为一体建设的,材质多为钢材,只要场地建设符合国家标准,那么在它顶端的保护点也都是安全的。

顶绳攀登时设置的保护点使用的时间要久些,所以一定要充分考虑安全性。在选择时我们通常要考虑以下几点。

1. 强度　保护点最好选择与攀岩墙或者高空架连为一体,这样相对强度最大。

2. 位置　保护点设置的选择取决于攀登路线。一般来说,顶绳攀登的保护点通常都设在攀爬路线的正上方。但有时候路线或活动不同(如高空抓杠、断桥等),有些保护点无法设在正上方,这时就需要延长扁带的连接或使用副保护。总之,使保护点在垂直方向受力,强度才是最大。

3. 外形

(1)圆形为佳:现在人工场地的保护点多为圆形,但也有方形或其他不规则形状。由于保护点连接的装备是扁带,圆形的保护点对扁带的磨损最小,连接后也便于调节,所以是最佳选择。

(2)光滑平整:保护点要足够光滑,上面不能有焊接点,否则扁带一旦与之连接,受力后就会撕裂而产生严重后果。未剖光的钢柱也会磨损扁带,埋下安全隐患。

(3)除去锈迹:要经常检查保护点,一旦出现锈迹就要除锈,否则有锈斑的保护点长期与扁带连接会腐蚀扁带,遇下雨天气,损毁速度就会加快。

(二)保护点的连接方法

由于保护点多是不规则的,有圆形、方形或其他形状,通常会使用扁带与其连接,因为扁带既柔软又可以随意调节长短及位置。用扁带与保护点连接,也有很多注意事项。

1. 连接方法　扁带是织物,只有在平滑受力时强度最大,所以在与保护点连接时,要避免缠绕,最好选取直接搭套的方法。在保护点过大而扁带长度不够时,也可以采用其他方法代替,但最好的还是直接搭套。

2. 连接点避开扁带缝合处　与保护点的结合处要避开扁带的缝合处,如果是手工打结的扁带,水结也要避开此位置。因为由于挤压,可能会使缝合处或打结的位置变形,从而降低强度。

3. 避免扭曲或缠绕　由于扁带是织物,容易在过度摩擦或挤压后破损,所以在使用中应尽可能避免扭曲或缠绕。

（三）保护点的设置

1. 保护点设置的原则　无论是在人工场地还是在自然场地,设置保护点都需要遵循大三原则:独立、均衡、备份。

（1）独立:指每个保护点的设置要相对独立,能够单独受力,即不同的保护点不打在同一个位置上,否则如果这个杆子出了问题,那么其他保护点也随之失效。如果有两根或多根扁带,要设置在不同的保护点上。但如果没有独立的位置,只有一个保护点,那么设置一根扁带还是两根扁带在理论上是没有区别的。

（2）均衡:指保护系统受力后,每个点都应保持受力状态,这样才能平均分配重力。在选择保护点时,要考虑每个点的位置以及扁带数量和长度是否匹配。当保护点设置完成后,如果出现因扁带长短不一而受力不均的情况,一定要调节扁带的长度来保持受力均衡。

（3）备份:指在保护系统设置完成后,在一处独立的位置在连接一个保护点。这在自然场地显得尤为重要。但在人工场地的保护点通常强度足够大,只要扁带设置合理,保护点检查到位,不用备份也是安全的。

2. 连点之间的角度　一旦设置了两个保护点,之间就存在角度问题,所以在选择保护点位置的同时,还要考虑两点之间的角度。原则上,两点之间的角度减小,每个点所承受的力的大小也相应减小,即对固定点、扁带或绳套的拉力也随之减小,使得安全系数增加。一直到角度为零,两个力减小为合力的一半。根据计算,夹角小于60°,拉力的变化不大,所以要求保护点之间的夹角应小于60°。

3. 保护系统的连接　保护系统设置好后,需要用主锁将其连接后才可使用。连接时,要将所有的扁带头都扣入铁锁内;不得将扁带分别套进两把铁锁,这样容易加大两点之间的角度。此外,还应使用两把规格、大小相同的丝扣锁与其连接,要求铁锁大头向下,锁门相对并拧紧。

（四）攀登绳与保护系统的连接

当保护点设置好后,就需要将保护绳与其连接。连接前首先要观察岩壁下方,如果有人,则要大声提醒其注意;然后用正确的方法理绳,绳头落地后在多放几米;然后将另一端盘好后一起抛下,抛之前再次确认下方无人。使用前一定检查绳索的两端是否都已落地并保留足够的长度,且绳索无缠绕。

（五）保护点设置的操作步骤与要求

1. 地面准备阶段

（1）在绳索架下铺设海绵垫,并将其摆放在保护点设置的正下方。

（2）检查保护点所需要的器械数量并确认完好。

（3）穿戴好保护装备,必须佩戴安全帽。

（4）将两根120 cm的扁带连接在安全带的保护环上,并将每根扁带连接一把主锁。

（5）将保护站所需要的铁锁挂在装备环上,扁带斜挎在肩上,将主绳一端连接在装备环上或者背在身上。

2. 攀爬阶段

(1) 沿立柱爬梯上爬时动作不宜过快,离地面超过 2m 以后必须用扁带交替将自己随时和立柱的梯环连接。

(2) 连接点必须保持在腰以上的高度进行更换,并需要拧上锁门的丝扣。

3. 保护点设置与摘除阶段 (图 4-33)

(a) 设置自我保护(双保护)

(b) 选择安全、合理的位置用扁带与第一个保护点连接,并将扁带扣进主锁内

(c) 再用第二根扁带做备份,操作与上步相同(因为是在人工场地,设施安全可以保证,所以两个保护点可选同一位置)

(d) 将两把主锁同时与两根扁带连接,并连接主绳(两把主锁锁门相对,并大头向下)

(e) 在用第三根扁带在独立于第一保护点的位置上做备份保护点,连接主绳并拧紧两把主锁的锁门

图 4-33 人工场地的保护点设置

(1) 到达保护点的位置后,先设置自我保护。

(2) 选择安全、合理的位置,用扁带与第一个保护点连接。

(3) 在另一个相对独立的位置,用另一个扁带与保护点连接。

(4) 调整扁带的位置,使夹角小于 60° 并均衡受力。

(5) 用两把铁锁将两条扁带连接在一起,且锁门相对,大头朝下。

(6) 如果有条件,再设置一个备用保护点与此保护系统相连。这个备份点不得受力而牵扯主保护点,但要能保证在保护系统失效时第一时间承重。

(7) 将保护绳的绳尾打上收尾结并与保护系统连接,保护两个绳尾均落地。

(8) 保护绳无扭曲,将保护系统上的铁锁锁门拧紧。

4. 注意事项与经验分享

(1) 设置保护点前要仔细观察地形,选取合理的位置,不要急于求成,避免因反复修改而花费大量的时间。

(2) 设置保护点的首要问题是保证安全,不要为调整扁带长度或位置花费太多时间。

(3) 保护点设置好后一定要测试,要认真检查每一个环节。

(4) 抛绳前一定要理绳,否则很容易在半空缠绕,再拉上来就很费事。

(5) 抛绳前要考虑好绳索与保护点的位置,保证受力在正上方同时不受任何物体干扰。

(6) 抛绳前可将绳索先与自身连接,避免万一出错而绳索已全部落地。

5. 保护点设置过程中的常见错误

(1) 保护点设置员忘记做自我保护。

(2) 扁带之间夹角过大,扁带缝合处直接与物体相接触。

(3) 两把主锁的锁门没有相对,以及没有将主锁大头向下,忘记拧锁门(一般锁门拧紧之后回半圈,以防止在使用过程中受力之后拧不开)。

以一个保护站项目为例,保护站设置时需要的装备(图 4-34)和数量如下:

(1) 安全带:1 副。

(2) 扁带:长 3 根,短 2 根。其中两根长扁带用于做自我保护。

(3) 铁锁:6 把。2 把做自保,2 把用于主保护站设置,1 把用于副保护站,1 把用于下降(也可以不做自降,直接沿器械梯子爬下来)。

(4) 8 字环:1 把,用于下降。

(5) 主绳:1 根。

(a) 正面　　　　　　　(b) 侧面

图 4-34　保护点设置的装备及穿戴

(六) 保护站设置完成后的下降(图 4-35)

1. 设置自我保护

(1) 用长扁带连接安全带的攀登环,用主锁连接以后设置自我保护。

(2) 自我保护位置选择点要足够安全,并尽可能靠近下降绳。

(3) 丝扣锁要拧好并保持纵向受力。

2. 连接下降器(以 8 字环为保护器)

(1) 主锁连接 8 字环的大头,并扣入安全带的下降环。

(2) 下降绳用环绕的方式与 8 字环连接。

(3) 将连好下降绳的 8 字环取出,并将小环与铁锁相连,在保证绳索不扭曲的前提下将丝扣拧好。

(4) 将多余的下降绳收至最紧。

(a) 选取合适的位置设置自我保护　　(b) 将主绳与下降器8字环相连接（主绳从8字环大头穿过）　　(c) 将从8字环大头穿出的主绳环绕过8字环的小头

(d) 将连好下降绳的8字环取出，并将小环与铁锁相连，在保证绳索不扭曲的前提下将丝扣拧好　　(e) 系统确认、负荷转移、拆除自保，准备下降

图 4-35　组装下降器及下降

3. 系统确认　　在下降器与绳索连接好以后，引导员就可以开始下降了。但是在下降之前，系统的确认环节是非常重要的，因为一旦解除自我保护就意味着引导员就完全转移到了下降绳上，所以要保证万无一失。

（1）确认安全带、安全帽等所有装备穿戴无误。

（2）确认保护站系统正确无误。（自保的主锁、保护站主锁、下降器主锁的锁门拧紧）。

（3）确认下降器的安装方向正确、无扭曲。

4. 负荷转移

（1）制动手紧握下降端的绳索。

（2）此时重心下移，将身体全部转移到下降绳上，自我保护保持松弛，身体处于下降姿态。如果预判到自我保护的编带过短，此时可以将自我保护的编带连接在保护站的主锁里。

（3）另一只手解除自我保护，并扣入安全带的装备环。

5. 开始下降

6. 下降结束，解除装备

（1）下降者保持身体平稳，避免踩踏绳索。

（2）将连接下降绳的8字环从主锁中取出，并扣进8字环的大环，将下降绳从8字环中取出。

（3）将连接8字环的主锁扣进安全带的装备环。

7. 下降过程中容易出现的错误

（1）由于负荷转移过程中预留下降主绳过长，导致主绳没有受力，所有力量全部由自我保护所承担，致使自我保护打不开。

（2）主锁与8字环连接时将主锁从保护环上取下进行操作，并误将装备环当作保护环进行下降操作。

(3) 下降过程中使用抓结，由于过于紧张导致抓结卡死。

二、保护方法

在过去的一段时间，在工商企业训练和学校内开展的体验式培训课程似乎有个共识，那就是一般采用上方保护，并由引导员直接作为保护员参与保护。似乎只有在需要保护多组学员，如天梯、高空相依等活动，引导员无法进行同时保护时才采用下方保护。随着引导员经验的积累、观察、组织能力的提升，以及体验式培训"做中学"的核心价值观的普遍认知，现阶段许多高空绳索类活动的保护引导员不再直接参与，而是按照保护原则指导学习者自行进行完成。在这种情况下，对于引导员的安全保护和安全监控能力提出了更高的要求。

和其他攀登活动不同的是，体验式培训课程中高空绳索活动的保护是由"保护组"进行保护，每一个保护组由三名学员组成，即主保护、副保护、收绳员。主保护是完成五步收绳保护者，是保护活动的执行者；副保护拉住保护者收回的主绳，并保护不会松开主绳，同时检查主保护的主锁与8字环是否处于安全的状态；收绳员按照收绳要求收绳，保护绳索在任何时候不会落地。副保护和收绳员站在主保护的收回绳索的另一侧，并空出和主保护身后的位置。

对于保护者来说，一般保护分为上方保护和下方保护两种方式。上方保护是指，保护绳索通过被保护者上方的保护点或固定点，保护者在下方进行保护。下方保护指保护绳索通过保护者下方保护点或固定点进行保护。这两种保护方式在体验式培训课程中都会用到。

制动装置的连接是完成保护的重要部分，制动主要通过制动器完成，常见的制动器有板状、管状、史雷夫、腕状制动器和8字环，体验式培训课程中主要使用8字环。8字环的设计是为了沿绳下降使用，起初并不是用于保护，但是它作为最可信的保护装置一直沿用至今。将8字环与主锁连接在安全带上，绳索通过8字环后产生摩擦阻力达到制动效果。主绳通过8字环的连接方式主要有三种形式：第一种是标准的沿绳下降式，通过四点摩擦加大阻力，它的缺点是收绳费力，也容易使绳产生拧转，但是它能够抵挡较大的冲击产生的拉力，初学者使用对于保护安全比较有保障；第二种是将绳索穿过大环后直接扣入主锁，利用三点摩擦进行控制，相对于标准式收放绳索省力，但最好是有经验的保护者进行操作；第三种是利用8字环的小环代替板状或管状制动器，这种连接在体验式培训课程中是禁止使用的。

1. 五步保护法 在大多数高空绳索活动中都需要运用下方保护，一般采用的手段是五步保护法(图4-36)。保护点设置在保护者身上，是将保护器械直接连接在保护者身上。此时绳索一端系于被保护者安全带上，绳索向上通过上方保护点绕下至下方保护者，绳索按规范方法经过保护者安全带上的8字环后，控制在保护者手中。以右手为控制手为例，结合五步保护法动作口诀：一提、二压、三攥、四攥、五扶，即提、压、攥、攥、扶。五步保护法具体操作如下。

第一步：左手握住从上方下来的绳索，右手握紧从8字环绕出来的绳索。保护者两腿前后分立，重心略向后，随着攀登者的逐渐向上运动，保护者要不断将绳索收回。收绳时，左手根据攀登者的上升速度向下拉绳，右手同时将通过8字环绕出的绳端向上收紧。

第二步：这时右手离开8字环较远，应向下将绳索压至右胯后。

第三步：左手从原来位置松开并抓住通过8字环绕出的绳端。

第四步：右手换到8字环下抓紧绳索。

(a) 左手握住从上方下来的绳索，右手握紧从8字环绕出来的绳索。保护者两腿前后分立，重心略向后，随着攀登者的逐渐向上运动，并要不断将绳索收回

(b) 收绳时，左手根据攀登者的上升速度向下拉绳，右手同时将通过8字环绕出的绳端向上收紧，并迅速回起始步

(c) 收绳时左手下收（下拉）、右手上收

(d) 迅速下压右手至右胯后

(e) 左手从原来位置松开并抓住通过8字环绕出的绳端

(f) 右手换到8字环下抓紧绳索

(g) 恢复第一步姿势。如此反复操作。注意必须始终有一只手抓紧从8字环绕出的绳端

图4-36　五步保护法动作演示图

第五步：恢复第一步姿势。

如此反复操作。注意：必须始终有一只手抓紧从8字环绕出的绳端。当攀登者达顶后或需放下时，则将右手背于胯后紧贴躯干，手握力略松将绳逐渐放出。一旦攀登者失误脱落，则在两脚站稳的基础上，重心后移，将右手迅速用力抓紧绳索背于胯后，利用8字环的摩擦力使绳索制动而将攀登者固定在空中，使其得到保护，然后再将其慢慢放下。以上保护技术，左利

手者操作则正好相反。

2. 五步保护法中的注意事项

（1）绳索松紧度：在攀登者刚刚离开地面时，保护员要尽量收紧保护绳，以免由于攀登者突然脱落或者绳索弹性过大造成攀登者直接掉在地上。通常在攀登者的脚离地面超过 3 m 时，保护绳应保持一定的松度，以免因保护绳的过度牵扯影响攀爬，或者因为保护绳拉扯过度而让攀登者借力，降低了培训效果。在攀登者即将脱落时或到顶后准备下降时，保护员一定要把绳索收紧。

（2）保护员的站位：保护员是通过保护点、保护器与绳索之间的摩擦力起到保护作用，所以摩擦力越大，制动效果越好、保护越轻松。其中，保护器按照规定的连接方式连接即可，但保护点与绳索的摩擦系数很大程度上取决于保护员的站位。简单说，站位顶绳夹角越小，制动效果越好。因而，保护时应尽量减小顶绳夹角，但是切记，保护员不要站在攀登者的正下方，因为这样无法观察攀爬者，存在一定安全隐患。

（3）保护员的移动：在保护过程中，保护员要随着攀登者移动的方向、速度的快慢、路线的变化等随时调整自己的站位，但无论保护员怎么移动都要使身体能够迅速成制动姿态，而且制动手任何时候都不得离开绳索。

①当攀爬者速度过快时，保护员要有意识地后退。

②一旦攀爬者休闲或停留时，保护员要尽快调整站位，仍旧回到起始位置，观察攀爬者。

③如果攀爬路线交错，保护员要根据攀爬者脱落后不绊到保护绳为原则调整站位。

（4）放人下降的基本技术动作：当攀爬者爬到顶或准备下降时，保护员要在第一时间迅速收紧绳索并准备将其放回地面。具体步骤如下：

①保护员双手放到制动端，握紧绳索，双脚开立，中心下降，身体站稳，使自己进入保护状态。

②保护员与攀爬者沟通，准备下降。

③保护员双手握住绳索，但虎口轻轻松开，绳索随着攀爬者的重心下降会慢慢滑动。如果攀登者体重过大或者绳索太细，保护员可采用双手换位的方式代替；保护员的站位较远时，握紧绳索往前走也可达到放人效果。

④在整个下降过程中，保护员要密切关注攀登者，全程保持缓慢匀速。

⑤在攀登者接近地面时，保护员放慢速度，带其双脚站稳后再充分放绳。

⑥待攀爬者站稳后，保护员迅速给绳，并帮其解除装备。

3. 相关经验的分享　我们要寻找更安全、便捷的保护法来提升攀登的效率，以下是在保护过程中的注意事项和经验。

①在整个保护和放人过程中，保护员的制动手任何时候都不得离开保护绳，哪怕只是瞬间。

②在整个保护过程中，保护员必须集中注意力，时刻关注攀爬者，不得做与保护无关的其他任何事情。

③攀爬者刚起步的前几米和攀爬者即将脱落时及攀登到顶后准备下降前，保护员一定要把绳索收紧，以免攀登者脱落时由于绳索的弹性直接摔落至地面，或出现较长距离的冲坠。

④开始攀登前，保护员要仔细检查攀爬者的装备穿戴是否符合要求与齐全，主锁与保护器的连接位置。

⑤攀登前保护员收紧绳索，两脚开立，身体站稳，进入保护状态后进行口令沟通。

⑥保护员要随时移动,不得离岩壁太远,并站在靠近路线两侧的位置,这样有利于控制重心,也比较省力。一旦攀爬者速度过快,保护员要加快五步保护法的实施速度;如果还来不及,就要往后退,攀爬者安全后立即回到合理的保护位置,最终下降放人时,保护员位置要与最初的位置保持一致。

⑦攀爬者在达到超过 3 m 的高度以后,保护员一定要注意绳索的松紧度,保护员握绳不能太紧,以免影响攀爬者的动作发挥,但也不能太松,以免绊到攀爬者或者增加冲坠距离。

⑧放人时要匀速缓慢下降,快到达地面时,再次减速,轻轻放下,当攀爬者站稳以后才可充分放绳,然后解除攀爬者装备。

⑨如果保护由学习者独自完成,引导员必须在每次开始时给学习者进行简单的讲解或复习,并在前期进行协助与检查,直到两个保护组的主保护能够顺畅地完成五步保护收绳技术,并且要求副保护始终抓紧由主保护收回的主绳(图 4-37)。只有保护者完全按照严格的技术动作操作,才能最大限度地保证高空绳索活动的安全。

图 4-37　主、副保护员之间的配合

第五章 体验式培训组织与实施

20世纪90年代初期,体验式培训刚进入国人的视野时,人们听闻"体验式培训"一词,大多数人会对它有所"警觉"——学习难道只是游戏或活动吗?或怀疑这种教育手段"有用吗"?二十多年过去了,尽管仍有人对它不置可否,但是随着体验式培训被越来越多地应用到组织人力资源发展、学校教育、社区教育、青少年营队活动之中,体验式培训已经成为一种国人无法忽视的学习方式。本章我们将从体验式培训特征、结构、组织、实施和评价等角度,厘清体验式培训是如何发挥其效力的,它能够为学习者带来哪些学习与改变。

第一节 体验式培训特征

体验式培训作为代表英美国家教育理念的教学手段,受文化与国情差异的影响,我们必须对它做出更加细致的分析才能够了解它真正的内涵,特别是当"体验"与"培训"结合在一起的时候,我们更有责任让更多的人理解体验式培训的特征。

一、多元结果

对于成年人或少年儿童来说,学习的目的都在于不断的改变,从而适应不断变化的环境。特别是如今信息技术、人工智能技术、移动互联网技术使我们不得不保持终身学习的心态才能适应这日新月异的社会。在体验式培训的课堂上,引导员会创造出各种不同的情景,如攀岩、独木舟、登山、露营等户外活动,或者高空绳索类活动、信任活动、问题解决类活动等。这些自然的或人造的场景都为学习者提供了开放、多元的学习环境,学习者面对不同的情景,需要适度地调整自己,才能更积极地面对与适应挑战。由于学习者个体特征,以及所在团队的状态因人而异,不同参与对象面对同样的情景和挑战时,会产生不同的解决方式。由此,引导员要让学习者能够深刻感受到,许多问题不是只有唯一的答案。在这样的前提下,学习者才能主动地思考解决问题的办法。

二、经历风险

人生就像独木舟在溪流上航行,即使有清楚的目的地,但永远也无法预见下一段水域会遇见什么。人生,原本就存在很多的风险。

对于体验式培训课程中风险的认知,大多数人一般只停留在风险可能对生理所造成的伤害,而忽视了风险对学习者精神、情绪和人际关系上的影响。体验式培训尽管给人一种"冒险"的感觉,但并不是让参与者完全暴露在高风险的情境中,更多的只是感知上的风险,而不是真实的风险。对于体验式培训引导员而言,每一次课程开始前都必须做好完善的风险管理。一是必须确保学习者生理上百分之百的安全。在进行户外活动时,必须妥善检查各项工作是否完备,以及学习者是否拥有对安全觉察的能力。例如,登山徒步活动中活动计划是否考虑完善,装备是否符合相关要求,学习者是否具备一定的身体素质和技能,对即将经历的长距离徒步、露营、野外炊事所可能发生的状况能否完全的认知。当带领课程的引导员确认学习者生理上百分之百的安全后,再进一步调整学习者的情绪、精神及人际关系上的风险。

需要特别强调的是,体验式培训的独特魅力正在于它保留了适度的风险,对学习者来说,经历体验—冲突—调整—克服,并最终完成挑战的历程为其积累了有意义的学习体验,如内容为长距离徒步的课程中,引导员将不同性格特征、喜好、年龄的学习者安排成一个小组。这期间他们必须一起活动,一起分工炊事,一起面对来自自然环境和内心冲突的挑战。也许他们并不会经历生理上的风险,但是他们必须面临的风险是如何更好地与其他参与者相处,保持积极的群我关系,以及面对体力透支、脚底起疱后还要继续坚持的自我内心的抗争与对话。可以想象,没有体验一定程度的风险,学习者便不会改变,因此也不会有学习效果的产生。

三、不可预测

【真实案例】一个酷暑难耐的下午,笔者的课程继续在操场上实施。即将进入两天课程里的最后一个内容,小组的大多数成员显得有点疲倦,再加上太阳的炙烤,所有人都感觉快要透支了。当然,并没有人想要放弃,依然投入到笔者为他们安排的活动中。让人意外的事情在此刻发生了,突然乌云滚滚,暴雨立刻倾盆而下。笔者和大家商量,希望能够暂停活动,进入室内避雨。然而,让笔者意想不到的是,他们坚持要在雨中继续活动,且态度十分坚决。此时,教学经验尚浅的笔者没有过多的思考,便招呼身边的培训助理,让其从库房送雨衣来。诚然,当雨衣送来时,在场所有人都已经湿透,而参与活动的热情丝毫没有减弱,相反外界压力把团队克服困难的决心进一步地激发了出来。最后当所有人在雨中完成课程,并合拍了一张合影,这段经历所有人永生难忘。

即使是相同的课程内容,体验式培训的课堂情景也不是固定不变的。就体验式培训本身而言,就有许多来自环境和人的不可预测的因素。一是在户外环境中的不可预测因素,如天气与环境的变化,通常不为人的意志所改变,这些状况的出现都增加了体验式培训课程的风险,与此变化相适应,学习者也随之提高了对环境察觉的适应能力。此外,个人情绪和团队状态的变化也是很难预测的因素之一。我们必须时刻察觉每一件事情,千万不要以为你十分了解身边的人,有时候你的同伴和学习者会展现出平时难以看见的一面。

四、激励作用

一般来说,体验式培训活动的选择应对于学习者有一定的难度,是他们必须通过努力才能够完成的挑战,进而让学习者走出个人的"舒适区"(图5-1)。只有这样的活动才能产生激励的作用,吸引学习者投入其中,激发兴趣,愿意花时间和精力来思考和行动。恰恰正是因为有难度,学习者才会在完成任务的一刹那有成就感和自我认同感。一位优秀的引导员,会为培训

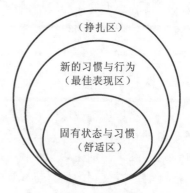

图 5-1 舒适区

设计看起来有趣、充满挑战性的内容,而不是极为困难或极易成功的挑战。

> **知识链接**
>
> ### 舒 适 区
>
> 舒适区(comfort zone),指的是一个人所表现的心理状态和习惯性的行为模式。在这个区域里,个体会感觉舒服、放松、稳定、能够掌控、安全感。一旦走出这个区域,就会感到别扭、不舒服,或者不习惯。例如,进入新的社交圈、尝试不同的思维模式、改变固有的行为习惯等。舒适区是人们的心理状态和精神状态,形成于人们固有的习惯、观念、行为方式、思维方式和心理定势。
>
> 从正面来看:第一,舒适区是一种认知模式,帮助人们维护自我形象,建立心理防御屏障,能够起到一种避风港的作用;第二,舒适区是自我调节器,它对人有稳定情绪的作用;第三,舒适区决定了人对外界信息的接纳度。相反,沉溺于"舒适区"的人对现状充满着一定的满意度,既没有强烈的改变欲望,也不会主动地付出太多的努力,觉察不到任何真正的压力,没有危机感。
>
> 心理学研究表明,走出舒适区进入新的目标领域会增加人的焦虑程度,从而产生应激反应,其结果是提升人对工作的专注程度。新的目标领域,促使人们构建新的舒适区,这个区域被称作最佳表现区。在这个区域中,人的工作表现将会得到改善,并且他们的工作技巧也会被优化。

五、选择性参与

成功的体验式培训非常重视学习者参与性的选择,所以,为了实现学习者的学习与成长,体验式培训课程内容的安排必须有吸引力。尤其当学习者为青少年时,课程的安排一定要新颖、有趣,兼具挑战性,此外还要给予他们选择参与的方式和深度的权利,以便产生自动和自发的学习。

第二节 体验式培训的组织

不论哪种类型的体验式培训,课程内容的主体均由各种活动与游戏构成,每项活动均可以根据一定的逻辑结构来组织编写引导员的教案,以便使引导员在计划与实施操作时更得心应手。

一、课程的名称

体验式培训中所涉及的活动通常可以概括为以下几类名称:一类是有些活动的名称直接参考国外的称谓,如 trust fall(信任倒)、spider web(蜘蛛网)等,这些活动的名称已经较为直观地表达了活动中的主要元素和概念,因此可直接将其翻译为中文即可;另外有些活动则是依照活动情景或使用的器材与教具来进行命名的,如 giant ladder(巨人梯)、气球塔、清除核废料、搭书架等。此外,引导员也可以根据学习目标或者参与对象的不同特征来更改活动名称,以应对当时的活动情境和培训目标,激发学习者的投入与好奇心。

二、课程中活动的类型

体验式培训中的活动类型是依据团队成长和真实学习情境的变化历程来设定的。卡尔·朗基提出将体验式培训课程中的活动分为五大类型:①破冰和初识活动;②沟通活动;③问题解决活动;④信任建立及相互支持活动;⑤低高空绳索活动。中国台湾地区学者谢智谋在继承其分类的基础上进行了一定的拓展,增加了"分享感受活动"与"暖身活动",并将其第一类的破冰和初识活动独立分开。以下为各类活动的主要特征。

1. 分享感受活动(experiential check-in activity) 该类活动可用于课程的前、中或后期各个阶段,用以增进引导员利用外在线索或物品去了解团队中学习者当下的感受。通过外在物的隐喻,来抽象描述参与者在活动中的感受或对当下团队的感觉。

2. 热身破冰活动(warm-up activity) 热身破冰类活动顾名思义就是在学习者参与活动的初始阶段产生初步的互动,通过简单、有趣的活动,帮助团队成员消除人际隔阂,建立对陌生环境的适应,构建引导员与学习者之间的信任关系(图5-2)。通过这类游戏性的活动建立人与人之间自然的互动氛围,为后期关系的深入打下良好的基础。

图 5-2 热身破冰活动

> **知识链接**
>
> 热身破冰活动的特点
>
> (1)趣味性是主要的活动元素。
> (2)尽量让队员能够在没有任何威胁感的状态下进行活动。
> (3)适度的挫折感,言词上的互动,以及决策的技巧,都有助于达成任何以成功为目标导向的任务。
> (4)参与破冰活动并不会导致严重的挫折感。

3. 认识活动(get-to-know activity) 认识活动通常使用于热身破冰活动之后。在团队成员经过前期热身活动后,团队氛围呈现出愉快、轻松的状态,此时是加深成员彼此认识的绝好时机,在活动互动的情景下相互了解比一般性自我介绍更加生动活泼,且更具效果(图5-3)。

图 5-3　认识活动

4. 沟通活动(communication activity)　沟通活动是一种传达及交流彼此思想的活动(图 5-4)。在此阶段,团队成员已经建立初步的认知,对彼此也有了一定的了解,因此可开始进一步通过各种思维互动、肢体接触更为频繁的活动去除隔阂与生涩。通过完成一些难度较低的活动,来建立团队成员之间初步的沟通和行为模式,推动团队成员参与团队的建立。

图 5-4　沟通活动

5. 信任建立活动(trust-building activity)　信任建立活动主要是实现团队内部信任度的提升和人际关系的改善。由于所有活动的完成均是在相互支持、需要与被需要的前提下才能够实现(图 5-5),因此,这一过程既能够提升学习者的自信,同时由于良性的互动过程,进一步改善了群我之间的合作关系。

图 5-5　信任建立活动

知识链接

信任建立活动的特点

(1) 包含了团队在生理及心理方面的互动。
(2) 通常包括了趣味性及些许紧张性。
(3) 必须注入队员们对于彼此安危的支持与合作。
(4) 大部分的活动都包含了一定程度的"风险承担"。
(5) 团队会逐渐地培养信任感。
(6) 信任活动的运用是为了"建立信任";基本的信赖活动一旦被选择,便能重复运用,来强化及保障队员的安全。

6. 问题解决活动(problem-solving activity)　学习者通过经历活动中问题解决的过程,来习得如何在团队中分工、合作的经验是体验式培训课程的应有之义,也是"有意义的活动体验转化为有价值的教育经验"这一理念的最好诠释。问题解决类活动的核心价值是让团队成员在活动中充分发挥团队精神,学会在团队中与他人合作与互动的技能,通过集体的力量来解决难题,并实现目标(图 5-6)。该类活动并不强调个人英雄主义在活动中的作用,而是借助合

图 5-6　问题解决活动

作和优势互补的方式来完成活动预先设定的挑战。正是看似个人无法独立解决的困难,经过团队所有人共同努力的历程,使团队凝聚力在问题解决的过程中得到了提升。

> **知识链接**
>
> 问题解决活动的特点
>
> (1) 由于活动涉及心理情绪以及生理层面,所以可能引发轻度的不适及挫折感。
> (2) 成功与失败是次要的,勇于尝试的态度才是活动的重点。
> (3) 趣味性的活动能让参与者感觉有能力胜任,同时建立自信心。
> (4) 凝聚合作与相互支持的气氛能够鼓励参与,同时为队员建立信心。
> (5) 有的时候会产生比较严重的挫折感,这时千万牢记"耐心是一项美德"。
> (6) 配合活动的进行,队员们必须能够表现出倾听、合作及妥协与配合的能力。

7. 暖身活动(warm-down activity) 体验式培训课程中的活动和一般团队游戏最大不同之处在于,更加强调活动经验的转化,以及活动中经验学习的焦点。暖身活动通常是在课程结束或阶段课程结束后,以一个较为有趣的活动作为整个学习过程的收尾。引导员通过暖身活动对之前学习经验的梳理和总结,同时通过积极正面的互动过程强化学习经验的迁移和转化。

8. 低、高空绳索活动(ropes activity) 体验式培训课程通常包含两种类型的绳索活动,即低空绳索活动和高空绳索活动。低空绳索活动指的是学习者离开地面的高度在一人身高以下,危险性较低,只要经过规范的教学指导和保护动作的练习,学习者才能参与的活动。高空绳索活动的高度通常在 3 m 以上,最高可达到 12 m,危险性相对较高,必须在配备专业设施和装备的前提下,通过专业人员指导和保护,否则不可贸然操作。低高空绳索活动的目标在于提供团队成员建立个人责任感的机会,而高空绳索活动则强调的是个人内心恐惧的突破和挑战。体验式培训课程的引导员可以利用低、高空绳索活动来评估团队成员彼此责任承担的程度,推动个人责任心的产生和团队动力的提升(图 5-7)。

图 5-7 低、高空绳索活动

> **知识链接**
>
> 何谓平面活动?
>
> 与低、高空绳索类活动相对应,国外很多人将在室内外进行的活动统称为平面活动。随着体验式培训课程在学校、社区和工商企业培训中的开展,平面活动因其在场地设施、器材物料方面的便捷性等优势被广泛使用。不同于野外冒险活动和低、高空绳索活动,需要在特殊的场地,或者是拥有固定专属的设施才能进行,平面活动是将一部分体验式培训活动简化成可以在任何地方都可以实施,只需要一些简单和可携带的教具和器材,如纸、胶带、气球、毛绒玩具、扑克牌等,甚至可以不用器材就可以进行操作。

第三节　体验式培训的实施

一、教学流程

体验式培训的教学流程影响着学习效果的好坏。其教学目的不应该只停留在一般性质的团队游戏,应着重于突出将活动中的学习体验转化为具有教育意义的经验。只有这一目标的达成,才能使体验式培训发挥最佳的学习效果。一般而言,体验式培训的教学主要有三个阶段,各阶段间虽具有层次性和递进关系,但各阶段之间并没有明显的界限限制,有时为了达到某一特殊的学习效果,可进行相应的调整。这三个阶段分别是情景塑造,活动带领,引导反思。这三个阶段的有机联系构成了一节完整的体验式培训课程。

> **知识链接**
>
> 体验式培训之所以能够如此迷人,其中一个重要的原因是活动中学习者之间的互动、协作及分享的过程,让每一位团队成员可以明显感知到团队的"能量"。这种"能量"的感知是团队群我关系、个人认知水平和团队解决问题的能力明显提升的结果。
>
> Jim School 与 Richard S. Maizell 提出了探索能量波(adventure wave)的概念,将体验式培训教学过程的特征进行了概括:团队能量的变化类似湖面的波浪一样,具有能量起伏的变化与传导的特点。体验式培训的教学过程包括三个部分:一是情景塑造,二是活动带领,三是引导反思,并循环往复依次递增。

二、情景塑造

在活动开始之前,引导员必须先告知团队成员"选择性挑战"的理念,之后引导员就可以向团队成员说明即将进行的活动情景,简单地导入活动的规则,避免不必要的冗长。活动规则并不是机械而固定的,引导员对规则的把控是根据其教学风格、培训目标及参与活动对象的差异等因素而灵活应变的。一成不变的规则只会带来教学活动的生硬和僵化,"教无定法"正是阐明的这个道理。

导入活动规则,说明相关活动的限制之后,必须根据不同活动的风险程度来解释相关安全规范,引导员应将活动中的相关注意事项及内外环境的潜在风险告知所有团队成员,以避免因忘情投入活动而忽略了相对陌生的环境给身心带来的伤害。

最后,必要时要澄清挑战活动所设定的目标,以此为活动设定明确的方向和价值导向。但有时为了探索团队成员互动程度和团队解决问题的能力,并不会直接说明活动目标,而是引导团队成员通过彼此的沟通或头脑风暴的方式去探寻。当然,如何把握澄清活动目标的程度,还取决于团队成员的学习状态和需求,引导员对团队发展的阶段的理解,以及引导员自身的能力和经验。有时,为了实现体验式培训课程的最佳效果,引导员确实会面临一些潜在的风险,即"过犹不及"。

> **知识链接**
>
> 构建情景的实用方法
>
> （1）隐喻：这是一个富有创意且有效的方法，在活动带领尚未开始时，通过教师的情景构建，让活动参与者事先沉浸在刻意营造的情景下，加速参与者对学习目标的连接。
>
> （2）前导式提问：该方法是在活动前通过引导性的问题，告诉活动参与者在活动结束后我们将会进行某个议题的分享反思。因此，参与者可以在活动进行中，就此议题进行观察与思考，进而强化学习目标的焦距，有效提高学习的针对性。
>
> （3）目标设定：必要的时候，可以要求活动参与者在活动开始前为个人或团队设定目标，如完成的时间、挑战的次数或达到的分数等。体验式培训最重要的就是将活动中的经验进行转化，迁移至实际生活中。特别是对于工商企业培训类的课程，公司为了安排一次活动课程的学习投入相应的时间和经费，怎么可能只要求玩玩而已！所以教师不能只是让参与者仅对活动感兴趣，必须使学员更加关注如何通过活动经验中有意义的部分来促进工作绩效的改善。

三、活动带领

活动是体验式培训最为核心的构成要素，一堂缺少精彩活动的体验式培训课程注定是失败的。为了实现学习目标，引导员必须根据团队及团队成员的需求和团队发展程度来选择适当的活动内容（图5-8）。在此阶段，引导员的角色和职责是鼓励团队成员参与活动，激发团队完成目标的潜能和动机，帮助团队成员探索自己的能力和情感，最终以引导团队以积极、正向的心态和手段来应对所提出的挑战。然而，"选择性挑战"的理念在此阶段依然十分重要，团队成员无论是否愿意尝试或无意参与活动的任何决定都是有"价值"的，且应该被引导员和团队其他成员所尊重，这正是体验式培训课程的魅力所在——强调学习的"过程"而非"结果"。正是这样的自主选择过程，才能够真实地反映出团队的真实状态及成员的真实感受，而非为了顾全团队的"面子"，被迫参加活动，而出现"民主的暴力"的局面。

图 5-8　射箭活动

在活动引导的过程中，引导员需要时刻保持敏锐的洞察力，随时注意团队成员的状况，以便作出适时的应对，来保证团队始终行进在"正确的轨道"上。针对活动引导过程中容易出现的问题，卡尔·朗基分享了一些非常宝贵的经验。

（1）即使是面对时常带领的活动，也必须永葆好奇。对于教学经验丰富的体验式培训引导员来说，无法回避的一个问题就是，面对自己曾经带领过无数次的活动，依旧保持新奇和享受的感觉。对于体验式培训的学习者而言，可从其眼神和行为中观察到不同的反应，初次接触的学习者往往表现出好奇、紧张、适当的焦虑等个体感受。因此，面对正准备积极投入到活动中去享受其乐趣的学习者而言，如果引导员不能全情投入，无法调整自己的"状态"来适应这种氛围，无疑对学员来说是莫大的损失和伤害。体验式培训引导员如同一位厨师，如果失去了对食物的好奇，也就失去了最大的动力。

（2）设计适当的挑战，提供"不可避免"的成功。活动具有挑战性是体验式培训的一大特色，适度地增加活动的难度及挑战性，不但能够激发学习者持续的投入动机，更能够不断提升他们对所在团队的信心、责任感和凝聚力。但尤其需要注意的是，活动挑战的难度应遵循适度的原则，如难度过低，则无法激发团队动机和成就感；难度过高，超出承受范围，则会为团队带来危机，造成学习者的自我怀疑和挫败感，而为团队带来持续的阴影。

（3）当活动陷入混乱时，引导员有必要适时地介入。体验式培训作为一个开放的教学情景，学习者是该情景的主导者，而引导员往往扮演一个"催化者"的角色，西方称之为"助产士"。正是由于学习者的主体地位和强调快乐、自然的学习过程，体验式培训的教学过程往往会出现一些突发状况，超出引导员的预期判断。因此，面对各种意外，引导员必须通过适当的介入使团队重新找回学习的焦点。引导员介入的目的是促使团队回到预期的轨道上，而不是剥夺学习者的学习机会，常用介入的做法包括：适度调整活动规则，鼓励团队成员一起参与讨论，要求团队成员回顾并遵守活动起始时所建立的"全方位价值契约"等。

> **知识链接**
>
> 引导员何时介入活动？
>
> 体验式培训引导员必须对自己活动实施的能力具有信心，除此之外，对活动过程中出现的状况还应该具备一定程度的认知。例如，当参与者并未按照预期的方向进行活动而出现偏离时，这时候需要引导员适时的介入。当引导员需要对团队进行介入时，并不代表引导员选错了活动或设计不够合理。有时候当团队需要介入仅仅是因为用尽了资源或内部出现了冲突而导致停滞不前，因此他们可能需要提供一些支持或引导。但是作为体验式培训引导员必须清楚，在介入阶段绝不能为团队提供任何涉及"主观价值判断"的信息。另外，如果引导员没有适时介入，参与者可能对这项活动积累了太多的挫折感，进而无法再对该活动有任何兴趣，甚至没有信心，最终作出了负面的评价："这活动根本不可能完成！""肯定是规则有问题！""是不是老师故意刁难我们！"

（4）不强调竞争而强调合作。体验式培训课程和某些团队游戏或体育游戏具有类似的表象，因而看上去让人不容易分辨彼此的差异（图5-9）。尽管体育游戏也是团队参与，但其"竞争"和"合作"主次关系和价值导向与体验式培训有着本质的不同。例如，体育游戏通常传达的观念是"比赛"，因此难免会有胜负、输赢的价值导向。如果没有引导员特别的引导，参与者难免会将"输赢"重要性的定位超过"个人与团队成长"的重要性，在此过程中，过度地强调输赢,难免会出现"过度的竞争",甚至是为了赢得竞争而出现的各种"失范"行为。

图 5-9　团队游戏

相反,体验式培训课程将团队之间的竞争关系定位为"与时间竞争与自我成长"竞争,强调和个人之前"表现"和努力程度进行比较,学习的焦点是自我的察觉和探索,并检视团队成员对规则与全方位价值契约的遵守程度。这样就避免了将竞争对手作为参照物,而过分强调输赢,导致学习成果的异化。

（5）塑造轻松愉快的学习情景。不言而喻,人只有处于愉悦、放松和安全的环境中,才容易表达最真实的个性和情感(图 5-10)。现实社会中,我们往往受制于学校、家庭和社会的各种规制和约束,再加上各种环境中又存在或明或暗的评价标准。在这样的环境下,个体内心感受的表达和人性的彰显是无法得到尊重和保障的,这也正是体验式培训被逐渐认可和接受的原因。它避免了太过严肃的教学常规,又不会预设固定的答案和评价标准,教学的过程充分重视每个学习者的需求和价值,满足了当今社会人普遍的内心诉求——被倾听与理解。

图 5-10　轻松愉快的学习情景

四、引导反思

引导反思是帮助学习者分享、厘清、聚焦、转化在活动中的具体经验的阶段(图5-11)。引导员在此阶段的重点是将培训过程的重点从活动的"结果"转换至活动的"过程"。引导员需要帮助团队每一位学习者处理潜在的冲突与抗拒等敏感行为,并以"全方位价值契约"的精神来引导团队成员自由地提出问题、分享感受。在鼓励团队成员自由参与和分享的过程中,应始终围绕一定的学习焦点来进行,将活动中的经验聚焦和放大,而非泛泛而谈或浅尝辄止式的讨论。因此,学习者反思与分享的焦点应着眼于之前发生过的事情或活动,并表达自己内心真实的感受,如此一来,活动中所产生的经验得到强化,然后通过引导员的转化和迁移,应用到将来的生活情景中。

图5-11　引导反思活动

活动后的引导反思是体验式培训课程能够发挥价值,产生教育意义,以及促成学习者改变的核心手段。一般而言,引导反思包括三个阶段,每个阶段之间环环相扣、层层递进,是从特殊到一般、具体到抽象的学习过程。

1. 第一阶段:观察与反思阶段　该阶段主要目的是引导团队成员对活动现象或感觉的回忆,并通过语言对具体现象或事物进行描述。

2. 第二阶段:联结　该阶段的着眼点是将活动中的某些感觉或观察到的现象与生活进行联系,让团队成员思考是否生活中也发生过类似的情况,是否有过类似的感受。

3. 第三阶段:转化与运用　最后一个阶段的目的是对活动中的感受或观察到的事物在联结至生活现实的情况下,进行梳理和归纳,即将活动中的经验隐喻至生活,进而使活动中的经验运用至真实情景中。

通过以上三个阶段的引导反思历程,使团队学员由原本抗拒、沉默的状态转换为主动思考与反思,并联系生活实际。所以说,引导反思是探索教育达成效果的重要方法。

> **知识链接**
>
> 引导反思三个阶段的具体体现——以 Key Punch 活动为例（活动内容详见第七章）
>
> 1. 观察与反思阶段　活动告一段落后，引导员邀请学员学习和一起回顾活动的过程：第一到第三回合，发生了什么事？我们做了什么，可以让我们有这样的成绩？大家还发现了什么？有没有人可以帮我们说明下，每个回合的策略和方法是什么？这是开放性的引导问题，带领参与者对之前发生的活动细节，进行反思与观察。以前述活动为例，学习者回忆刚才的场景，会发现虽然大家知道要分享，但唯有他们开始改变做法行为时，才会有更好的成绩；而且学习者会感觉到前几个回合就是竞争，不像一个团队，一直到最后大家改变行为为止。
>
> 这个阶段是学习者开始对自己在活动中的情绪、认知和行为的表现进行觉察的第一步。引导员必须耐心地观察活动的过程，以及仔细倾听他们在这个阶段对活动经验的反思观察，借以引导学习者进入下一个阶段。
>
> 2. 联结阶段　在此阶段，引导员会关注：最后的结果怎么会是这样？这是什么意思？刚才发生的事在生活或工作中会不会发生？能举个例子吗？这代表什么？这些让大家想到了什么？在一步一步的引导下大家逐渐进入第三个阶段，这时候不再是单纯地关注活动经验，活动开始转变为协助学习者觉察的转化媒介了。
>
> 3. 转化与运用阶段　这是最关键的转移阶段。当学习者经过层层引导后，归纳形成一个概念，在这个阶段，他们可以尝试将这些概念、想法、行为运用到下一个活动中，或进一步实践到生活中。并不是每个话题或主题，只需单靠学习者完成一个活动，便会找到解决方法的。当他们对学习目标没有形成完整清晰的概念时，引导员在此阶段，不应过于着急把这些概念转移到实际生活中去，而是继续进入下一个活动，再一次借助体验学习圈——具体经验、观察反思、抽象概括以及实践应用这四个阶段，逐渐转移到生活中去。
>
> 体验式培训是一个持续的学习过程，它并不会瞬间能有明显的效果；需要循序渐进，慢慢引导，最终才能够产生指导生活的影响力。

第四节　体验式培训的需求诊断

尽管体验式培训能够实现传统学校正规教育无法达到的效果，但它并非灵丹妙药，能够解决个人与团队在发展中的一切问题。对于处理个人与团队发展过程中的某些障碍和难题，已超出了体验式培训能够涉足的领域。就学习成效而言，体验式培训所能发挥的最大学习效应，主要聚焦于团队成员间群我关系建立、凝聚力水平提升，以及互动合作意识增强等较为抽象的领域。因此，在为团队设计一个实效的体验式培训前，我们必须先了解一下学习者的需求。

通常每一次课程实施前，引导员都必须与学习者（客户）反复沟通关于课程目标、课程内容、学习者特征等问题。只有学习目标精准和明确，才能够让体验式培训达到事半功倍的效果。所以，帮助学习者分析与设定适宜的学习目标是体验式培训课程引导员的必要专业技能。在体验式培训的教学实践中，我们经常见到未对学习需求进行周密评估而贸然实施课程，其结果大多是无法达到较好的学习效果，学习者对培训前后的预期也会有落差，最终导致无法对学习成果满意，而产生对体验式培训这种教学形式的质疑。因此，成功的培训必须在课程实施前对学习者的相关需求进行整体的判断和评估，进而让课程设计做到有的放矢。想要实施有效的课程设计，需要遵循以下几个原则。

一、与客户建立互信互赖

从初次与学习者接触开始，体验式培训课程的引导员就必须与他们逐步建立互信互赖的"伙伴关系"，而非"客户关系"，围绕课程本身反复地进行学习与交流，构建良好互动与信任的关系。在对学习需求诊断过程中，以尊重而非判断的开放心态面对学习者的选择与决定。对引导员而言，通常采用的做法为面谈、小组讨论、评估问卷或相关问题的满意度调查等。除此之外，体验式培训课程的引导员还必须对组织或团队内部一些"隐藏的信息"有所察觉，如学习者对某一件事情的反应或情绪、团队内部气氛等问题。对于这些问题，必须聆听、观察学习者全面的语句表达及其字里行间的信息，以开放和积极的态度，用提问的方式去澄清信息和厘清问题根源，并分享你的观察和假设，尝试找出造成各种问题的冲突和矛盾的原因。

二、客户才是专家

由于体验式培训引导员会运用引导反思技术，将活动中的经验迁移至与学习者个人及团队真实的情景，以帮助学习者改变。因而，引导员常常被学习者当成解决团队问题的"顾问专家"，扮演着解决方案提供者的角色。针对学习者所提出的疑虑和困惑，经过分析与判断，提出假设，并给予相关问题的建议。当然，这是我们最希望看到的情况。

但在实际工作中，仅仅通过个别学习者主观的分析而做出的判断与假设，很难厘清事情的本来面目。草率地做出结论，给出"解决方案"，未必能真正地帮助学习者解决问题，有时甚至起到了误导的反作用。造成该问题出现的原因可能是，前期课程目标与内容的规划与执行，只局限在引导员身上，学习者本身参与的空间很小，仅仅强调了"顾问专家"的单向作用，而限制了双方经验的分享和探讨。事实上，学习者对自身所在团队的真实境况与困惑是最了解的。通过开放而深度的沟通，尽可能分享更多的资讯，以及交换不同的观点，与学习者共同定义问题，并找准原因。这样的需求诊断过程更突出沟通的"双向"交流，引导员不以"顾问专家"自居。必须让客户充分了解——只有他们才是真正能够推动自我成长的专家。

三、多元视角

学习需求的评估过程是一个相对比较复杂的过程。对于团队学习目标中的某些议题，团队内部每个人都有自己独特的理解和认知方式，因此需要广泛地收集与分析这些不同的看法，才能够有效地看清楚整体的状况。体验式培训课程的引导员绝不能仅凭与培训对象群体中的个别人或来自团队高层的管理者的沟通来确定某次培训的目标，因为不同对象通常容易从自身的角度或立场出发，做出主观判断。如不能加以分辨，引导员很容易带着偏见对团队做出判断。

为了避免信息来源单一所造成的信息失真的风险，引导员需要与来自培训对象所在部门或组织内外不同人员进行沟通，对相关背景资讯以及与学习目标相关的假设和预期问题进行澄清。同时，将汇总到的资讯与观点反馈给培训对象的负责人（人力资源部或培训部），进而厘清对相关问题的真实反馈。这样的沟通与反馈过程，将会为体验式培训的参与者带来更多的学习与自我反思的机会，不仅能够帮助学习者了解自身与团队当下的状况，更为后续的培训提供了真实的起点。体验式培训课程的引导员在向不同对象收集信息的过程中，切记只有以"中立"及"客观"的立场，以具体事实作为判断的依据，经过不断澄清与沟通的过程，才能更清楚地了解哪些才有可能是学习者的真正目标。

四、管理客户的期待

成功的需求诊断，并为学习者提供明确、具体、可操作的学习目标，这些期待决定了整个体验式培训的架构与内容。对培训目标及效果模糊不清甚至不切实际的期待，只会造成学习资源的浪费，最终也不会产生多方满意的结果。培训活动的组织者或管理者可能因没有实现预期的培训目标而对体验式培训或课程引导员感到失望，引导员也会因为没有实现学习者的期待而倍感压力。然而，更大的损失在于，对体验式培训的参与者而言，不仅耗费了时间和情感，还可能因为一次培训的不满意，而对自己所在组织未来所安排的相关学习活动产生疑惑。

体验式培训引导员为了能够与学习者共同设定出能够达成的学习目标，必须协助学习者梳理出具体和可评价的指标，内容如下。

(1) 在这次培训中，最重要也是最有价值的一件事情是什么？
(2) 这次培训成功与否的关键在哪里？
(3) 如何判断和评估学习者在培训后的改变？
(4) 通过这次培训，期望哪些行为与能力明显得到改善？

以上都是在诊断课程需求阶段引导员必须与学习者一起商定，加上对学习资料、课程时间、学习者特征等客观条件的整体分析，与学习者达成对培训目标的共识。客观、合理的需求诊断，以及明确而有效的目标设定是培训成功的基础保证。

通过履行上述需求诊断的原则之后所确定的学习目标，必须再次与学习者进行确认，并得到培训对象所在组织管理者的认同，否则仍旧存在不确定性的风险。没有经过周密的需求诊断而实施的体验式培训是对学习者时间与金钱的不负责任——"百分之八十的培训成效，取决于百分之二十的课前诊断。"

第五节　学习者状态的评估

体验式培训是一种以团队动力为基础的团队学习历程，而团队又是一个有思想与生命力的有机体。尽管通过活动与引导员的引导，团队内部的良性互动将推动团队不断发生改变。但由于团队特征千差万别，并在与环境互动以及内部能量互动的过程中，往往很难使培训过程如预期般发展。因此，引导员必须对团队在培训中的状态进行持续地评估，并保证团队始终处于正确的轨道上，一步一步向目标迈进。主题式冒险（PA）组织发展的一套学习者状态评估的工具，对于引导员来说，是十分有用且易于上手的。

该评估工具从七个维度对团队状态进行评估，它们分别是：Goal（团队目标）、Readiness（准备程度）、Affect（情绪感受）、Behavior（行为表现）、Body（生理状况）、Stage（团队发展阶段）、Setting（环境），简称为 GRABBSS。这个团队评估工具适用于体验式培训课程的引导员对学习者在课程前、课程期间的变化进行评估，并在此基础上有针对性地调整教学策略。

一、团队目标

体验式培训的目标包含整体培训目标、个人目标和团队目标三个维度。体验式培训引导员与培训对象所在组织的相关负责人所确定的学习目标,经常会出现和团队目标和个人目标不完全一致的情况。体验式培训引导员如何有效地通过活动设计与引导来兼顾整体培训目标、个人目标和团队目标是一个非常大的挑战。例如,企业核心价值观是企业文化培训中主要的学习目标,站在组织高级管理人员或人力资源部门管理者的角度来说,如何让学习者能够通过体验式培训对企业价值观有充分的感知与认同,是他们迫切的期望。但是由于培训的安排往往在企业内部具有强制性,因此对于被硬性要求来参加培训的学习者而言,他们对于培训目标有不同的诉求,如:"能不能学到一些有用的技能""培训内容与我目前的工作关联程度如何""学习这些内容是否能够明显提高我的工作胜任度""参加学习会不会额外占用我的休息时间"等明显具有成人学习特点的特征。

当来自培训对象的不同诉求笼罩整个课堂时,如果体验式培训引导员只是扮演培训对象所在组织的一个"传话筒"或"打手",只顾及"客户"的期待或受限于合同中所约定的培训目标,而忽视了学习者最真切的需求,可以想象,这种冲突会造成客户、学员、引导员三者之间的不信任。这样的结果不仅将限制培训效果的呈现,甚至还会使学习者留下"后遗症"。因此,整体性地把握培训目标,才能为学习者选择合适的教学内容。而要精确地设定目标,引导员必须围绕以下要素进行评估。

(1)除整体培训目标外,什么是团队目标以及学习者的个人目标?
(2)学习者是否对培训目标有充分的了解和正确的理解?
(3)学习者个人目标是否与团队目标一致?
(4)学习者是否与管理层或人力资源部门管理者就培训目标已达成共识?

二、准备程度

准备程度指的是课程参与者对于下一个活动目标或挑战的准备情况。体验式培训课程的引导员在安排活动时必须循序渐进,要考虑活动参与者的能力与条件。可以从以下几点来评估参与者的准备程度。

(1)是否积极地面对活动与挑战?
(2)参与者对于活动目标是否了解?
(3)面对失败经验的能力如何?有什么反应?
(4)团队的能力与技巧极限在哪里?
(5)是否发挥所长,发挥最大效用?
(6)团队存在的行动动机是否强烈?强烈到什么程度?
(7)是否每个人都参与其中?或是有人采取淡漠观望态度,是什么原因使得他们态度表现如此?

三、情绪感受

情绪感受是指学习者在培训过程中,个人对于活动、人、环境等因素所流露出的感觉,或直接表现出来的情绪,它反映了团队当下整体的氛围和状态。引导员可以通过以下几个角度来了解学习者的情绪感受。

(1) 学习者对活动是否感到有趣？是否感觉愉快？
(2) 学习者之间的氛围如何？
(3) 学习者之间对于不同观点的交流是否能够保持开放的态度？
(4) 学习者之间互相关心与支持信赖的程度如何？
(5) 学习者之间是否愿意相互支持和合作？
(6) 学习者之间是否相互接纳、尊重？

四、行为表现

行为表现不仅是指学习者个人的行为表现，更包含了团队成员彼此间的行为表现。当引导员需要了解团队与学习者的行为表现与认知程度是否一致时，可以从以下几个方面着手。
(1) 团队整体表现如何？是意见分歧，还是达成共识？
(2) 团队是倾向于个人英雄式解决问题，还是团队合作共同解决问题？
(3) 团队内部的互动是正向的还是反向的？
(4) 团队内部合作的程度如何？
(5) 团队面对挫折时的表现怎么样？
(6) 团队是否具有冒险精神？
(7) 团队成员间是否互相尊重并能分享观点？

五、生理状况

生理状况的良好适应是体验式培训顺利进行的基本前提。在任何活动开始前，引导员必须仔细评估学习者的身心状况，以"身心安全"为原则。同时，在课程实施过程中，必须根据学习者生理状况来调整活动内容与介入的程度，始终保证学习者以最好的生理状态投入到培训中。
(1) 团队是否面临某方面的压力？
(2) 学习者疲累程度如何？是否需要休息？
(3) 学习者精神状态如何，是否影响培训的专注度？
(4) 内外环境是否让人舒服？

六、团队发展阶段

团队发展阶段指的是塔克曼所提出的团队发展阶段模型（详见第二章）。随着进入团队不同的发展阶段，引导员从初次接触学习者的集权式的领导方式，逐步放权，而调整介入团队的程度和控制力，直至最后团队发展到绩效期时的完全授权。引导员可以依据以下团队发展中的典型特征来判断团队发展的程度。
(1) 团队凝聚力如何？
(2) 团队成员的阶段性成长在哪里？
(3) 团队行为与个人行为表现是否一致？
(4) 团队目前处于哪个阶段：形成期、风暴期、规范期，还是绩效期？

七、环境

环境是指体验式培训课程所涉及的教学场地、设施、相关人员及氛围等资源。这些因素会对团队互动与学习状态有着较大的影响。引导员需在培训准备阶段，或培训实施期间关注以下细节。

（1）周边环境可能会给团队带来哪些影响？
（2）是否有足够的空间满足教学的安排？如空间大小、舒适程度、设施状况等。
（3）环境能否让人感觉安全舒适？
（4）是否受外界其他因素干扰？如老板、管理者、游客等。
（5）如果在户外进行，是否有针对天气变化的备份方案？
（6）学习者是否有不同文化、国籍、信仰等背景？

第六节　课程设计

体验式培训课程设计指的是，在前期通过对培训目标的需求诊断的基础上，对目标付诸实施的过程。其特点类似于盖房子前需要设计施工蓝图，根据需求、预算、时间、环境等内外因素进行整体规划的过程。在体验式培训课程设计的过程中，引导员要从数百个常用的活动中选择最合适培训对象的活动。如何将这些活动进行组合？通过活动的有机组合，如何才能有效实现培训目标？这都是我们在进行体验式培训课程设计时必须厘清的问题。为了更好地归纳课程设计的实施原则，我们可以从以下五个维度来着手（图 5-12）。

图 5-12　体验式培训课程设计流程

一、评估分析

（1）学习者：年龄，性别及男女比例，教育背景，成员间熟悉程度，有无相关课程培训经历，团队状态评估（GRABBSS），团队规模大小。

（2）培训目标：学习者对培训是否有充足的准备，对与培训目标有关的议题是否有所认知，本次培训可以适用怎样的氛围，学习者的舒适区边界在哪里，是否有不太适合的活动或议题。

（3）课程准备：时间，地点，环境。

二、课程计划

（1）活动：学习者适合什么样的活动类型？什么样的活动会好玩有趣，能够带来适当的挑战？什么样的活动能够更加合乎培训目标？

（2）活动的顺序：从什么活动开始？破冰游戏需要多少时间？每个活动费时多少？如何呈现活动？

（3）意义聚焦：每个活动的意义应该聚焦哪些问题？学习者可以从引导员身上得到哪些资讯和反馈？

三、前期准备

（1）检查活动场地，排除任何安全隐患。

（2）清点所有教学道具、物品，并检查有无损坏或遗失。

（3）引导员之间相互提醒与复查。

（4）是否会根据学习者状态或气氛、天气环境的变化，采取合适的应对方案。

四、活动带领

（1）引导员邀请，但不得强迫学习者参与课程，尊重学员的选择。

（2）情境设定：建立互信互赖的学习氛围，让学习者感到舒服自在，塑造适当的行为模式和规范。

（3）带领风格：语言清晰，积极向上，热忱耐心，幽默，富有创造力，乐于聆听。

五、课程评定

（1）在培训实施中：根据 GRABBSS 的要求，实时掌握团队状态，及时根据反馈进行调整；如何通过活动设计，让学习者对课程产生更多的联想，促进学习经验的迁移？

（2）培训结束之后：培训中哪些环节是有效的？怎样才会运作得更有效？是否在下次会做不同的应对和调整？是否计划对学习者进行下一步行动？

第七节　活动教案

为了更清晰地呈现体验式培训活动的组织形式，本节详细介绍了活动教案编写的逻辑与结构。

一、活动类型

根据前文的介绍，体验式培训的常见活动一般可分为八类，每种类型拥有不同的学习目标与特点。体验式培训引导员可以根据需要选择适宜的活动。但需要注意的是，每个活动所偏重的类型仅代表在多数情况下的判断，并非唯一准则，每个活动并不是只有唯一的学习目标，多数活动的学习目标是多元的，跨越了多个活动类型。随着引导员实践经验的不断积累，便能依据喜好和判断，根据所面对培训对象的特征进行弹性选择，以求达到最好的培训效果。

二、活动人数

活动人数指的是,学习者在参加体验式培训课程中所组建的小组团队人数。多项研究表明,学习者团队人数对团队目标的达成、团队成员间的互动关系、团队成员参与活动的程度及引导员效能的发挥均有着至关重要的影响。根据学者 Shertzer、Stone 的观点,成长或学习团队的建议人数为 8~12 人。从教学的角度来说,团队人数不能太多,这样才能为学习者提供较为适宜的学习资源和空间,既能够产生必要的互动关系与正向冲突,又能够照顾到个人的学习需求,进行个性化指导。因此,本书建议体验式培训课程小组活动人数在 12~15 人为最佳。但是有些类型的活动,如破冰热身活动,则适合有多个小组一起参加,才能达到效果。

三、活动器材

活动器材是指完成体验式培训所必须使用到的特制道具。不同活动所涉及的器材有较大的区别。一般而言,体验式培训所使用的器材多为定制的商品,如游戏道具。但也有很多为量产的商品,如绳索类的保护器械等。引导员可根据需要在专业采购平台上和相关商家进行定制。

四、活动场地

体验式培训对场地要求具有一定的特殊性,一般而言,多数平面活动既可在室内,也可在室外场地进行。在选择活动场地时,需留意以下问题。

1. 室内场地

(1) 活动空间是否够大?

(2) 室内物品的安置是否符合活动的要求?最好在活动前安排好活动场地,以免耽误活动进行的时间。

(3) 室内环境中是否放置有妨碍活动进行的物品?

2. 室外场地

(1) 天气太热、太冷、太潮湿或风太大皆不适合在室外活动。

(2) 室外其他人的活动是否影响到学习者的专注程度?

(3) 室外建筑物或物品是否妨碍活动的进行?

(4) 标示活动范围,以免活动区域过大,而无法掌握团队成员的活动状况。

五、活动时间

活动时间是指一个完整活动所需要的时间长度,包括情景塑造、活动带领和引导反思。活动时间会根据活动类型、团队目标、团队大小、整体课程方案等因素来进行设定,因此活动时间只是作为设计课程长度的一个参考数值,并非完全固定不变。

> **知识链接**
>
> **情 景 塑 造**
>
> 活动情景的塑造是指如何将活动呈现在活动参与者面前,来提高活动的参与程度,同时情景塑造过程也是帮助团队感受在活动与方案之间的联结,以及能与生活上的情景联结,进而产生更有效果的经验迁移。

六、活动说明

为了使体验式培训呈现最佳的效果，有些活动在实施中会有一些特殊的安排和设计，这部分内容是无数引导员经验的总结，保证了活动魅力的充分展现。

七、注意事项

注意事项是对活动中有可能出现的安全隐患或风险所补充的提示和说明，包括安全注意事项和非安全注意事项。安全注意事项是指引导员在活动带领时需要特别留意的地方，以防止学习者受到身心伤害，此处只针对特定活动较为普遍发生的状况，而不包含所有的注意事项。非安全注意事项则是针对活动带领时，一些有可能发生的突发状况，这些注意事项是给予引导员的一些建议，目的是使实务经验并不丰富的引导员能够顺利有效地带领活动。

八、活动变化

活动变化是指对活动目标、规则以及难度稍微做出一些变化，以期待用不同的方式来带领活动，从而实现意想不到的培训效果。

九、引导反思

在活动结束后，引导员会根据整个过程来带领团队成员反思与分享，协助学习者梳理和转化活动中的学习经验。引导员会引导反思环节围绕培训目标，提出一些开放性的问题，引导团队成员将活动中有意义的学习经历和现实生活进行联结。引导员必须根据真实状况来调整引导反思，进行灵活的处理，才能有效地针对不同学习者的培训目标。

十、备注

备注部分是围绕活动整体框架之外的补充，多是一些经验的分享。

第六章 体验式培训引导反思技术

引导反思(debriefing)是一个过程,即协助利用活动体验,促进学习者的学习与成长。所谓的过程包括:反省体验、分析体验、沟通体验、框架体验,以及为体验赋予意义。为什么需要引导学习者进行反思?最简单的回答就是,使学习者能够清楚活动的意义。体验式培训中有些活动能够让百分之七十的学习者了解课程的意义,而引导反思则能够帮助剩下的百分之三十(图6-1)。此外,有些活动的学习焦点对学习者能够产生寓意深远的影响,必须通过引导反思来迁移至真实的生活,才能产生持续影响。引导反思是区分体验式培训与一般休闲娱乐活动的本质。随着体验式培训的多元应用,引导反思技术对于学习的重要性日益凸显。

图6-1 引导反思活动

第一节 引导反思的意义

一、反思在学习中的作用

从结构上来说,体验式培训最核心的两个构成要素是活动体验和引导反思,而引导反思指的就是体验后的思考、分享与整理的过程。包括杜威、勒温在内的许多学者都强调,在学习的过程中,体验与反思必须相互融合。尽管他们都秉持"没有反思的学习,就不是学习"的理念,但对于"反思"一词该如何定义则众说纷纭。

杜威将反思定义为:任何一种主动、持续与审慎思考的信念,或是具有支持基础且能够延伸出结论的一种假定知识形态。

Boud与Keogh则将反思视为是一种认知活动,人们得以将他们的体验再次呈现、思考,而后给予评价的过程。

De la Harpe 与 Radloff 提出:反思所必备的能力包括自我意识、分析、评价体验所带来的意义,并根据反思的结果来规划下一步的行动。

Luckner 和 Nadler 将其定义为:反思是一个经过组织的活动,能够促使人们处理所获得的经验,并以计划、思考、描述、分析等方式,与自身的经验所做的联结。

Sugerman、Doherty、Garvey 和 Gass 等学者也提出了相似的观点,认为:反思是一种认知活动,使人们能够重新检视自己的经验,不是简单的回想,而是更深刻地去思考经验,进而能够评估其对自己产生的意义。

Aldous Huxley 认为,体验并非仅是发生在人们身上的经验,而是强调当体验在人们身上发生时,人们所产生的反应。此外,在反思对经验产生意义过程的重要性方面,Boyd 与 Fales 提出:反思是通过个人过去或现在的经验来创造意义的过程。在体验、反思、产生意义及学习之间有着相当重要的联结,反思可以从体验当中获取意义,反思也成为学习过程中最基本的环节。

虽然不同学者对反思所下的定义各有强调的重点,但综合上述学者的观点,可以认为,体验式培训课程的"反思"是引导员协助学习者将感性体验和理性认知结合的过程,是为了将活动中的经验赋予意义,有计划地活动。根据以上众多学者的观点,可以将反思的过程总结为以下连续的步骤:①对个体认知进行重新的组织;②对新旧经验建立新的联系;③对未来的思想与行动产生影响。这种通过体验而产生意义的过程,可以说是反思过程中最为重要的环节,恰恰也是这个环节,常被我们忽视!

二、引导反思的基础

1. 用讨论协助反思 引导学习者进行讨论是引导员带领学习者反思的前提。如果学习者仅仅只是受到课程经验所带来的感性的影响,而忽略活动经验背后所传达的意义,则很难产生学习与改变。因此,必须借助某些具体的反思形式才能够让经验产生意义(图 6-2)。在活动结束后进行讨论的目的在于帮助学习者反思活动中的经验,并通过讨论协助他们发现新的内容。

在引导个别学习者反思时,非正式的经验探讨是较容易发生的。让他们从经验中分析及提出学习的内容,整合此经验内容的学习心得,分享他们最重要的经验,并提出他们对未来做出应变的计划,进而改变他们的现实生活。而在引导团队进行反思时,既可将讨论视为强化团队建立共识的工具,也可以当作观察团队内部多元观点的手段。围绕活动经验的讨论能让团队成员分享事件、感受及行动策略,从而在完成活动的过程中促进群我关系与合作效率的提升。

引导员在活动开始前应主动告知学习者会在活动结束后进入反思与讨论的环节,而讨论的重点则是聚焦于活动的过程。如果学习者了解活动结束后会进行反思与讨论,会更加专注学习过程中所发生的事件和感受。同样,如果他们事先清楚接下来要讨论的内容,也会在学习过程中对群我关系、活动内容、学习目标及团队发展过程表现出更高的参与度与期望值,进而增加深入讨论的意愿和动机。

2. 形成效率圈 营造一种安全、平等、温馨的讨论氛围的最好方法就是让所有人坐或站成一个圆圈,使学习者能够听到彼此的声音,并与所有人能够进行自由的眼神接触(图 6-3)。引导员运用提问、倾听、回应及观察等行为来组织讨论。作为讨论的组织者,引导员应让每个人都拥有参与讨论的机会,并遵循以下原则。

图 6-2　引导学习者反思

图 6-3　组织讨论

（1）为整个团队提出开放性的问题，每次只允许一个人发言。

（2）允许每个人拥有发言的选择权，如果谁没有准备好，可以选择延后回答或拒绝回答。

（3）建立保密限制，帮助团队成员澄清哪些话题作为团队内部隐私，而不向团队外部进行公开。

（4）在提出可能会威胁到部分成员的问题前，先以正向的问题开始，并在讨论中平衡正面与负面的问题。

（5）清楚、简单地对所有人提问，并让大家以相同的方式回答，保证所有人都能够听清发言的内容。

（6）提供多次暂停的机会，让学习者有足够的时间来倾听、思考与回应。

（7）聆听学习者的发言，帮助其归纳，并争取学习者的回应以确认内容正确与否。协助其他人了解发言者,并帮助发言者澄清他的真实意思。

（8）对学习者的发言与回应均给予口头感谢或肢体语言(点头、微笑)来表达谢意。

除了上述原则之外,Argyris、Schein、Schwartz等学者也针对如何提升讨论的有效性提出了相关建议。面对团队状态的不同与教学情景的差异,引导员还需要考虑其他因素。

> **知识链接**
>
> 十项成功组织讨论的准则
>
> （1）严肃看待讨论,安排充足的讨论时间。
> （2）为每次参与学习经验的讨论提供等量的时间。
> （3）经常进行讨论,在每次获得学习经验后立即讨论。
> （4）在获得经验附近的地点进行讨论。
> （5）针对时间较长的学习过程,在一整天内需定期进行讨论。
> （6）在获得经验的地点进行讨论,学习者才较容易涉及他们的经验。
> （7）选择特定的讨论地点,学习者才不会分心。
> （8）鼓励学习者以轻松的姿势、生动的脸部表情及感谢言语表达自己的想法。
> （9）注意寻找学习者的故事,将这些加入讨论中。
> （10）在适当的时机,以相似的动作或文字来强化学习者的肢体语言或口语。
>
> 讨论中必须避免的九种行为
>
> （1）不使用建议性的语言回应,而是让他们用自己的语言,才更有价值。
> （2）不打断学习者的话或想法,而是支持他们尝试,他们会在这个过程中学到更多。
> （3）不给予答案,而是以问题的方式带领学习者自己找到正确答案。
> （4）不接受只有一个正确答案,而是寻找多样性、多重性及深度的答案。
> （5）不通过参与活动的成败,比较学习者的不同,而是鼓励他们按照合理的标准进行自我评估。
> （6）不判断学员的好坏,而是带领团体自行评价活动的过程、结果,以此来加深他们的学习经验。
> （7）不给予错误的意见反馈、虚假的赞赏或无根据的批评,而是根据建设性原则提出意见反馈。
> （8）不假设最有益于学员的内容,进而迫使他们改变;而是带领他们自我判断最佳决策与改变的程度。
> （9）不一味探索负面观点、错误、挫折、失败及其他缺点,而是探索偶发的正面观点、成功观点等层面。

3. 建立正向的学习氛围 创建一个使学习者感到受欢迎的、温暖的学习氛围,这种氛围具有信任、尊重、平等、弹性、自由等特征(图6-4)。在这样一个充满安全感的环境中,更容易激发学习者对学习结果的承担,萌发新的想法,表达真实的感受,以及敢于尝试冒险。相较于批评性、竞争性、伤害性、固定性或控制性的环境,这种类型的环境容易促进学习者心态的转变。

4. 有效倾听 拥有良好的倾听技巧是引导员进行引导反思的基础(图6-5)。在无法理解学习者真实感受的情况下,引导员很难针对性地提出问题。以下为引导员有效倾听的技巧。

图 6-4　正向的学习氛围

图 6-5　有效倾听

（1）保持与学习者的眼神接触。
（2）以口语或非口语的方式表达你对他的关注。
（3）在学习者表达停顿期间，回应以静候，鼓励他们积极发言，切勿仓促发言以填补空当，要显示出足够的耐心。
（4）使用开放式提问鼓励学习者积极发言。
（5）在转述或改述学习者的意见时，展现出你对他们想法的理解程度。
（6）展现出同理心，对隐藏于学习者语言背后的感觉做出回应。
（7）使用温柔的语调表达关怀，而非评判的口吻。
（8）着重于过程中所发生的事情，而不是结果。
（9）区分学习者视为无法改变及可改变的行为。
（10）不要改变主题或以是非判断的方式来回应。对学习者的言语只需要表示你已经了解他在说什么,并采用比较中立的用语来作出回应,而不是对此话题加上或好或坏的价值判断。

5. 提供适当的反馈 要引导员与学习者之间做到高效的沟通,除了倾听之外,还必须提供及时、适当的反馈(图6-6)。反馈是团队成员之间根据共同观察到的行为,通过语言与非语言的方式给予信息发出者的回应。体验式培训中的反馈涉及学习者之间及学习者与引导员之间。以下为引导员在应用反馈技巧中的8个特征。

图6-6 反馈活动

(1) 描述性而非评估性:描述性的反馈代表基于事实的观察,而不是对学习者的行为评价。非评估反应的描述行为能够使学习者借鉴并改变,并减少他们在受到评价后的防御或抗拒行为。

(2) 明确性而非概括性:概括性的意见反馈很难为学习者提供具有针对性的学习机会,并有可能造成沟通中的误解。

(3) 积极正向的动机:反馈的目的是为了产生正向的改变,引导员通过引导反思来协助学习者获得正向思考与行为,而当提供反馈的动机变为判断或显示出个人的优越感时,这种反馈往往具有伤害性。

(4) 指导性的改变:针对超出学习者自身能力范围而导致的无能为力,引导员所提出的建设性意见,往往会让他们感到挫败感。因此对学习者的反馈应该聚焦于他们能改变的行为。

(5) 主动寻求解惑而非强制:在学习者向引导员寻求反馈,而非引导员硬性灌输的情况下,反馈往往更具效果,并能产生更持久的影响。引导员也要主动询问学习者是否需要反馈,以及接受反馈的方式和环境(如时间、地点、方法、对象)。

(6) 适时:在课程结束后立即提供反馈往往效果最好,并能够减少停顿一段时间后反馈所带来的疑惑。

(7) 确认反馈的内容:在给予学习者反馈时必须与他们澄清所反馈的内容,以确保信息沟通双方对信息内容具有一致的理解。引导员可以通过邀请学习者重复他们认为最重要的反馈内容,来确认他们了解的程度。

(8) 丰富反馈视角:适当时可邀请其他学习者作为强化反馈的工具,进一步让学习者了解反馈的意义及其他诠释的内容。对反馈加入更加多元的视角可提升其丰富度和加强接受程度,但要确保不会产生负面效果。

三、引导学习者改变的原则

体验式培训引导员在引导个人、团队学习与改变之前,必须了解实现学习者在学习中改变的几个重要原则。

(1) 无固定原则:没有永远都会成功的完美定律,因此要注意每一个培训对象(团队与个人)的独特性。在尝试预先设计的引导方法的基础上,积极应对可能出现的窘境,并做出积极的调整。

(2) 评价很重要:引导员尽可能了解每位学习者的详细情况。即使是在评估阶段收集的信息,也会表现出因人而异,引导员必须注意这些变化。对于了解学习者的行为与协助他们产生改变来说,这是十分重要的。

(3) 改变原因:人们通常以自己的行为模式来建立系统化的关系。在改变事实结果的过程中有时候只需要改变内因,即可产生结果的改变,如由于工作态度问题导致的绩效表现不佳,或者由于团队氛围不好,而导致的沟通不畅。但事实上有时学习者所身处的环境,并不是改变个体的态度和行为就能够改变结构,如组织因为产品或服务在市场竞争中逐渐被取代或淘汰,面对这种困境就不仅仅是改善工作态度和提高沟通效率就能够解决的问题。所以,引导员必须清楚引导学员最终产生改变的解决方案是什么。

(4) 不一致:改变会打破现有的行为模式,不仅可能会造成学习者现有行为与预期行为状态的不一致,还可能会带来学习者行为与组织中固有行为模式之间的冲突。为了让学习者适应这种不一致的状态,并持续保持改变,他们必须更认同新行为,并尝试联结至他们的工作环境中。

(5) 奖励:很少有人愿意主动改变自己,特别是通过命令或强迫的方式会更加无效。当引导员要求学习者改变某种负面的行为时,学习者往往会期望有其他的行为取而代之。因此,如果想让学习者的改变合理化,引导员必须协助他们找到有益的替代方案。

(6) 两难的困境:让学习者改变是一种道德上的决定,对人们来说往往是很难的。而当下的任何一种决定都是"有限理性"的结果,面对无法预期的未来,往往也会导致某些耐人寻味的困境。这就要求引导员在设计课程时必须考虑改变是否符合学习者目前的状态及未来所身处的环境。

(7) 内在改变的过程:为了拥有持久的影响力,学习者必须"拥有"改变的内容。学习者的内化过程顺利与否与引导员所提供的学习经验的影响程度有关。因此,引导员应选择与众不同、刺激、戏剧化、有挑战性、有意义及难忘的学习经验来加深对学习者的"刺激"深度。

(8) 学习者拥有改变的关键:我们无法改变学习者,是他们自己改变自己。自我教育无疑是学习者达到持久改变的最佳动力,引导员所能创造的学习经验只是协助他们更好地认清自我,他们必须选择,并努力改变而让自己的生活变得更好。

通过引导员与学习者的合作来促使改变发生是一件有益但并不容易的事。倘若这些原则不符合你的教学理念,请维持适度的弹性。没有任何原则适用于所有情况。切记,当你的学员在学习改变时,一定要与其共进退。

第二节 引导反思的组织

学习者能够从体验中获得启示,将自己与活动经验产生关联,并最终将体验中所获得的启示应用在生活领域。由于个体学习风格的差异(详见第二章),有些学习者具备反思的本能,他们似乎相当了解体验背后所隐含的目的与含义,也能够相当轻易地让自己和这些目标联结。然而,有些学习者则不能从体验中自发地进行反思,也无法自行从体验中领悟其中的意义。因此,身为引导员,必须要营造一个有利于反思学习的情景,并协助所有学习者了解这些体验对他们个人所具有的意义。更重要的是,引导员要善于运用各种引导技巧,才能协助他们完成反思的任务。本节将会介绍引导员如何营造良好的反思学习情景,涉及场地的安排、学习者的人身安全、引导员的言语及非言语沟通等。

一、场地的安排

一个舒适的场地是引导反思有效开展的前提(图6-7)。体验式培训引导员应使整个团队处在一个舒适、安全的环境中。举例来说,如果采用的反思方法是让学习者以独处的方式写日记或感想,那么在人声喧哗、出入频繁的地方就不太适宜。因此,地点的设置应考虑所有学习者的身体行动和认知能力的可及程度。而且一些外在环境也会对学习者的专注度造成影响,如交通、人群、蚊蚁、昆虫、噪声、气温、光线等。此外,场地还必须排除各种安全隐患,如紧靠悬崖峭壁、河滩、屋檐、坑洞等位置。

图6-7 反思学习场地

再者,学习者团队本身的状况也必须与培训所达成的目标保持一致。引导员必须关心每位学习者,并且确保团队中的每个人没有被摒除在外。因此,通过让所有学习者围成圆圈,坐或站的方式,除了能够确保整个团队成员的参与之外,还能够让所有学习者之间有相同的身体距离。

二、学习者的人身安全

学习者的人身安全包括身体上的安全与心理上的安全。如果引导员缺乏对场地安全的控制,学习者将无法全身心投入到培训之中。为了确保学习者身体上的安全,引导员必须告知活动区域的边界范围,提醒学习者尽可能避开危险的地方。

在心理安全方面,引导员也必须了解文化差异及团队成员身体与情绪上的差异,团队成员的心理安全是由引导员及其所在团队所共同建立的"心理边界"所界定的。本书第二章所提到的"全方位价值契约"及"选择性挑战"可作为营造心理安全的依据。引导员必须和团队一起讨论活动的基本原则,包括:一次由一个人发言、禁止人身攻击、不强加观点于他人、真诚等。在整个反思过程中,引导员始终应该扮演的是自我坦露的"模范"角色,为学习者树立自我反思的榜样。

三、引导员的非语言沟通

引导员通过使用不同的非语言方式与学习者进行互动,包括:亲自参与,在团队中所扮演的角色,带领课程的风格以及个人特质等。因此,一个能够同时展现能力与自信,又能够表现谦虚与亲和的引导员,就代表着他愿意与学习者保持良好互动。当学习者全情投入反思时,引导员要留意自己与团队成员的相对位置——与学习者处于平等的地位。一些非语言沟通的技术,如身体姿势、面部表情、眼神接触、双手及身体的动作的使用,必须注意到文化差异可能带来的不同解读。

四、引导员的语言沟通

在引导学习者反思的过程中,声音及语言技巧的使用是相当重要的。引导员应该能够觉察自己与团队成员说话的方式,如注意说话速度的快慢,声音语调的高低,音量的大小及节奏的抑扬顿挫。再者,引导员还必须适应团队中学习者的个体特征、年龄及文化背景,而采用不同的语言系统,力求清晰易懂,并确保使用积极、正向、支持性的话语。另外一些重要技巧还包括:认识每位学习者,能熟记每位成员的名字;适时使用"沉默"和幽默。

五、学习需求的差异

无论是在学校、公司、营地或是培训教室,反思对于学习者而言,都可能是一种相当有效的学习工具。当反思学习被适当地应用时,能够带来有效的影响力并促使学习者积极地改变。可是当反思被误用甚至滥用时,则可能导致相反的结果。当体验式培训课程的引导员引导学习者进行反思时,常因个体需求、课程目标、团队特征等因素的差异,而采取不同的引导风格与手段。因此,引导员必须及时对这些变数进行察觉。此外,另一个重要问题就是引导员必须能够掌握反思所触及的学习者的心理深度。当引导反思所触及的心理深度与个人需求与学习目标吻合时,通常能产生很强的共鸣,能够较好地促成改变和成长。如果触及深度与目标不相符时,引导员必须及时做出"修正",以达到平衡状态。

第三节 引导反思技术

每一位引导员都希望提高自己的引导反思技术,但事实上各种不同的引导反思技术就像语言学中的语法一样,尽管告诉了我们如何正确地去写作,但并不会告诉我们如何让文字华丽地展示。随着带领活动的技能被引导员逐渐掌握,直至熟练,接下来如何完善引导反思技术则成为每一个引导员的挑战。

一、引导反思的时机

多数引导员习惯将引导反思环节置于活动后进行,但有时也会将引导反思置于活动前或活动过程中进行,以聚焦学习经验或强化某个学习情景。

1. 活动前的引导反思　在活动前进行的引导反思通常被称为"前置引导",其目的在于在活动开始前,为学习者预设学习目标或提醒需要关注的学习焦点,通常活动前的引导反思着重强调以下的问题。

(1) 经验回忆:回忆过去活动中所学到的或曾承诺的表现或行为。如:谁可以告诉大家,上次活动我们所总结出的成功经验有哪几条?

(2) 目标:阐明活动目标及如何利用活动中的经验。如:以下活动的目标是挑战团队的沟通能力,看看当前我们团队的沟通效果如何。

(3) 动机:提升参与动机,触发学习者将活动经验与生活进行联结。如:以团队目前的境况来推断,我们会在活动中遇到哪些困难,最后又会得到些什么结果。

(4) 功能强化:在活动前通过强化那些可能会导致成功或失败的行为,进而让学习者对取得成功或避免失败的行为加深印象。如:即将进行的活动,我们应该如何避免之前所犯的错误? 若要成功完成任务,我们需要在哪些方面进行改进?

2. 活动中的引导反思　在活动进行过程中所进行的引导反思一般是为了处理活动中的突发事件或需要引导员及时的介入来协助团队完成任务。通常活动中的引导反思以短时间暂停的方式来进行,具体实例如下。

在问题解决活动(如蜘蛛网)中,团队因在前期讨论不足的情况下仓促行动,导致多次失败而产生挫败感和内部分歧。这时引导员可以介入活动,让团队暂停,并提出:此刻的心情如何? 并让大家讨论:我们要多做些什么,或少做些什么才能改变目前的局面?

3. 活动后的引导反思　将引导反思环节置于活动结束后是最为常见的设计,这通常也是引导学习者反思最为有效的安排,其目的在于引导学习者从活动经验中学习,促进团队发展,提升个人能力。引导员应根据学习者学习目标、活动类型与团队发展阶段等因素来决定引导反思的方向、深度和广度。并不是所有活动结束后都需要进行长篇大论的讨论,有时只需要简单的几句庆祝及肯定的回应即可。决定引导反思的策略中最重要的就是依据学习者的需求来选择回应方式,即使是一次看似没有什么特别的经历或偶发事件都可能会构成一次不同寻常的引导反思经历,但千万要注意"见好就收",超出学习者接受程度的反思往往会落得"一片沉默"的结果。

二、引导反思模式

目前比较流行的引导反思模式大多都是基于库伯的体验学习圈的基础上演变而来。这些模式的共同特点是依据体验学习圈的四个阶段来设计引导的流程与方向,并在每个阶段配合不同的提问。本书主要介绍 Terry Borton 的"3W"三阶段引导法、Priest 与 Gass 的"漏斗"引导模型及 Roger Greenaway 的动态反思"4F"扑克牌引导反思法。

(一)"3W"三阶段引导法

Terry Borton 所提出的"3W"三阶段引导法是最被推崇的引导反思模式,他将引导反思的过程分为三个阶段,依次是:观察反思——"WHAT",延伸思考——"SO WHAT",实践应用——"NOW WHAT"。每一个阶段均对应着不同的问题:"WHAT"——发生了什么?"SO WHAT"——有怎样的收获?"NOW WHAT"——现在应该如何?

1. 观察反思——"WHAT" 观察反思阶段的问题是让经验产生意义的起点,引导员主要探寻发生于活动过程中的经验与事件、有怎样的观察和感受。该阶段的提问以描述性问题为主,重点在于团队成员在互动过程中值得关注的细节,而不是活动中的任务是否完成。以下问句可作为本阶段引导员发问的参考句式。

"大家对刚才活动的结果是否满意?原因是什么?"
"活动中有哪些是让你印象深刻的事情?"
"刚才的活动中,你听到被谈及最多的概念是什么?"
"刚才的活动中,大家沟通的效果如何?"
"有没有人的想法或意见被忽略?为什么?这对我们有影响吗?"
"活动中最大的挑战是什么?我们是怎样面对的?"
"我们在活动中有人扮演领导的角色吗?他做了什么,让你感觉到他是领导?"
"在刚才的活动中,团队中的哪些行为有助于我们完成任务?"

2. 延伸思考——"SO WHAT" 延伸思考阶段的问题是让活动中的经验产生意义的重要时期,引导员通过运用解释性提问的方式,引导学习者将经验与生活联系,并反省经验结果对于个人的意义,促进他们进行自我察觉和评估。以下问句可作为本阶段引导员发问的参考句式。

"这样的做法在生活或工作上是否有类似的情况?将意味着什么?能否举一个例子?"
"继续刚才的讨论,大家认为一位成功的领导者应该具备哪些条件?"
"刚才活动中所发生的状况,和我们团队在实际工作中是否类似?可否具体说一说?"
"刚才所发生的事情,在实际生活或工作中,有没有可能会发生?可以举一个和自己有关的案例吗?"
"活动中哪些事件是值得我们思考的?这些活动经验给我们什么启示与教训?生活中是否有类似情况?"

3. 实践应用——"NOW WHAT" 实践应用阶段着重于行动取向的提问,为学习者提供成长与改变的机会。提问的目的在于将学习经验进行转化应用,促进学习经验与生活的联结。学习者将上一阶段所整理的学习成果和收获,进一步和自己的原有经验作比较、批判和决策,并考虑如何将所学应用于其他有关的情景中。以下问句可作为本阶段引导员发问的参考句式。

"经过刚才的活动,大家对接下来(活动或工作)有怎样的计划?"
"通过这个活动的学习,哪些经验是可以复制到下一个活动中的?"
"如果还有一次尝试的机会,我们需要做什么才能让自己做得更好?"
"如果生活中将会出现类似的情景,大家的决定会是什么?"
"如果在生活中是如此,那么真实的状况是什么呢?"

"让我们跳出刚才的活动,在大家的生活中,真的可以这样吗?会不会遇到什么挑战呢?"

Terry Borton 所提出的"3W"三阶段引导法不仅提出了三个阶段的连续发问过程,并在此基础上为了提高引导反思的有效性,建议轮流以分析性提问与直观性提问两种不同的方式进行发问,以制造节奏的变化。分析性提问的优势在于提问过程逻辑思维较强,不足之处是虽有利于聚焦学习主题,但容易造成引导过程中氛围严肃拘谨;而直观性提问的优势是能够调动学习者自由联想,由此激发更多的创意与想象,气氛变得轻松自由,不足之处是容易迷失讨论重心。因此引导员应该灵活运用两种提问方式,充分利用各自的优势,以达到最佳的效果。分析性与直观性提问的区别见表 6-1。

表 6-1　分析性提问与直观性提问两种方式的区别

"3W"三阶段	分析性提问	直观性提问
WHAT	发生了什么? 谁最先发现?	用 0~10 中的一个数字来表达你此刻的情绪,分数越低表明你目前的情绪越低落
SO WHAT	我们学到了什么? 生活中可有类似情况?	每人各选取一张明信片,以表达你们在刚才活动中的收获和发现
NOW WHAT	如何应用当下的经验? 未来我们将如何改变?	试想象一下,在大家成功完成任务时,最先见到的是什么?最想采取什么行动?

(二)"漏斗"引导模型

Priest 与 Gass 在 1997 年提出了经典的"漏斗"引导模型,该模型通过使用六个连续性的渐进式问题,使学习者在活动中的学习经验实现了从抽象到具体、从一般到个别的转换过程(图 6-8)。这六个连续的渐进过程依次为:学习经验(the learning experience)、回忆重要内容(review significant content)、回忆关键性的事件(remember critical incident)、确认事件对团体与目标产生的影响(identify impact on group and goals)、总结所学到的心得(sum up lessons learned)、应用到日常生活(apply to daily life)、承诺改变(commit to making difference)。

"漏斗"引导模型的特点在于以学习者为中心,根据经验学习圈的顺序,结合学习者整体培训目标来设计引导反思的内容与方向。引导员通过聚焦学习过程中的经验,逐步帮助学习者建立实践承诺。

1. 学习经验　由于"漏斗"引导模型是由六个连续性的阶段所组成,因此每个阶段必须是前一阶段的延续,只有在上一阶段所梳理的议题达成共识的基础上才能依次向下推进。我们可以通过下面的例子来说明,如果引导员贸然推进,可能会遭遇来自学习者的拒绝。

引导员:你们能想出改善沟通的方法吗?
学习者:不用!我们的沟通一切正常。
引导员:你能说出那次沟通中不良的例子吗?
学习者:不用了!那次沟通的情况很好。
引导员:你记得所有人同时发言的情况吗?
学习者:不记得,没有这种事。
引导员:你记得没有人听你说话或倾听你想法的情况吗?
学习者:大家都有听我说。
引导员:那好吧,一定是我搞错了,那我们来聊聊别的……

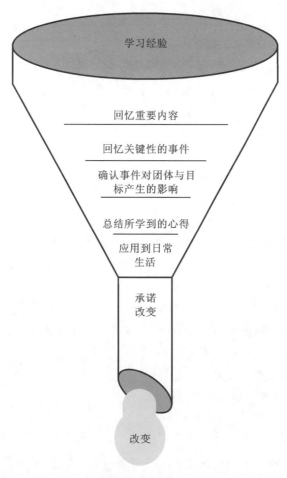

图 6-8　Priest 与 Gass 的"漏斗"引导模型

为了避免上述这种情况的出现,引导员必须在开始阶段采用开放性的提问,然后逐渐缩小问题聚焦的范围,直到聚焦在特定的提议上。在上述例子中,学习者反对、抗拒、拒绝、态度冷淡或不愿谈论,导致引导员和学习者之间无法达成继续探讨"沟通"话题的共识,最终只能转移至别的议题。根据"漏斗"引导模型的原则,必须在一个过滤阶段取得许可后才能进入下一个阶段,如未达成共识,就要寻找另一个议题,而不要强迫学习者进行不情愿的讨论。

2. 回顾重要内容　我们通常会根据事先对学习者所进行的培训需求评估来确定"漏斗"引导模型最终所讨论的议题。所以第一个过滤阶段在于问题方向的设计,从所有能构成学习经验的议题中,筛选出值得进行讨论的议题。以下为回顾重要内容阶段的三个典型案例。

【案例一】
引导员:你可以回忆一下活动中最有趣的事情吗?
学习者:(开始按照顺序说着故事)……直到有学习者谈到和"沟通"有关的议题。
引导员:沟通的故事听来很有趣,可以具体再说一些吗?
学习者:(继续讨论沟通,代表接受这个主题)。
【案例二】
引导员:大家在完成上一个任务中运用了什么技巧?

学习者：团队合作、信任、沟通等。

引导员：沟通听来很有趣，我们可以进一步来谈谈它的重要性吗？

学习者：（讨论它的价值，代表接受沟通）。

【案例三】

引导员：大家可以为我做一件事吗？请大家伸出手指，手指的数量代表团体的沟通程度和效果，从零（拳头）到十（十指张开），请大家根据个人最真实的感受来回答我，开始。

学习者：（伸出不同组合的手指或拳头）……

引导员：看来平均值大概是五。每个人可以分享这个数字背后的想法吗？

学习者：（说明他们的选择，已开始接受沟通这个主题）。

第一个过滤阶段的重点在于让学习者同意讨论所选择的主题——沟通，当学习者开始轻松地讨论该议题时，即为达成共识，引导员接下来可深入探讨关于这个议题的关键事件。

3. 回忆关键性的事件 第二个过滤阶段目的在于聚焦活动中所产生的与培训目标有关的议题。如果学习者没有在分享讨论时自发地提出，引导员必须通过引导与介入的方式来引出该议题，但如果遇到学习者反对、未察觉、抗拒、拒绝或态度冷淡，就表明他们不会同意引导员深入讨论所提出的议题。在要求他们回忆关键事件前，引导员要回顾正在讨论的主题。

引导员：好的，既然我们谈到沟通，有谁能够分享一下自己曾经特别有效的沟通经历？

学习者：（分享许多有效沟通的案例）。

引导员：很好，那是否有无效沟通的案例呢？

学习者：我记得有一次没有人想听我的看法。

引导员：还有谁记得发生了什么事？

学习者：（继续讨论每个人同时发言的事情）。

引出"沟通"作为反思的议题有助于提醒学习者讨论的范围，并进一步讨论与此相关的内容。这样不仅可以减少他们讨论其他无关议题的可能，更能够让他们专注于某个单一议题。

上述例子中，引导员通过"还有谁记得发生了什么事？"来确定学习者是否接受这个议题。如果大多数人能记得该事件，即表示此事件确实发生，并达成共识。进而继续推进至下一阶段。要是只有少数人记得，引导员则需鼓励其他人来帮助回忆，说服大家与自己所引出的内容达成共识（从引导员的角度进行协助回忆与说服容易制造潜在的冲突，会使学习者将引导员当成潜在的对立面）。如果依旧未达成共识的目标，则需及时调整该问题的讨论，而探寻更容易达成共识的议题。

4. 确认事件对团体与目标产生的影响 当学习者能够回忆起关键事件，引导员就可以开始启动第三个过滤阶段，来找出该事件的结果。在对前两个过滤阶段学习者讨论重点的基础上，进而探寻此重点的影响。

引导员：好的，我们谈了沟通的议题，各位都记得大家同时发言，却没有彼此聆听的例子。这会对团体目标或任务造成什么影响？

学习者：我们无法很好地分享彼此的想法，那些未分享到的想法，其实是能轻松解决问题的办法。

引导员：有谁同意或不同意这个看法？

学习者：（讨论他们的同意程度，代表达到继续进行的共识）。

引导员：各位能想象或预见这种情况的出现会对团体有什么影响吗？

学习者：我注意到我们此时的士气大为低落。
引导员：还有谁注意到这个情况？或有谁注意到别的情况吗？
学习者：（分享他们的观察，检查继续进行下去的共识是否已经形成）。
引导员：关于没有人聆听的情况，你自己有什么感觉？
学习者：很有挫折感！
引导员：还有谁也有一样的感觉？或有谁有别的感觉吗？
学习者：（透露他们的情绪，因此代表达到继续进行的共识）。

需要注意的是，引导员需要根据讨论的议题与培训目标的关联度来进行选择，在学习者进一步确认每项影响后，应再次询问是否大多数人均接受每个议题，以确保可进入到下一个过滤阶段。

5. 总结所学到的心得 当学习者能够回忆关键事件和确认其影响时，引导员就必须对他们的学习情况进行掌握。第四个过滤阶段要求学习者对学习经验或心得体会进行总结，引导员需再次确认之前过滤阶段的结果，并提出以下询问的内容。

引导员：关于沟通的议题，我们曾提到在无人聆听的情况下发表意见时，对团体和你个人的影响程度。各位能总结所学到的心得吗？
学习者：我们需要有人负责调解，以确保分享良好的想法。
引导员：其他人对这件事有什么看法？
学习者：（其他学习者讨论他们对调解人的看法。这代表达成共识状态）。
引导员：各位对学到的沟通内容，有什么最重要的心得？
学习者：我们有两只耳朵和一张嘴，所以我们应多听少说！
引导员：很有趣，这对你们的团体有什么意义？
学习者：（学员分享他们对此的心得，代表达成共识状态）。

在学习者总结出学习心得时，通常会将他们学到的内容带回至旧的经验中进行检验，引导员应对他们的接受程度进行评估，然后再进行下一个过滤阶段。

6. 应用到日常生活 在分享讨论后，引导员可以检视学习成效与学习者真实生活的契合程度。第五个过滤阶段要求学习者将学习内容运用于真实的工作中。引导员再次用这类问题进行强化。

引导员：各位已经从众人发言而无人倾听的事件中，分享了各自的学习心得。现在我们想知道这件事会发生在你的工作环境中吗？
学习者：常常会发生，我们的员工会议就这样！
引导员：你们上次的员工会议情况如何？
学习者：（说明两者之间的平行情况，建立隐喻性结构）。
引导员：如何将这个学到经验运用到你的工作中？
学习者：我们都不提倡新看法，反正也没有人要听。
引导员：请告诉我那说明了什么情况？
学习者：（用比喻性语言或隐喻性联结说明他们的生活）。

对该阶段的过滤内容来说，确认隐喻或许是最重要的一个环节，因为它包含了可进入到最终阶段的共同目标。如同在前一章讨论的内容，隐喻允许学员联结情况相似的环境（即工作与学习经验),两个环境之间的差别越小,学习经验就越有可能被转移到工作上。

7. 承诺改变 将学习经验的意义迁移到工作后,就能运用最后一个阶段进行过滤,即承诺改变。引导员将最终所形成的共识性的内容进行联结,要求学习者采取不同的行动。

引导员:我们已经讨论过了众人发言而无人倾听的消极沟通方式,也确认各位从活动经验中获得的心得及发生在工作环境中的常见情况。各位在下次类似的经验中,会采取什么不同的做法?
学习者1:我们需要一个调解人。
引导员:好,谁要负责当调解人?
学习者2:我。
引导员:好,谁要帮助她?
学习者3:我会重复提醒,好好帮助她。
引导员:等各位回到工作岗位时,你会有什么改变?
学习者1:我们可以在开员工会议时找个人来调解。
引导员:可以请你用第一人称的方式再说一次吗?
学习者2:我会在未来的工作会议负责调解想法。
引导员:大家对她担任这个角色有什么意见吗?
学习者3:我觉得她很合适。

8. 重复使用漏斗理论确认改变 若是多种学习经验之间进行分享讨论阶段,就有可能重复进行漏斗引导模型。例如:

引导员:你能回想进行有效沟通的例子吗?
学习者1:加入调解人效果还不错。
引导员:你记得调解人在哪种情况下最有效?
学习者2:我们的规则是要确保大家分享所有想法。
引导员:该事件对团体及工作造成什么影响?
学习者3:其中一个想法解决问题,大家似乎更团结。
引导员:你能总结对加入调解人这件事情的心得吗?
学习者1:当你与我们这样的项目小组合作时,设置调解人的确可以确保事情顺利进行。
引导员:你会将这个想法应用在你的办公室吗?
学习者2:我们会在员工会议中找个调解人。
引导员:谁承诺要进行这个改变?
学习者3:我会,只要我能够得到支持。

(三) 动态反思"4F"扑克牌引导反思法

英国学者 Roger Greenaway 提出了动态反思"4F"扑克牌引导反思法的概念,他将引导反思过程划分为五个阶段。第一阶段及第二阶段象征着扑克牌四种花色中的"方块"(diamonds)与"红心"(hearts),这两种花色都是红色,分别对应着第一个"F"——FACT(事实)和第二个"F"——"FEELING"(感受)。"方块"在英语释义中又有"钻石"的含义,因此象征着看待事件与经验本身的珍贵,同时由于钻石有很多切面,这也意味着我们应该从多元的角度观察事件。"红心"则强调学习者在学习过程中的真实感觉,并且能够分享出学习经验对他们的认知、情感和行为上的影响。

第三及第四阶段为"黑桃"(spades)与"梅花"(clubs)。这两种花色均为黑色,分别对应着第三个"F"——"FINDING"和第四个"F"——"FUTURE"。这两个黑色象征着从经验当中来学习,以达到"启发"和"应用于将来"。"黑桃"如同一把铁铲(spade 在英语释义中有铲子的含义),象征着进一步挖掘,也预示着学习者必须把经验进行分析、批判、解释,最终才能有所收获。"梅花"因为有多个花瓣,象征着未来的不确定性,也预示着将体验式培训中的活动经验应用于将来,并可能产生多种可能。

最后一个阶段即为我们常说的"王"(joker,释义"小丑")。"王"是一张你可任意赋予意义的空白牌,它提醒我们不可误将"4F"反思过程僵化地理解为必须依次由"事实""感觉""发现"到"将来"而进行。引导员必须根据学习者的真实需求,灵活地调整引导反思策略,选择最适宜的顺序。有时为了特殊的培训目标,甚至需要重复某一阶段,毕竟引导员要做的是基于学习者为中心的引导反思,因此需要强调引导反思过程中的"free style"。

以下为动态反思"4F"扑克牌引导法在具体实践中的运用。

1. 方块牌对应事实——"FACT" 代表经验最初呈现的情况、事实及印象。如:我最先是如何发现、认知、假定那些经验的? 当我们从另一角度去看它,它又会是怎样的呢? 其他人又是如何看它呢? 相关提问如下。

"刚才我们见到什么? 听到什么?"

"我们首先是如何发现的?"

"最难忘、最不同、最有趣的是什么?"

2. 红心牌对应感受——"FEELING" 用以探讨活动过程中的情绪、感受与直觉。如:在经验当中你有什么情绪及直觉呢? 它们是怎样的呢? 可有触发到你其他经验? 如果有,它们有什么相同或不同? 常见的提问如下。

"活动中印象最深刻的是什么?"

"你在什么时候感到投入最多或最少?"

"你觉得谁和你的情绪最相近或最不同?"

3. 黑桃牌代表发现——"FINDING" 喻义挖掘。典型的问题会包括寻求原因、解释、判断及总结。常见提问如下。

"我们学到什么? 我们找到了什么?"

"什么让你产生这种感觉? 什么让你觉得这样?"

"这个经验有什么与工作相似或不相似的地方?"

4. 梅花牌代表将来——"FUTURE" 意味着面向未来的学习转化与行动。可包括行动计划、学习计划、抉择、演练、想象甚至梦想等。最基本的问题是我们如何更好地将我们所学与将来进行联结? 相关发问如下。

"你见到有什么选择或可能性?"

"有什么是你会停止、开始或继续做的?"

"你想从这次经验中带走什么? 打算怎样开始? 什么时候开始?"

以上三种引导反思模式都是基于库伯体验学习圈的理论发展而来,尽管具备相同的引导反思哲学基础,但在"提问重点"及"如何提问"等具体方法和手段上各有优劣。

Terry Borton 的"3W"三阶段引导法是最简洁及最早被广泛流传应用的。它使用描述性及解释性的提问方法,不仅使活动经验与生活实际发生联结,更强调相关经验对于个人的意义。更重要的是,他建议根据学习者思考特质与学习风格的不同,灵活地使用分析性与直观性提问方法,以此来丰富思考的层次与内容。

Priest 与 Gass 所提出的"漏斗"引导模型以清晰的内容及步骤,将经验过滤并转化为行为的承诺。此模型以"漏斗"的各个层次,而非问题作为引导的重点,并以团队的发展为导向,对于尚未熟练引导反思技术的引导员而言,这种内容与步骤相对清晰的模式,具有较好的适用性。

动态反思"4F"扑克牌引导反思法的优势在于能够有形地将引导反思的逻辑与扑克牌的4种花色及"4F"的明确释义进行联系。因此它是最容易记忆、理解及掌握的引导反思方法。特别是通过"王"牌的应用,来提醒我们不能完全拘泥于由具体体验至行动应用的顺序进行引导。此种简单、活泼的方法,将我们的注意力集中于如何配合学习者的表达内容、学习过程及学习目标的实现,而非引导员的问题上。

三、引导反思的常用手段

引导反思的手段有很多,我们往往比较熟悉的是一群人围坐成圆圈,在引导员的带领下讨论刚才活动所发生的事件及接下来要做什么。尽管讨论(头脑风暴)是一种非常有效的引导反思手段,但体验式培训作为开放、灵活的教学情景,引导员不能只会这一种手段,这就像建筑工人无法仅凭铁锤这件工具来盖房子一样——铁锤和讨论都很重要,却不是唯一。接下来介绍一些简便实用的常用引导反思手段,以丰富大家引导反思的技术。

(一)目标设定

通常我们会在课程的初始阶段,通过在团队成员之间建立"全方位价值契约"来建立彼此支持的学习氛围,它要求每位学习者致力于通过团队合作的方式来完成个人与团队目标。此外,引导员还需要帮助学习者知道他们想完成什么,如何完成,以及如何落实培训目标。因此,引导员可以为学习者进行目标设定,并计划个人行动,如:

"你对这次活动有什么期待?"

"就你个人而言,你觉得这次活动成功的标准是什么?"

"对你来说,活动中最难的部分是什么?"

"在活动中,你希望得到来自他人的哪些支持?"

"活动中有哪些经验和生活中的经历有相似之处?"

"对接下来的活动,你对自己的表现有什么期待?"

目标设定是一个相当普及且发展已久的学习方法,勒温曾在研究中强调,在带领班级小组活动、营队学习时,学习者通过设定学习目标,更容易促进新知识的形成和行为的发展。在体验式培训中,当学习者进行一项活动时(如攀岩活动)(图 6-9),相较于一个模糊的目标,如果能够为他们设定一个具体的目标,则更能够激发学习者挑战的动机。另外,班杜拉(Albert Bandura)通过"自我效能"的概念来强调学习者通过目标的实现来获得成就感及个人信念。个人信念由以下几个因素所构成:动机引发的过程;学习者的认知;学习者的情感;决策的过程。其中,动机的引发扮演着格外重要的角色,一个具备良好自我效能的学习者,有能力为自己设定目标和方向,并为达成目标而付出一定程度的努力。换句话说,当学习者为自己设定目标后,对目标的承诺程度越高,目标越稳定,即便遇到挫折,也不会轻易放弃或变更目标。我们绝大多数人的行为受到我们对周围世界认知的影响。在体验式培训课程中,与自信心不足的学习者相比较,自信的学习者更倾向于对未来充满愿景。基于目标与承诺之间的正向关系,引导员应该在培训中协助学习者在活动中或生活中设定适当的学习目标,并激励他们不断练习,发展自我效能,培养正向、积极的行为习惯。

图 6-9　攀岩活动

> **知识链接**
>
> SMART 目标设定法则
>
> Specific:具体、明确的。一次一个目标,循序渐进,从大处着眼,从小处着手。
> Measurable:可量化、可衡量的。将需要实现目标的时间、程度、效率等加以量化后纳入目标设定的内容,能够及时地评估,并适时调整。
> Achievable:可达成的。目标设定必须合理,能有机会实现,并具备一定的挑战性。
> Relevant:有相关性的。任何步骤与计划都与目标的最终达成直接相关。
> Trackable:有连贯性的。实现目标的过程是延续性的,能持续地进步与接近目标。

(二) 名句箴言

一句脍炙人口的名句箴言往往能够在引导反思的过程中扮演画龙点睛的作用。特别是当我们习惯长篇大论地协助学习者进行学习经验的转化时,往往会出现引导员说的滔滔不绝,而学习者一片沉默的局面。如果此时引导员能够适时使用一些名人典故或名句箴言,来激励学习者或埋下伏笔,供个人或团队反思之用,引导反思的效果势必事半功倍。例如,在培训开始之初,我们希望能够为学习者建立一个良好的学习氛围,使学习者能够在最短的时间之内转换角色,以开放的心态面对接下来的学习过程,我们会在课前使用一些类似课堂宣言

的名句箴言,例如:

若想要感觉安全无虞,做你本来就会做的事;若想要成长,就要挑战能力的极限,即失去安全感……所以,当你不能确定自己在做什么的时候,起码要知道你正在成长。

——大卫·威斯科特

(三)写日记

写日记是十分有效的引导反思工具,可以协助学习者梳理学习经验,强化学习效果(图6-10)。在写日记的过程中,学习者通过自我对话的方式,不用担心外界的评价和判断,只需要专注于个人的思想和感觉,从而探索真实的内心世界。写作能够捕捉和保存思想和情感,并帮助学习者将活动中的变化和成长记录下来。写日记作为个人主动的行为,需要个体具备一定的认知能力和写作技巧。作为延伸思维和深入思考的绝佳工具,写日记能够鼓励学习者养成反思的习惯和坦诚的人格特质,并能够促进对他人的情感和情绪的察觉。

图 6-10 写日记

选择写日记作为引导反思的方法,前提是必须给学习者留有较多的时间和较为安全的环境。需要特别强调的是,不要期望学习者会自己再找时间来做,引导员需要为此专门安排时间。此外,如果希望学习者通过写日记来反思,就需要在活动开始初期着手开始,否则越到后面难度越大。

> **知识链接**
>
> ### 自由写作
>
> 在活动之前、之后或某个特定时间点,我们可以要求学习者拿出日记簿,写下他们对于接下来所进行的活动的目标、想法和感觉,或之前所进行活动中的想法或感觉,亦或在某个时间点的想法和感觉。涉及一个舒适的地点,邀请他们随意写。假如我们希望学习者将自己所写的内容与其他成员进行分享,必须一开始就要交代清楚。这样他们就可以决定哪些是可以与大家分享的,而非在受到"突然袭击"之后做出抗拒。
>
> ### 指定主题
>
> 另一个鼓励学习者写日记的方法是提供一些特定的问题请他们在日记中回答。同样,日记的内容既可以邀请大家进行分享,也可允许不公开。指定主题有两个好处,首先是让学习者能够专注于我们希望探讨的议题,其次是所有人都能够公平地参与。当团队里有参与者无法参与讨论,或语言表达有局限时,这种方法更有价值。以下是一些我们可以用来作为日记的主题:

> "将身体安全托付给团队或某位团队成员,你认为会是怎样的感觉?"
> "团队是如何做决定的?哪些环节可以做得更好呢?"
> "我们可以做什么让团队解决问题的能力得到改善?"
> "我们在执行任务时用的哪些沟通方式是有效的?"
> "你希望从团队中得到什么?它们对你有什么意义?"
> "你可以做些什么来改善自己在这次活动中的表现?"
> "描述你希望成为什么样的人,列出一些你想拥有的人格特质。"
> "你目前生活上面临的最大的三个挑战是什么?"
> "请描述你和其他人拥有的良好关系,这些关系如何取得?"
> "回忆一下团队中的哪一个人和你相处有困难,你和那个人有什么不同之处,又有哪些共同特点。"

(四)配对

采用配对的方式进行反思,需要将团队成员分为 2 人一组,彼此分享认知和感受,配对的优势在于增加团队内部人与人之间的互动,让每一个学习者有更多的时间表达,同时提供一个环境让个体谈论他们可能不方便在一群人面前讨论的议题。配对在活动初期特别有效,因此它能够帮助学习者之间彼此熟悉,营造舒适的沟通环境。配对的办法有多种,既可以让他们自己选择交流的对象,也可以根据一定的标准来划分,如年龄、兴趣、岗位或部门、家乡等,也可找就近的同伴进行配对。

在使用配对反思方法时,引导员必须事先明确讨论的方向,并且让团队成员清楚讨论的时间和所讨论议题的范围,同时要根据情况提醒他们所剩时间,以免被一个人占用了大多数时间。此外,引导员最好在学习者配对讨论时巡视各小组,以便为我们了解学习者的背景,收集更多案例和素材提供机会。

(五)小组讨论

除了常用的团队集体讨论和配对之外,我们还可以采用 3~4 人一组的小组讨论,或者将配对和小组讨论结合起来使用(图 6-11)。小组讨论的好处在于它的规模不大不小,既不会因为人多给分享人带来压力,也不会因为人数少而造成观点单一。此外,在一些活动中,可以根据需要安排一部分学习者参与活动,另外一些人担任观察者,在活动结束后提供反馈给参与活动的同伴。另外,小组讨论的一个好处是,当两名成员因为某议题出现争议时,其他组员可以及时介入,协调冲突和矛盾。

(六)填写问卷

问卷的功用在于让团队成员回答某类具体的问题,这一类主体通常与学习目标紧密相关。填写问卷是引导反思经常用到的一个方法,在课前、课后或中期某一特定时间点均可使用,以帮助参与者在不同的学习阶段聚焦于整体目标。和写日记相似之处在于,在发放问卷时,为了降低学习者的防范心理,必须提醒他们问卷本身毫无威胁,也没有答案的正确与否,只需要根据个人的真实想法提供反馈即可。如果要求学习者在稍后进行分享,必须提前提醒。

图 6-11 小组讨论

> **知识链接**
>
> 问卷问题范例
>
> （1）在活动过程中，最重要的三个感悟是什么？
> （2）在我的生命中，真正帮助过我的人是谁？他们是如何帮助你的？
> （3）可以用来形容我的三个词汇是什么？
> （4）在人生旅途结束前，你希望在工作上达到什么成就？在生活中有什么重要的期望？
> （5）你如何看待目前所处的团队？哪些方面它与众不同？
> （6）你如何让别人协助你实现目标？你如何帮助别人实现目标？

（七）独处

让学习者独自反思和自我对话也是引导反思中很重要的手段。外展训练学校的户外冒险活动中独处是必修的课程。但事实上，独处不一定非要在特定环境和课程中才能实施，我们可以在体验式培训课程中安排相对较短的时间让学习者去思考需要做什么，已经做了什么，还需要做什么。

在活动中，可以安排数个独处的时段，例如在徒步、登山、皮划艇课程中，当历经艰难险阻到达某一高度或一定距离时，让活动暂停下来，给学习者 15 分钟左右的时间，独自思考一下刚才在行进过程中个人及团队的表现。

（八）绘画、音乐与代表物

用绘画、音乐或相关代替物引导反思（图片、橡皮泥、水彩笔、塑像、鹅卵石、树叶等）也是协助学习者反思的一种方法（图 6-12）。利用绘画进行反思并不是要求学习者画得有多好，主要是在绘画的过程中，学习者根据个人的知觉为所画的内容赋予意义。引导员可以安排时间让学习者就某个议题进行描绘，然后和其他团队成员进行分享。用图画来解释和表达通常更能够激发学习者的创意,同时分享过程中大家也会因为"拙劣"的作品捧腹大笑,以增添很多乐趣。以下是一些激发学习者绘画的创意。

图 6-12　绘画

"你希望自己在活动结束后是怎样的一种表情？请用绘画的方式来表达。"

"请将你手掌的轮廓在纸上描绘出来,并在手指的区域写下你希望为自己团队所做出的贡献。"

"在你跟随团队一起成长的过程中,哪些片段是你记忆犹新的时刻？请用图画的方式描绘出来。"

此外,与绘画在反思过程中的作用一样,借用音乐或其他的事物,例如水彩笔、不同形状的鹅卵石、树叶等可就地取材的东西,作为学习者对活动经验的感受和认知的代替物,运用隐喻的方式来实现经验的转化。例如：

"请大家各自选择一支水彩笔来代表你此刻的心情和感受。"

"每个人心中对团队的理解都不太一样,可否根据你对团队的理解,用一颗鹅卵石/一片树叶来表示你心理想的团队,并且再用一个来代表我们当下所处的团队的模样？"

（九）使用观察者

使用观察者是一个强有力的反思工具,观察者能够为团队提供更多的资讯和认知角度。在多数团队和组织中,人与人之间的互动方式更多是一种"直觉"的选择,少有机会观察自己的互动过程,因此也就无法培养积极主动的应对策略,使用观察者的优势如下。

（1）观察者必须跳出活动经验,用系统化或宏观的视角观察正在发生的事情。

（2）团队成员对待观察者的评论的态度和对待引导员的态度是有差异的,因为观察者是团队内部成员。

（3）比起引导员,观察者所给团队的反馈往往更直接而有效。引导员可能会婉转地表达自己的观察感受,而观察者更容易直奔主题。

（4）不同的活动让不同的成员担任观察者，不仅能带来新的观点，还能为团队提供更多的思考方向。

（5）由团队成员轮流担任观察者，可以让很少开口的成员有机会发言，让他们的意见和感受能够被其他成员所了解。

（6）让那些不方便或不愿意从事体力活动或冒险活动的学习者担任观察者，一方面既能够尊重他的选择，同时也不至于让他游离于活动之外，而失去和其他成员一起学习的机会。

观察必须有系统性和目标方向，因此我们要向观察者特别交代任务和我们的期望。建议他们保持和团队的距离，不要介入团队其他人的活动，必须坚守观察者独立的立场。但观察者人数不宜太多，以不超过 2 人为宜。活动结束后，先请观察者发表意见。以下是提供给观察者的问题。

"团队有共同的目标吗？"

"请举出团队成员之间有效沟通的例子。"

"请举出团队成员之间无效沟通的例子。"

"团队中的领导是谁？他做了哪些事情证明他是领导？"

"团队在执行任务时，有哪些方面做得不错？"

"团队还有哪些方面需要改善？"

"团队成员之间是否有互相关照和彼此共担责任的例子？"

"团队在执行任务时，哪些环节让你印象深刻？"

"如果 10 分是满分，就团队的整体表现，你会给多少分数？"

听完观察者的发言之后，我们需要倾听团队成员对该问题的回应，使话题深入发展下去。此外，观察者所观察的对象除了应紧密围绕学习目标有关的议题之外，观察的着眼点应就事件本身，而避免谈论人。

四、引导反思的困境

在多数情况下，体验式培训课程的学习者能够尊重及配合引导员所安排的课程。但不可否认的是，引导反思的效果也受到很多不可预测性因素的影响，其过程也可能无法如预期一样顺利。特别是资历尚浅的引导员往往在内外环境发生突然变化时，无法做到良好的应变，使引导反思过程陷入困境。引导反思技术对于引导员来说，并不是一项容易掌握的理论与技术体系，甚至很多人认为引导反思是体验式培训各种技术中最难掌握的部分。尽管如此，我们仅仅认识到引导反思的困难度还远远不够，重点是理解其背后的原因。以下内容梳理了在学习引导反思技术时有可能会遇到的难题，期待能够解释为何引导反思"易学难精"。

（一）将困境视为转机

体验式培训课程的引导员在学习引导反思技术的过程中所遇见的困境有多种不同的表现形式：有些困境藏在难以捉摸的细微中；有些则是伴随明显的冲突及对立情况而产生；有些困境与引导员无关；有些与引导员的引导反思方法有直接关系。在面对各种困境时，应避免抗拒、埋怨或妥协的心态，而是要积极地审视产生困境背后的原因，因为困境往往也是学习者在课程中的专注点。当你将面前的困境当做深入了解学习者的机会，而不是针对引导员个人的挑战，你就会更加有成就感。请将困难视为转机！

（二）令人望而生畏的反思讨论

也许引导反思让人感觉困难的首要原因就是引导员必须带领学习者进行讨论，并引导他们进行反思。正因为如此，一些年轻的引导员可能因为短时间无法掌握其中关键，产生畏惧的情绪，避而不用，最终导致他们的引导反思技术无法提升，仅停留在活动带领的层面，而把引导反思的任务移交给他人。要想让引导反思进展顺利，引导员一定要学会带领学习者进行讨论分享，从不断的尝试和失败中学习，如同学习游泳一样，我们无法通过在岸上观察别人来学会游泳！Pearson 和 Smith 指出：若不能协助学习者将活动中的行为整理成有价值的经验，并在引导反思中去分享，引导员将会从一个具备专业能力的"观察员"角色，弱化为只是一个"经验参与者"的角色。

体验式培训课程的引导员在活动结束后引导学习者反思时，应先从较不重要的事件开始讨论，再加入专业的理论知识，当引导员能和团队一起讨论，并控制引导反思的进程时，引导员就和学习者拉近了彼此之间的距离，了解了彼此的情绪，并能够接受那些不同的想法。有效的引导反思技术需要不断地练习才能精进，引导员必须不断地跳出自己的舒适区，在每一次教学实践中来发展。资深引导员协助初学者参与引导反思是比较有效的方法，因为身边有更专业的引导员在一旁协助，初学者往往能够以较为轻松的心态来面对挑战和压力。

（三）每次都是独一无二的经历

古希腊哲学家赫拉克利特说，人不能两次走进同一条河流。对于引导员来说，也无法遇到两次完全一样的教学经历。这是一个显而易见的事实，因为不同的团队由不同的个体组成，每位学习者都有属于他们自己的个性特征和学习期望。因此，引导反思永远不会是一个制式的流程——机械而固定。即使课程前期经过非常完善的课程需求诊断，引导员也无法完全依据之前的计划来实施，而必须根据对学习者、环境和学习目标的真实情况进行灵活地调整，这就要求引导员有足够的能力和技巧来调整之前已经准备好但已不适用的议题。

（四）过犹不及

在前文中我们介绍了引导反思的价值，我们会十分珍惜每次能够将这些价值传递给学习者的机会。但有时候引导员由于担心培训目标无法实现，因此在引导学习者进行反思时，会让他们感觉讨论的议题过于分散、不连贯或浅尝辄止。这通常都是引导员急于在短时间之内想要完成既定的目标，好让学习者感受到课程价值的结果。例如，总是希望学习者能够确认是否感悟到活动的目标，或要求每个学习者都能够表达内心的感受，此外还要能够将经验转化到真实的生活中。可以想象，以上目标的实现要想在短短的 30 分钟之内完成是不可能的。因此引导员必须在有限的时间内聚焦于 1~2 个议题上。更重要的是，并不是每个活动结束后都要将整套引导反思流程完整实施才算结束，而是有针对性地根据学习目标进行整体性的设计。这里借用陈云经常引用的一句话——不唯上，不唯书，只唯实。

（五）重视程度不足

体验式培训课程的教学往往看上去很简单，给人的感觉好像就是一群人在玩游戏，游戏结束之后再分享感受。正是由于这样一种片面的认知，很多人在初期学习的时候对体验式培训的本质不够理解，将学习的主要精力都放在了活动设计和带领的技巧，而忽略了引导反思技术的学习。相对抽象的引导反思技术来说，引导员在成长阶段通常都会先专注活动带领技巧、保护技术和安全管理等具体的技术，尽管没有哪个引导员会认为引导反思不重要，但就从引导员的学习进程和认知习惯而言，还是会优先强调与活动操作有关的理论与技术。

（六）人非天生就会反思

Thomas Merton 曾说：人非天生就会反思。虽然人们在目标的驱使下养成了行动导向的习惯，却不是每天都能够自觉地进行反思。通常我们行动的速度要快过我们思考的速度。当我们问自己为何这样做的时候，有时候却并不清楚这样做的原因，多数人没有学过如何去反思，更不用谈做到"吾日三省吾身"的程度了。因此，体验学习的研究者们建立了一个包括体验和反思的学习模式，通过这种更容易让学习者接受的学习模式，引导员协助学习者进行反思，并掌握自我反思的技巧。

（七）并非所有议题都值得反思

即使没有察觉好的议题可以进行反思，有些引导员仍会按部就班地进行，因此有些讨论在空洞的情况下最后落入一片沉静的局面。一次成功的体验式培训课程应该包含活动经验和反思，但这并不代表教学过程是一成不变的僵化的模式。引导员通过精心设计的课程，带领学习者跳出舒适区，在新的情境下学习，这些新环境和挑战，都可能值得他们去反思，但我们并不是为了反思而反思，如同我们无法在一口枯井当中取到水的道理一样。有效的引导反思，不只是要清楚如何反思，更要知道什么时机应该反思，什么时机不适合引导反思。

毫无疑问，除了上述列举的困惑之外，还有其他一些因素增加了引导反思的难度，美国体验教育协会（AEE）对此做了进一步的梳理，内容如下。

一成不变的问句和回答让人感觉无趣；
一些引导员无法舍弃他们习以为常的引导流程；
很难在倾听学习者分享的同时去设计下一个问题；
活动体验与引导反思的时间分配，有时候让人非常困惑；
学习者没有反思的动机和意愿；
当与学习者相处一段时间后，很难让反思维持新鲜感；
学习者不愿意表现自我情绪；
学习者不认同引导反思的价值；
引导员不具备引导团队反思的能力；
讨论时学习者情感过于亢奋而产生压力。

有效的引导反思是引导员能够在认清自己优势及不足的前提下，充分发挥自己的优势，同时将盲点处理得当。以上所列出的引导反思的难题，并不是在强调成为一个好的体验式培训课程的引导员有多困难，而是帮助大家绕过弯路，将学习的着眼点放在学习过程的整体性，而非细枝末节。要成为一个合格的引导员并非一蹴而就，不仅需要识别正确的方向，更要逐步找到适合自己的解决办法。

第四节　常用引导反思问句

对于体验式培训引导员而言，收集与整理一些具有启发性的问句对于提高引导反思技术来说是一种十分有效的手段。本节通过"3W"引导反思模式，根据体验式培训活动中经常被讨论的议题列出了一些比较通用的问句，虽然无法覆盖所有议题，但引导员可根据不同的活动和情景稍加调整，以扩大适用的范围。引导员应该将注意力聚焦于如何来设计问题，而不是创造问题。

1. 以"挑战原本不敢做的事情"议题为例

【What】

刚刚有谁做了原本认为无法完成的事情?

你做了什么事情超出你的预期?

有没有人觉得他们还没有被挑战过?你想接受挑战吗?

有注意到我们完成了什么特殊的事情吗?如果有的话,那是什么?

【So What】

是什么帮助你完成这个艰巨的任务?

刚开始是什么原因让你觉得你做不到?

试着描述一下你现在的内心感受。

还想再尝试一次吗?为什么?

【Now What】

举一个你日常生活中认为无法完成某件事情的例子。

举一个你日常生活中认为无法完成而放弃的例子。

你能分辨冒险和放弃的差异吗?你觉得他们之间的差异在哪里?

2. 以"个人感到骄傲"议题为例

【What】

请大家围成一个圈,每个人快速轮流地说一件今天让你感到骄傲的事情。

活动中你对自己的表现是否感觉自豪?是哪件事情让你有这种感觉?

【So What】

让你最感骄傲的成就是什么?

感到骄傲的原因中有什么共同点?

骄傲是一把双刃剑,有时被认为是一件好事,有时则被认为是不好。你觉得呢?能否具体举个例子?

在团队中做什么事情可以帮助我们提高自信?

在团队中做什么事情有可能会削弱同伴的自信?

【Now What】

在过去的经验中,你做过什么让你觉得自豪的事情?

今天关于骄傲议题的讨论对大家是否会造成影响?为什么?

当代社会似乎很重视自信和谦虚,如果你也这样认为,是否和我们刚才讨论的话题有一些矛盾?你对此如何理解?

3. 以"挑战自我"议题为例

学习者:我喜欢留在我个人的舒适区,但今天不同。

【What】

你对"舒适区"的定义是什么?

在刚才的活动中,谁突破了自己的舒适区?请具体说明一下。

今天谁还留在自己的舒适区里?这样做的原因是什么?

【So What】

走出舒适区的感觉如何?

留在舒适区感觉如何?
对于那些走出舒适区的人,是什么原因促使你这样做?
是什么原因阻止你,让你留在舒适区里?
【Now What】
突破舒适区的意义和价值是什么?
留在舒适区的人要推动他们会更困难,为什么?
对于留在舒适区里的人,我们有什么建议可以帮助他们?
和活动相比,在工作中跳出舒适区的难度更大,为什么?
能够举例说明你曾经跳出舒适区的经历吗?

4. 以"请求同伴的帮助"议题为例

【What】
请列举团队成员彼此寻求帮助的例子。
团队成员是如何回应这些请求的?
有没有人需要帮助,却没有求助? 当时的情况如何?
寻求团队成员的帮助好吗? 能否具体解释一下?
【So What】
寻求帮助的人对团队的回应是否满意? 哪些方面让你感觉满意或不满意?
有谁需要帮助但并没有请求团队帮助? 为什么?
你能提供一些寻求帮助并提供帮助的建议吗?
【Now What】
和日常生活比起来,活动中比较容易请求帮助,他们之间的差异在哪里?
在日常生活中你需要帮助时,人们通常是如何回应的?
在日常生活中你是如何向别人提供帮助的? 或如何回应别人的请求?
你能回想起寻求帮助被拒绝的经历吗? 对你的影响是什么?

5. 以"彼此分享信息"议题为例

【What】
为了活动任务能够完成,需要提供什么样的信息给需要的人?
个人完成活动和团队完成活动,哪种方式可能耗费更多的时间? 请具体解释一下。
个人和团队行动,哪种情况可能会得到更好的结果? 请具体解释一下。
哪些事件最能说明团队具有良好的信息分享氛围?
【So What】
请用1~10分来表示在活动中你们团队的沟通效果,你会给几分? 为什么?
我们做了哪些有助于沟通的行为? 哪些对沟通是没有帮助的?
活动中你们用了哪些方式把信息传达给对方?
这些方法中哪些有助于你们正确地传达信息?
下一次我们可以做哪些调整或改变,让信息的传递更加清楚?
【Now What】
如果要把这些因素应用到你日常生活上,你会如何结合?
你们是如何想出这些传达信息的方式的? 过去哪些经验有助你们想出这些方式?
你觉得在未来的生活或工作中,你要怎么样做才能正确传达信息?

当你在与团队分享信息的时候,哪些是你不愿意与他人分享的?

6. 以"彼此沟通与对话"议题为例

【What】
谁在活动中经常发言?
我们对话的对象是谁?是团队,还是个别成员?
有没有人几乎没有说话?
大家对话的焦点是什么?是讨论问题、争论、评价还是指责?
大家的对话是否偏离了主题,为什么会这样?

【So What】
哪些对话是对团队完成任务有积极贡献的?
哪些对话破坏了团队的氛围,阻碍任务的完成?
哪些对话是有利于团队发现问题,促进任务达成的?
那些对话对团队是一种伤害?

【Now What】
在活动中比较健谈的人,在生活中也是如此吗?
始终控制话语权的人对团队有哪些影响,可举例说明吗?
我们是否在生活中容易说得太多,倾听得太少?

7. 以"对活动感觉无聊"议题为例

【What】
你们中间有多少人体验过这个活动?请举手告诉我。
对于曾经体验过这个活动人来说,过去的经验对你有什么影响?
再次参与这个活动,和第一次的感觉有什么不同之处?

【So What】
对于哪些感觉无聊的人来说,日常生活中面对同样的工作和生活琐事也会感觉无聊吗?你是如何应对这个局面的?
即使活动经验不是新的,但是你有新的收获吗?
如果无法改变这种无聊的局面,你将会采用哪种方式来应对?

【Now What】
一般情况下,如果有人要求你去重复做一件事情,这时候你的责任是什么?
今天你再次面对相同活动的表现和感受,对你的生活会有什么可以借鉴的经验吗?可否具体描述?

8. 以"抗拒行为"议题为例

【What】
今天这里进行的活动一切都是大家自愿参与的,有没有哪位选择什么也不做?
你有没有感受到参与活动的压力?如果有,压力来自于哪里?
不参与活动是否有压力?如果有,压力来自于哪里?

【So What】
你可否告诉大家你选择不参与活动的理由?
活动结束后,你没有参加的感觉如何?
选择参与活动的人,你们会对没有参与的人说些什么?

让你自愿参与活动的动机是什么?

【Now What】

对于那些没有参加活动的人,如果下次还有机会让你选择,你会改变你的选择吗?为什么?让你改变的原因是什么?

在生活中你是一个经常说"No"的人吗?促使你这样做的原因是什么?

今天在活动中的顾虑,是不是也是你在生活中的顾虑?

9. 以"面对挫折"议题为例

【What】

刚才的活动是不是让大家很有挫败感?可以分享你们的感受吗?

让你感到挫折的原因是什么?

如果让你给团队一个评价,你会打多少分?原因是什么?

【So What】

活动中的挫败感是从何时开始的?

面对挫折时团队的表现如何?哪些是起到积极作用?哪些行为会起到消极作用?

哪些行为有利于克服挫折?哪些行为只会让我们越陷越深?

【Now What】

团队面对的挫折需要团队来解决,大家可以做些什么?

在即将进行的下一个活动中,我们如何避免出现同样的问题或再次受挫?

如果在生活中遇到类似的挫折,今天的经验对你有何借鉴?

生活中哪些事情容易让你有受挫感?为何是这些事件?能解释一下吗?

10. 以"彼此关系冷漠"议题为例

【What】

刚才的活动中,你听到的什么让你感觉我们彼此冷漠?

是什么情况导致我们相互批评、冷漠,甚至敌对?

如果用十个手指来表示我们团队和谐程度,你会为我们在活动中的表现竖几根手指?

【So What】

我们彼此批评的目的是什么?是否有助于任务的达成?

受到冷落的人,你有什么感觉?你会采用什么行为来回应?

如果以完成任务为导向,当前我们团队的氛围如何?是否有利于任务的达成?

【Now What】

你在工作中是否遇到过类似的情况,你一般会如何应对?

你是否曾经冷落或冷漠地对待过别人,对方对你的态度做出了怎样的回应?经过今天的活动,如果回到当初,你是否会改变自己的行为?

团队成员彼此的态度哪些是令人反感的?我们怎样避免?

11. 以"团队总被个别学习者所领导"议题为例

【What】

认为团队被少数同伴所主导的人请举手?

哪些人在领导我们?

他们哪些行为让你感觉被他们所领导?

【So What】

如果你希望被别人领导,你对领导者的期望是什么?

如果由你来领导这个活动,你会怎么做?
你认为一个好的领导者需要具备哪些重要的品质?
如果面对你并不支持的领导,你会采取怎样的回应?
哪些领导行为会让你反感或支持,你会采取怎样的回应方式?
我们怎样才能进一步完善团队内部领导和被领导的关系?
【Now What】
今天哪些领导行为让你印象深刻或感到压力?这些行为是否在工作中也曾出现?
你可以从今天的活动经验中得到怎样的启示来改进你的领导方式?
领导者需要做些什么才能更好地发挥作用?
在生活中是否也曾经遇到过类似的情况?可否举个例子来说明?

12. 以"建立人与自然和谐关系"议题为例
学习者:之前我所知道的活动目标并不是感受自然,但是我现在觉得我能够和自然产生联结。
【what】
请尝试对周围的环境作一个描述。
环境中哪一部分是最有吸引力的?
你是否发现了周围环境中大家没有注意到的事情?
除了你看到的自然环境之外,你还用了哪些感官来体验?你的收获是什么?
【So What】
哪三句话最能够形容你与自然的关系?
今天发生了哪些事情,让你感觉你更接近大自然?
今天的体验是否能够让你回忆起什么?
【Now What】
你认为我们需要和自然保持和谐的关系吗?为什么?
你曾经做过什么事情是保护或破坏大自然?
通过今天的体验,你会如何提醒自己或别人更好地处理和自然的关系?
生活中哪些事情会直接或间接造成环境的破坏?

13. 以"构建个人与团队愿景"议题为例
【What】
我们暂时放下刚才活动的目标,从整体上回忆一下,我们之所以称为团队,理由有哪些?
刚才活动中所发生的事情是否和活动目标有关联?
刚才的活动你自己设定了目标吗?是什么?
【So What】
我们每个人都是独一无二的,你是否对你的愿景有过评估?具体解释一下。
你是否能够对你所在团队的愿景有所察觉?你是如何察觉的?
你对团队的愿景是否了解?你能够为愿景的实现做出什么贡献?
【Now What】
你所在的团队、组织、公司有清晰的愿景吗?
你对实现愿景的过程是否了解?你觉得它对你是否有价值?
你觉得个人使命和团队愿景出现冲突时,你会如何选择?

你觉得在活动中构建愿景的过程对你生活是否有所帮助？

14．以"创新解决问题方式"议题为例

【What】

你是如何解决刚才活动中的挑战的？

活动最终解决方案是如何被提出的？大家做了什么具体的事情？

哪种解决方案更有利于目标的实现，它是如何出现的？

有人曾怀疑过解决方案的可信程度吗？你之后又做了什么？

【So What】

你对团队解决问题的能力评价如何？如果满分是 10 分，你会给团队打几分？你的依据是什么？

团队想要完成任务必须克服哪些障碍？面对障碍你们做了什么？

团队在解决问题过程中哪些行为（人或事）让你印象深刻？

如果还有一次机会，我们怎样做才会使结果更好？

【Now What】

刚才在活动中出现的障碍，在你的生活中也出现过吗？请具体描述。

你通常如何面对生活中的障碍？处理的方案有效吗？

你是否会和大家分享你遇到的障碍，或向他人寻求帮助？为什么？

今天我们在活动中解决问题的办法，可否运用到你的生活中？

15．以"未完成活动的任务"议题为例

【What】

刚才的活动目标大家都清楚吗？我们的目标是什么？

你对团队取得的成绩满意吗？满意或不满意的原因是什么？

请举出三个导致我们无法完成任务的原因。

【So What】

从结果来看，我们没有完成任务。从过程来看，我们哪些方面做得还不够？

这是大家可以接受的结果吗？如果不可以接受，请解释你的原因。

这个任务超出了我们的承受范围吗？如果没有，那么为什么我们得到了这样的结果？

团队为这个任务做好了准备吗？为什么？

【Now What】

刚才这个活动，主要是对大家哪些能力提出了挑战？这些能力我们具备吗？

这个局面是否让你联想起生活中的某件事情？能否详细介绍一下？

看得出来有的人很努力，但是结果似乎不太理想，你想对自己和团队成员说些什么？你是否想改变目前的局面？

如果再为大家提供一次挑战的机会，你们在哪些方面可以做得更好？

我们总是希望每件事情都能够如愿，今天所发生的事情，是否会对你的生活产生更深远的意义？

16．以"学习者对团队的贡献"议题为例

【What】

活动任务的完成离不开每个人的努力，请大家轮流分享一下你在活动中表现。

团队中哪些人的表现让你印象深刻？你如何看待这些行为？

你为你刚才在活动中的表现打几分？为什么？

【So What】

对于你来说，参与活动最重要的目标是什么？

根据这个活动的目标，团队需要在哪些方面付出努力才能成功？

我们是否可以做得更好，我们还需要在哪些方面进一步完善？

【Now What】

刚才团队成员的表现和真实生活中的表现一致吗？具体说明一下。

你觉得活动中的表现和真实生活中的表现有差异吗？在哪些方面有差异呢？

我们在活动中是扮演自己擅长的角色吗？在工作中呢？

团队成功需要每个人的贡献，通过今天的活动，你会在未来有什么新的行动吗？

17．以"信任"议题为例

【What】

在刚才的活动中，信任在什么时候是必需的？

活动中的哪些行为，你认为是彼此信任的举动？

你能够感受到团队成员之间的信任吗？那是一种什么感觉？

【So What】

哪些行为能够帮助提升团队信任度？

哪些行为有可能破坏团队信任度？

我们曾经有过破坏与别人之间信任关系的事情吗？可举例说明一下吗？那之后结果怎样？

【Now What】

活动中的信任和生活中的信任建立的基础有哪些不同之处？

刚才团队在活动中所表现出来的信任度和真实工作中一致吗？如果有不同，请具体说明一下。

在不同信任度的环境中，你的行为会有不同吗？

刚才在活动中建立信任的技巧对真实生活是否有帮助？哪些行为是可以借鉴的？

最近一次你破坏团队信任的行为是什么？

18．以"团队合作"议题为例

【What】

请大家分享两个活动中团队合作的实例。

在刚才的活动中，我们曾有过破坏团队合作的行为吗？

就团队成员彼此合作的情况给予评价，你会给多少分？

对活动中团队合作的水平，大家是否满意？请说出你的理由。

【So What】

哪些行为你感觉大家是在合作，你对此的感觉是什么？

团队合作过程中需要注意哪些问题，才能够使团队合作进一步推进下去？

我们需要团队合作才能完成任务，我们是怎样展开团队合作的？

【Now What】

在后续的活动中，我们需要做些什么才能让我们团队合作的效果不断完善？

刚才你所看到的情况，和工作中的情况类似吗？如果没有的话，差异在哪里？

团队合作的问题经常在你身边的哪些情境中出现？它们是如何表现出来的？

你对后续活动中加强团队合作有什么建议？你愿意怎样做来提高团队的合作水平？

19. 以"对学习成效的总结"议题为例

【What】

请每个人用一句话来对这次学习经历进行一个总结。

请每个人将这次学习经历中印象最深刻的事件与大家做最后一次分享。

如果你要回去将这次学习经历和别人分享，你会怎么说？

哪一件事情能够让你铭记在心？

你能够观察到团队在哪些方面取得进步？

【So What】

你如何评价你在活动中的表现，哪些方面满意？哪些方面还可以做得更好？

从团队的角度来说，这次学习经历哪些方面对团队是重要的？为何重要？

从个人的角度来说，这次课程在哪些方面对你有所帮助？为什么？

【Now What】

在整个课程中，我们讨论到了不同活动的学习价值，我希望大家最后根据活动中的个人收获，向大家分享你会将哪些带回到真实的生活中。

对于这次活动经历，哪些是你能够受用终身的？

如果学习经历可以复制到生活中，你希望复制哪一部分？

第七章 体验式培训活动实例

第一节 认识活动

认识活动的目标在于为团队成员提供相互认识的机会。在培训开始阶段,团体处于形成期,利用趣味、亲和力的活动或游戏,让他们彼此熟悉(图7-1)。此阶段的顺利实施有助于团队雏形的形成,并有效推动其后续团队沟通与合作行为的产生。

图7-1 认识活动

活动一:名声飞扬

1. **活动人数** 14人左右。
2. **活动器材** 形状、颜色各样的球、布娃娃、玩偶等小物品,作为活动中的发声器。
3. **活动场地** 室内或室外场地皆可。
4. **活动时间** 20分钟左右。
5. **活动说明**

(1) 请所有成员围成一个圆圈,先请大家自我介绍,包括:你希望大家在培训期间怎么称呼你(如姓名、小名或昵称等),分享你家乡的一种小吃,分享最近让你最开心的一件事情。

(2) 当所有成员均介绍一遍后,引导员将事先准备好的"发声器"交给其中任意一位成员。

(3)拥有"发声器"的成员可将"发声器"丢给任意一位成员(之前自我介绍时没听清,或者想进一步了解),并说:某某,你好(必须确定对方知道有人在呼唤他)。而接到"发声器"的成员要回馈:谢谢,某某。以此类推,直至所有人皆传过一遍。

(4)引导员可根据团队的熟练程度逐步增加"发声器"的数量,让成员彼此间有更多的互动。

(5)引导员暂停活动,回收"发声器"。

(6)鼓励2位自愿者,让他们依次说一遍所有成员的名字。到第3位自愿者时,(为帮助大家记忆,请大家换一下位置)为了给他增加一些挑战,我们帮助"某某"洗个牌吧(提醒在场所有人打乱原先的位置)!

6. 活动变化

(1)自我介绍时可在名字前面加上自己的个性或是兴趣(如我是害羞的、狂野的等),增加成员间的认识。

(2)由引导员开始自我介绍,再将球传给下一位,下一位要先复述前面的,再介绍自己(如传到第四位时,要先讲前面三位的名字,再介绍自己),以此类推。

(3)围成的圆圈可以变换不同大小,增加成员不同的互动。

(4)如遇到团队成员间彼此比较熟悉,可以用不同的物品(身上的物品)代表不同的成员,围成圆圈后将东西抛出,然后每个成员接起别人的东西,同时要说出拥有该东西的成员名字。

7. 注意事项

(1)选择的"发声器"必须以柔软的东西为主,以免抛丢时击伤人。

(2)抛丢"发声器"时,要以抛物线的方式去操作。

(3)由于团队的音量总是会随着"发声器"的增加而增加,因此,在活动之前,要提醒大家,他们要丢"发声器"之前要先叫对方的名字,并确定对方也有看到才可以进行。

8. 引导反思

(1)确定彼此都知道对方的名字或称呼,有什么好处?

(2)为什么有些人的名字好记,有些则不然呢?

(3)当别人能够叫出你的名字时,你感觉如何?

(4)我们可以通过什么方式,让别人更容易记忆?

活动二:猜猜我是谁?

1. 活动人数 14人左右。

2. 活动器材 不透明的幕布一块(3 m×2 m)。

3. 活动场地 室内或室外场地皆可。

4. 活动时间 20分钟左右。

5. 活动说明

(1)(引导员)我需要一位高手帮我们的忙,拉住幕布的另一头。

(2)将团队成员随机分成两组,分别站于幕布两边,人数尽量均衡。

(3)首先全部蹲下,在我(引导员)将幕布放下前,双方必须先派代表蹲在幕布前,而幕布放下时双方代表必须站起来叫出对方名字!较慢的必须加入对方,成为对方阵营的人。直到一方人数多于对方5人为止。

6. 活动规则

（1）不能用外号、职称、昵称等。

（2）将准确性和时间作为判断输赢的标准。

（3）除了两位代表之外，在对决时其他人不可以提供帮助。

7. 活动变化

（1）可增加蹲在幕布前的人数。

（2）对于成员间较熟悉的团队，可以选择更有挑战性的方式，如两组各选出一个人蹲在幕布前，两个人皆拿出本方成员身上的任务物品（超越布幕）给对方那组猜，这是谁的东西？以先说出对面成员的名字为获胜，输的那个人就要到对方的阵营。

8. 注意事项

（1）团队成员要蹲在幕布前，避免踩到幕布跌倒。

（2）团队成员不可离操作幕布的人太近，以免发生撞击。

9. 引导反思

（1）如果继续这样下去，谁会赢？那谁会输？

（2）哪位成员的特点是最容易识别的？为何呢？

10. 备注

（1）在第二种活动方式中（活动变化（2）），新的活动规则挑战团队成员运用咨询、讨论的手段，而不是用眼睛去辨别，这对于团队来说，其意义在于你会想要他们正面地去描述每个人，适当提醒团队成员"全方位价值契约"中的要求——尊重团队中的每一个人。在一个团队中会有不同的性别、个性、身体能力或其他特征性差异，这个活动让团队成员之间的差异可以以正面的方式被看待。这个活动告诉我们，要说别人正面的事情。当我们用正面的角度去看待一个人时，我们就可以很自由地面对我们不同的性别、个性、职位等。

（2）提醒团队活动中不要太过于强调竞争，我们只是试着让大家认识其他人的名字和特点。活动中竞争的本质是使活动更加有趣，但请引导员也要做好心理准备，可能会有人挑战引导员的判决，例如，"我比她先喊名字的"，这时引导员若不能肯定判决是否公平，这个回合就不算。

活动三：姓名接力

1. **活动人数** 14人左右。
2. **活动器材** 秒表一块。
3. **活动场地** 室内或室外场地皆可。
4. **活动时间** 20分钟左右。
5. **活动说明**

（1）让团队围成一个圆圈，依次介绍自己的名字或希望团队成员如何称呼自己。

（2）邀请一位自愿者，问他想要这个接力往哪个方向进行（左或右，不可以同时两个方向）。

（3）活动从这个人说他的名字作为起始点，引导员同时开启秒表。

（4）只要志愿者一说完他的名字，下一个人（志愿者选的方向）就马上说他自己的名字。

（5）整个过程随着圆圈持续着，只要有人说了他自己的名字，在他旁边的人就要马上说出自己的名字。

(6) 当所有人完成后,引导员停止手中的秒表,并记录下时间。

(7) 当所有人完成后,看看团队是否认为他们能做得更快,假如他们可以,给他们5分钟去讨论,并关注团队如何改善以及为下一次的尝试作目标设定。

(8) 让他们尝试几次这个过程。

6. 活动变化 若想要增加难度,可以两个方向同时进行,从自愿者开始说出自己的名字后,他的左右两边的人都要姓名接力,计算最后传回自愿者的时间或比较哪边传回来比较快。

7. 引导反思

(1) 第一次尝试时大家是如何开始的?过程中有发生什么事吗?

(2) 在5分钟的讨论过程中有发生什么变化吗?如何发生?

(3) 你们如何决定你们的目标时间?大家都同意吗?

(4) 在整个过程中,哪个部分是最困难的?

(5) 如果还有再一次的尝试机会,你们会怎么做?

8. 备注 引导员总是会被问到什么是符合规则的?什么是在活动中不能做的?通常的问题包括:可以用绰号吗?假如他们是比我们原本的名字还要短,我们可以缩短我们的名字吗?如小明。当我说我的名字后,我可以拍一下下一个人吗?通常答案是:可以。因为以上想法是团队思考的结果。

活动四:神枪手

1. 活动人数 14人左右。

2. 活动器材 无。

3. 活动场地 室内或室外场地皆可,如果团队成员数较多,则需较大的空间,避免互相干扰。

4. 活动时间 20分钟左右。

5. 活动说明

(1) 将所有团队成员分成两组,分别代表"水果"和"蔬菜"(如有团队不愿意作"蔬菜",可请代表猜拳来决定)。

(2) 每位组员都代表各自团队中一个独一无二的品类。

(3) 花5分钟时间进行讨论,让他们决定各自希望代表的品类(如西瓜、榴莲、猕猴桃、南瓜、青椒等)。

(4) 从任意一队开始,由成员依次介绍自己是什么。交代完成后,必须双方确认无误。

(5) 每轮每方派出一名代表作为神枪手和对方进行决斗,决斗的方式就是在最短时间内叫出对方的名字(品类)。

6. 活动规则

(1) 采用3局2胜或5局3胜制;每局开始前有90秒讨论时间。

(2) 以准确性和反应时间来作为判断输赢的依据。

(3) 除了两位代表之外,在对决时其他人不可以提供任何形式的帮助。

7. 活动变化 如需要增加难度,可以减少讨论的次数,即第一轮开始后,紧接着第二轮。

8. 引导反思 同活动二。

活动五:名字舞

1. 活动人数 14人左右。

2. **活动器材** 无。
3. **活动场地** 室内或室外场地皆可。
4. **活动时间** 20分钟左右。
5. **活动说明**

(1) 让团队围成一个圆圈。

(2) 请每位团队成员想象一下如何将自己的名字以一个姿势来代表。

(3) 征求一位志愿者,请她(或他)开始介绍自己的名字和动作,然后其他人就一起跟着她来重复她的动作。

(4) 每做完一位成员的动作,就要重复之前伙伴的名字和动作。

(5) 完成一圈后,可征求是否有自愿者能记起所有人的名字和动作。

6. **活动变化**

(1) 增加姿势中的动作,如姓名中的每一个字代表一个动作。

(2) 由一位自愿者先开始做自己的动作,然后选择任意圆圈中的一位成员,叫她(或他)的名字时同时做动作,被叫到的那位成员就要先做一次自己的动作,再选择传给下一个成员,以此类推。

7. **注意事项** 若有团队成员做很大动作时,提醒彼此保持适当的距离,以免打到或撞伤。

第二节 热身活动

热身活动的目标在于帮助学习者之间,以及学习者与引导员之间打破人际隔阂,同时消除学习者对陌生环境的焦虑感。引导员往往通过热身活动来建立良好的团队学习氛围,营造轻松的沟通互动环境(图7-2)。此阶段的顺利实施,有助于团队凝聚力逐渐产生,并推动团队整体初步的形成。

图 7-2 热身活动

活动一:进化论

1. **活动人数**　30人左右为佳。
2. **活动器材**　无。
3. **活动场地**　室内或室外场地皆可,场地要空旷平整。
4. **活动时间**　15分钟左右。
5. **活动说明**

（1）情景塑造:英国有一个很有名的生物学家叫达尔文。他最著名的学说被称为"物种起源"。那么所有的物种都是从什么开始进化的呢？从蛋开始！然后蛋进化成鸡、鸡进化成原始人、原始人进化成咸蛋超人、咸蛋超人进化成圣人等。

（2）引导员介绍每个物种所代表的形象动作。

（3）每个人都从蛋开始,蛋跟蛋竞争,赢的进化成鸡,输的继续停留在蛋（最低级阶段）就可以了;鸡跟鸡竞争,赢的进化成原始人,输的变成蛋;以此类推。

6. **活动规则**　通过猜拳的方式来决定2个同物种间的竞争是进化还是退化。
7. **活动变化**　引导员可自行变换不同角色,如:种子—豆苗—小树—大树。
8. **注意事项**　在活动过程中,应特别小心团队成员间有可能发生的碰撞所出现的危险。

活动二:默契报数

1. **活动人数**　40人左右为佳。
2. **活动器材**　无。
3. **活动场地**　室内或室外场地皆可。
4. **活动时间**　20分钟左右。
5. **活动说明**

（1）请团队成员围成一个圆圈。并要求大家随意向圆心的方向靠拢,遇到同伴,绕开即可,当团队成员集中在一起时即可停止。

（2）当团队成员包围在一起,彼此间隙很小时,引导员提示暂停行动。

（3）请成员们闭上双眼（我们将进行一个活动,看看我们团队成员的默契如何！）。

（4）活动目标:请团队成员在没有讨论交流的前提下依次报数（时间的长短决定了默契程度）。

6. **活动规则**

（1）不能沟通、暗示或提醒。

（2）在引导员下令后开始报数,一个人只可以报数一次。

（3）从任意一个人开始都可以,若有人同时报数,则视为犯规,需重新开始,直至任务完成。

7. **活动变化**　请学员在不超过指定的范围内,随意走动,10秒后停止,闭上眼睛,引导员可以打乱顺序后再开始报数。

8. **引导反思**

（1）请问你们刚才有什么感觉？

（2）最后大家是如何完成此活动的?

（3）在这活动中,大家觉得什么最重要？

(4) 你们觉得在日常生活中,如何培养这项重要的能力呢?

活动三:猎人与鸽子

1. **活动人数** 14 人左右。
2. **活动器材** 根据人数,人手一个软的、可以丢的东西,如软球、橡皮球,或毛绒玩偶等。
3. **活动场地** 室内或室外场地皆可。
4. **活动时间** 20 分钟左右。
5. **活动说明**

(1) 情景塑造:有一个传言在猎人之中流传,打中鸽子最好的方法就是保持你的眼睛锁定一只,而且是你希望能得到的那一只。我们知道鸽子通常都是群体飞行,若是你专注在整个群体,很有可能最后一只也得不到,同样的想法也应该用在这个活动,所以,此活动的名字就称为猎人与鸽子。

(2) 让团队围成一圈。征求一位自愿者到圆圈的中间,这个人就变成猎人。

(3) 给圆圈的每一个人软的东西,这些东西就代表"鸽子"。

(4) 猎人数:"1,2,3,丢"。然后其他人就将他们的鸽子面对猎人的方向抛向空中。猎人就要尽可能地抓到鸽子。

(5) 给每个团队成员轮流站在中间的机会。

6. **活动变化**

(1) 可增加圈内的猎人数量。

(2) 可以变化鸽子的形状和个数。

(3) 改变圆圈的大小。

7. **注意事项**

(1) 注意抛丢物品时的力度和高度,不能直接用"鸽子"砸猎人,应该以抛物线的弧度将物品丢向猎人上方的空间。

(2) 可能造成伤害的投掷物是绝对不能使用的,如坚硬的东西、含金属或硬物的玩具娃娃等。

活动四:Ah-So-Go

1. **活动人数** 14 人左右。
2. **活动器材** 无。
3. **活动场地** 室内或室外场地皆可。
4. **活动时间** 20 分钟左右。
5. **活动说明**

(1) 邀请大家围坐成一个圆圈,彼此之间能够看到。

(2) 游戏期间有三个口号,需要大家记住:"阿(Ah)"、"瘦(So)"、"狗(Go)"。每个口号都配有相应的动作:当喊出"阿(Ah)"的时候,左右手都可以放在胸前,五指并拢,指向你左右两边伙伴;被指到的成员就要说"瘦(So)",动作也是左右手都可以用,但高举过头(像是孙悟空看远方那样),指向你左右两边的成员;被"瘦(So)"指到的人,接着就要做"狗(Go)"的动作,即双掌合并,直伸出去,用指尖指向圆圈内任意成员。

(3) 动作与口号是一个循环。如果有成员不专心或是动作较慢,处罚就是从他开始,重新来过,或者直接被淘汰出局(如团队成员很多时,分成若干小组,进行淘汰赛)。

6. 活动变化

(1) 可以通过改变一些步骤使活动变得较困难,即增加一个新的动作。在说出"阿(Ah)"的那个人指向某人后,被指到的那个人可以选择做"瘦(So)"或举起手像超人挡子弹的姿势大喊"No",这就传回到刚刚做"阿(Ah)"那个成员身上,他就要继续开始做"阿(Ah)"。

(2) 另一个改变是,最后一句不是喊"狗(Go)",而是喊下一个要指的人的名字(假如有某个人指着你说"瘦(So)",那你便指向圆圈中的某个人,喊出他的名字)。这是一个很好的方法,帮助团队成员对彼此的名字有了更生动的记忆。

活动五:雪花片片(图 7-3)

1. **活动人数** 14 人左右。
2. **活动器材** 每人一张 A4 大小的空白纸(需要薄一点的纸以方便撕开)。
3. **活动场地** 室内或室外场地皆可。
4. **活动时间** 20 分钟左右。

图 7-3 雪花片片活动

5. 活动说明

(1) 情景塑造:我们当中有多少人曾经有过这样的经验,当领导者给予指令后,即有着与预期完全不同的反应或结果出现,或者是曾经接受来自他人的指令,在以为完全了解之后,后来却发现两人对当时所说的理解有所出入(这项活动可以聚焦有效沟通和领导的议题)。

(2) 发给每个成员一张 A4 大小的空白纸张,告诉团队成员接下来我们要利用手中的这张纸做个活动。

(3) 请大家听从我(引导员)的指令来折这张纸,折纸的过程中,若团队成员有任何问题可以随时发问。

(4) 要求所有团队成员闭上眼睛后,依次做下列的动作:①沿着较长边将纸对折,然后在右下角撕下一个正方形,你可以将撕下来的纸先放在口袋里;②再将纸对折,自右角撕下一个三角形;③最后,再将纸对折,在右下角撕下一个半圆形。

(5) 在大家睁开眼睛之前,以拇指向上或向下来表示,询问每个人感觉自己是否成功地按照步骤完成指令。

(6) 确认团队都完成上述动作后,要求大家将纸打开成为最初的大小。

(7) 请大家维持拇指向上或向下的姿势,同时睁开眼睛看看折出来的结果。

6. 引导讨论

(1) 当你们看四周其他人的作品时,你们观察到什么?

(2) 是什么因素导致你们有相同或不同的结果?

(3) 你们觉得你们已经了解领导者的指令了吗?如果没有,你们有采取任何行动吗?

(4) 身为领导者,你们可以从这个活动学习什么样的经验?

(5) 我们应该从这个活动学习到什么?

(6) 从这个活动的学习经验,你们要如何改变,以在未来能达到更成功、更清楚的沟通及了解?

7. 备注

(1) 当结果呈现时,由于结果和预期反差较大,团队成员会将造成这一结果的原因归咎于引导员的指令不够明确,表述不够清晰。如果有类似的情况发生,引导员首先要承认,自己给予的指令或许有模糊不清,然后引导团队成员思考:为什么会有这样的情形发生呢?并和团队成员一起讨论原因。此时,切记不要只想为自己辩白,而是要扮演接受者的角色,毕竟这个结果的呈现是引导员有意而为。

(2) 这个活动的重点是要突显:每个人都是具有差异化的个体,他们的价值观、解读事情的方式各不相同。不能说谁的结果比谁好,在这个活动中,没有谁的结果是较好或不好的。

(3) 总结时可深入讨论:①每个人的差异性导致结果的不同,在某些情况下,差异性是一股力量;②更清晰、更明确的指令就会发生更好、更一致的结果,虽然有时候提供更多、更复杂的咨询也有可能导致困惑不清的结果。

活动六:曾经拥有

1. **活动人数** 14 人左右。

2. **活动器材** 任何可以用来做标记的物品,如拼图、扑克牌及 A4 白纸等,数量和活动人数相等即可。

3. **活动场地** 室内或室外场地皆可,能够满足团队成员的移动。

4. **活动时间** 20 分钟左右。

5. **活动说明**

(1) 请团队成员围成圆圈,并在自己所在的位置上放置标志物(或者由参与者将自己随身的物品作为标志物,如帽子或水瓶)。

(2) 当所有团队成员都做好标记后,引导员进入圆圈(如此一来,就会出现比总人数少一个标记点)。

(3) 情景塑造:请大家回忆一下,有没有做过什么让自己觉得引以为傲的事,如蹦极、登山、滑雪等。而你所在的团队中可能有谁有过类似的经验。在"曾经拥有"这个活动中,你们将有机会和同伴分享关于你的难忘经历。同时,可以了解其他同伴是否和你也有相同的经历。

（4）引导员邀请一位自愿者来到圆圈中央,他需要以:"我曾经有过……?"为问句的开端,其他团队成员就回应他:"有过什么?"然后,站在中间的成员开始分享自己曾经有过的经验。如:"我曾经玩过蹦极!"

（5）如果有这样经验的团队成员,就必须与其他有相同经验的成员换位置。

（6）当成员中没有人有相同的经验时,该成员就可以当做是一次愉快的分享,然后再提供下一个经验分享。

（7）如果有成员没有抢到位置,就换他站到圆圈中央,并开始问下一个问题。本活动的乐趣就是在团队成员在圈中彼此追、抢占据点时发生。

6. 活动变化

（1）当活动进行几次后(5分钟),可以稍微增加难度,如:要求不能跟自己旁边的人换位置,或与间隔两个人以上的人才能换位置。

（2）另外,可以增加站在圆圈中的人数,请他们讨论一个共同拥有的经验,再请其中一位发问。

（3）再进行几次后,可以将问句换成"我将会……",让大家叙述一下自己想做的事或想实现的梦想。

（4）可以根据培训需求来制作符合该团队培训目标的问题框架,协助团队成员明确问题的方向。

7. 注意事项　本活动的重点是希望团队成员通过轻松、有趣的方式找出彼此的共同点,加快团队内部人际关系的建立。因此,所提问题不会给任何人带来身心的不适。下列问题可以用来作为参考。

你是否曾经……

"看电影时中途离场？什么电影？"

"得到过哪位明星的签名？"

"曾经是否骨折？为何？"

"登过最高的山有多高？"

"到过哪些不同的国家？"

"见过活生生的大蟒蛇或其他危险的蛇吗？"

"上过电视吗？"

"听过热门演唱会吗？在哪里？什么乐团？"

8. 引导讨论

（1）在刚刚的活动过程中,让你们印象最深刻的是什么？为什么？

（2）在刚刚提到的经验中,有没有对哪一个回忆特别有感触或是有特别的回忆可以跟我们分享的呢？是否和前面这位成员有相同感想和经验呢？

第三节　沟 通 活 动

沟通活动的目的在于提高团队沟通效果和克服沟通障碍(图7-4)。引导员所选择的活动被用来审视当下团队整体的沟通效率。此阶段的有效实施,有助于团队成员了解彼此间的沟通方式、沟通风格,以及常见的沟通障碍,以形成团队特定的沟通渠道和方式,并推动团队在面对困境时产生团队内部良好的沟通氛围。

图 7-4　沟通活动

活动一:21 点(图 7-5)

1. **活动人数**　20 人左右为佳。
2. **活动器材**　扑克牌。
3. **活动场地**　室内或室外场地皆可。
4. **活动时间**　60 分钟左右。

图 7-5　21 点活动

5. **活动说明**
(1) 邀请大家围成一个圆圈。

(2) 情景塑造:扑克牌是大家非常熟悉的游戏,今天我们一起尝试一种另外的玩法(可以让大家先描述一下自己所知道的玩法)。

(3) 每位团队成员将从引导员手中抽一张扑克牌,在活动开始之前,请大家务必保护你手中的牌不被任何人看见(包括本人)。

(4) 活动目标:通过加减乘除的计算方式,和团队其他成员组合21点。一旦完成,立即坐下,直到所有的人都坐下,才算任务完成。

6. 活动规则

(1) 根据牌面上的点数来计算,J、Q、K 均按 10 计数,A 按 1 或 11 计算,其余不变。

(2) 活动一共有四次机会,最好的一次成绩代表该团队的最终成绩。

(3) 活动开始前不能偷看牌。

7. 注意事项

(1) 在活动刚开始的时候,由于团队成员未对目标完全明确,无法形成内部的共识,因此忙于和身边的个别人进行沟通和交流,希望最快完成任务。但当团队成员发现自己完成任务并不代表团队任务完成时,团队成员开始出现沟通与目标达成的谈论。

(2) 如果团队成员迟迟无法形成对目标的共识,引导员可以适当介入,以协助团队成员明确目标。

8. 引导反思

(1) 完成任务的过程让你想到了什么?

(2) 用时最长的那次挑战发生了什么?

(3) 最快的方法是如何产生的?

(4) 有无更快的可能?

(5) 我们到底需要几个21点?

活动二:步步为营

1. 活动人数　14 人左右。

2. 活动器材　泡沫拼版15片左右、两条扁带或绳子(标定起点和终点使用)、彩色笔和便笺纸。

3. 活动场地　室内或室外场地皆可。

4. 活动时间　30 分钟左右。

5. 活动说明

(1) 活动开始前,用扁带标示出约 15 m 长的距离。

(2) 每位团队成员一块泡沫拼版。

(3) 引导员先让团队成员共同思考:使团队表现更好的策略或增进团队凝聚力的方法有哪些?请他们将这些想法写在便签纸上,并贴在泡沫拼板上。

(4) 请团队成员分享他们写在便签上的想法。

(5) 情景导入:想象一下,这些拼图上所写的代表着团队如何达到成功的关键,而大家所在起点的另一头(终点)代表着团队接下来必须完成的计划或阶段性目标。在起点与终点之间潜藏着许多破坏团队良好合作的诸多障碍。你们挑战的任务就是在所有人身体不触碰到地面的情况下,团队成员一起安全地到达终点。若想要成功地完成这项任务,团队必须将这些拼图作为重要的工具。

（6）当然正如生命中的每件事一样，总是会有一些限制存在。在整个活动期间，团队成员不可直接触碰到地面，一旦有人触碰，不仅是该成员必须回到原点，整个团队也要一起回到原点（取决于引导员所设定的难度）。

（7）在活动过程中，拼板必须始终与人体有所接触，只要拼图一离开人身体的任何一部位，拼板就在活动里丧失作用，团队就会失去这项资源（引导员就要没收拼板）。

6. 活动变化

（1）可以减少拼板的数量，以增进难度和激励团队思考，如何运用更有限的资源完成任务。

（2）或是缩短起点与终点之间的距离，提供更多拼图，让团队更容易成功。

（3）可在团队行进的过程中适当增加障碍物，让团队穿越或是跨越，但必须要求不能触碰到那些障碍物，否则必须重新开始。

（4）若是带领较大规模的团队，引导员可以将团队分成 2~4 个小组，将各组安置于以圆点为中心的各个角落或是正方形的四条边上，让他们彼此穿越到对方的边界，同时引导员还可以决定是否让团队共同分享彼此的资源（拼板），如此一来更能彰显团队合作与良性竞争的主题。

7. 注意事项

（1）尽量避免在光滑的地面上进行此活动，以防发生滑倒的危险。

（2）小心团队成员有脚踝扭伤的情况发生。

（3）引导员要注意团队是否按照规则使用拼板，只要有任何一块拼板没有接触到人体，引导员必须直接没收。

8. 引导反思

（1）在整个活动过程中，大家看到什么？听到什么？

（2）请问在过程中，你们是用什么方式达到成功的？怎么会想到这样的方法呢？

（3）我们写在拼板上的诸多意见中，我们在活动中运用到哪些成功的要素呢？还有哪些是刚刚没有运用到的呢？

（4）当你们的某项资源消失后，你们改变了先前所讨论的计划吗？

（5）你们觉得我们能如何改善或者调整，而不让达到成功要素的资源消失？

（6）你们觉得在这个活动过程中，我们团队还有哪些成功的要素没有被提及呢？

活动三：星际之门（图 7-6）

1. **活动人数** 14 人左右。
2. **活动器材** 呼啦圈一个、秒表。
3. **活动场地** 室内或室外场地皆可。
4. **活动时间** 30 分钟左右。
5. **活动说明**

（1）邀请团队成员手牵手，围成一个圆圈。

（2）情景塑造：团队必须通过这个门（呼啦圈），才能得到知识与技能的提升，而要增加知识与技能必须通过专注与辛勤的工作，通往成功的路并不是永远都是一帆风顺，若遇到困难与障碍时，团队成员应该相互帮助，共同努力，直到大家都满意为止。同时，团队内部也应该不断检视自己的表现，对于任何错误要勇于改变。

图 7-6 星际之门活动

(3) 选择团队中相邻的两个人拿呼啦圈,两人各用一手拿着呼啦圈,每回合的活动过程中这两个人是不能更换的。

(4) 这个活动的目标就是在不碰触到呼啦圈的情况下,整个团队必须手牵手穿过呼啦圈,包括拿呼啦圈的两个人。在活动过程中,所有人的手都不能放开。

6. 活动规则

(1) 除了手拿呼啦圈的两个人以外,其他人在任何时间都不能碰触到呼啦圈,一旦有人碰触到呼啦圈,整个团队就必须重来。

(2) 拿呼啦圈的两个人,在穿越呼啦圈时,除了拿呼啦圈的手以外,身体其他部位碰触到呼啦圈仍算是犯规,必须重来。

7. 活动变化

(1) 当团队成功达成目标后,可让团队尝试更小的呼啦圈,挑战更高的难度。

(2) 在活动开始前,可让团队设定目标时间,通过和时间的竞争,提高团队合作的效率。

(3) 可让几个团队成员戴上眼罩进行活动,增加活动的挑战性。

8. 注意事项

(1) 在询问团队有无问题后,就可以让团队开始进行活动。

(2) 在活动过程中,检视团队是否有碰触犯规,可先让团队自我检视碰触犯规,必要时再介入指出犯规情况,请团队重新开始。

(3) 当团队一直重复地碰触犯规并且重来,引导员可以先让团队暂停活动,给团队一些时间讨论策略,再重新开始。

(4) 某些团队能在很短的时间内达成共识,很快地完成任务,也有团队觉得这项挑战很难,两者之间会有些差距。所以,在时间掌握上要特别注意,这项活动有可能早早完成,也有可能会玩到超过预计的时间。

9. 引导反思

(1) 你们是如何通过这个成功之门的?过程中有发生什么事吗?

(2) 你们通过成功之门的方法是什么?是否大家都同意?每个人的意见都有被听见,而且有得到适当的回应吗?

(3) 在整个活动过程中有领导者的出现吗?都是同一个人吗?这些领导者是如何去领导其他人的?

(4) 什么因素让团队能够达到成功?如果有下一次的机会,我们可以在哪些问题上得到改进?

（5）在整个活动过程中，你们觉得最困难的部分在哪里？你们如何去克服它？在日常生活中，有类似的情况发生吗？

（6）有没有人看到其他碰触犯规的情形？犯规时，团队都承认犯规吗？如果没有，那是为什么？如果有，团队是如何看待犯规的那个团队成员的呢？

10. 备注 活动中经常发生的情况是，团队自己并不会主动地指出自己的犯规，如果引导员在培训课程早期就安排了这个活动，那么可能就需要介入，并指出犯规的情形，或者你可以观察团队是否有自动、自发地指出碰触犯规的情形，如果他们没有，你可以在指出团队碰触犯规一次后，提醒团队之后检视是否犯规的情况是团队自己的责任，如果团队还是视而不见地回避指出碰触犯规，那么引导员可能就要在引导反思环节中将这样的情形提出来。

活动四：牵手结（图7-7）

1. 活动人数 14人左右。

2. 活动器材 无。

3. 活动场地 室内或室外场地皆可。

4. 活动时间 30分钟左右。

图7-7 牵手结活动

5. 活动说明

（1）请团队成员围成一个圆圈，尽可能减小彼此之间的间隙。

（2）请所有团队成员将他们的左手放到圆圈的中间，然后，让每个人去握住圆圈中对面某个团队成员的左手。

（3）接下来，再请所有团队成员的右手放到圆圈中央，然后，让每个人去握住圆圈中对面某个团队成员的右手，要确定没有人是抓到同一个人的左右手。

（4）这个活动的目标是在所有人不放手的情况下，一起解开这个牵手结，所以，当他们完成后，他们应该是要在一个大圆圈中。

6. 活动变化 当团队的人数过多或是整个团队停滞不前时，全部成员都已经挤在一起，这时引导员可视团队状况，给予团队一些协助或支持，如提供团队几条绳子，作为手的延长，帮助团队能更看清楚活动状况以及有更大的空间。

7. 注意事项

（1）一次只能有一个人移动,如有人的手已经被扭转或拉太紧,让他先放开另一个人的手,调整他自己的手在一个比较舒服的姿势,然后再将手牵起来。提醒团队小心他们的背部、手肘部和腰部。

（2）这个活动如果是超过 15 个人的团队,而没有让团队成员放开手,他们就很难解开,但少于 8 个人时,就比较容易完成了。

8. 引导反思

（1）一开始当你们看到团队所打的结时,你们的感受如何?

（2）你们觉得结是容易打开的吗?你们如何让结打开的?

（3）在解开结的过程中,你们有领导者的出现吗?

（4）你们觉得这个乱七八糟的结与你日常生活中的什么东西相似吗?

9. 备注 根据团队成员一开始手的连结情况,就可以判断出他们在最后是否能够形成一个圆圈。有时候当牵手结解开的时候不止是一个圆圈,有可能依旧还是结。如果团队已经操作很久的时间,而且他们已经很努力地去尝试,引导员应该适时介入,让团队中的两个人放开手,快速调整好适当的位置后,再牵上继续活动。

活动五:齐眉棍(图 7-8)

1. **活动人数** 14 人左右。
2. **活动器材** 一根重量轻的长杆(直径 2 cm 的 PVC 管,或大号呼啦圈),长度依人数而定。
3. **活动场地** 室内或室外场地皆可。
4. **活动时间** 30 分钟左右。

图 7-8 齐眉棍活动

5. **活动说明**

（1）让所有团队成员站着面对面排成两排,请每位成员伸出双手的食指,置于胸前并指向对方。

（2）引导员将齐眉棍放在两排团队成员的食指上,使每位团队成员的食指都拖住齐眉棍。

（3）活动目标:所有人同心协力将齐眉棍放到地上。

6. **活动规则** 只能用食指拖住齐眉棍,不能用手指压它或勾它,如果在活动过程中,有任何一位成员的食指离开齐眉棍,则活动必须重新开始。

7. 活动变化

（1）可以先允许团队讨论，讨论完毕后再开始活动时，就不能有人说话，增加活动的挑战性。

（2）活动器材可用大号呼啦圈代替，这个方式可以让整个团队看见彼此的动作，增加成员间的互动与沟通。

8. 注意事项

（1）若团队一直重新开始，引导者就可以暂停活动，给团队一些时间讨论计划。

（2）当引导员看到某成员食指离开齐眉棍，而要求团队重新开始时，不需要明确地指出是哪位成员，只要告诉团队中有人食指离开，必须重来。

9. 引导反思

（1）在整个过程中，发生了什么事？你们听到什么声音？

（2）一开始听到这个任务真正去执行后，你们的感觉有何变化？

（3）你们是如何沟通并讨论出最好的计划？

（4）你们觉得在这个活动中最需要发挥团队的什么优点？

（5）你们觉得一个人的努力足够吗？为什么？

（6）你们认为这个齐眉棍有像生活中的什么东西吗？

活动六：盲屋(图 7-9)

1. **活动人数**　14 人左右。
2. **活动器材**　30 m 长的拉旗绳、眼罩。
3. **活动场地**　室内或室外较宽敞场地皆可。
4. **活动时间**　40 分钟左右。

图 7-9　盲屋活动

5. **活动说明**

（1）情境塑造：在工作中你们是否曾经有过这样的感觉？在面对一个问题时，自己并不能看到整个局面,就好像是被遮盖住了视线。在谈论计划的时候你们都想得很清楚,但在开始完成任务的过程中,你们却是看不见的。

(2) 活动的目标:所有成员蒙上眼睛,将这条绳子围成一个正方形。

(3) 让团队自行设定目标时间,总共需要多久来完成这项活动,在这段时间内,他们可以自由决定讨论的时间。

(4) 讨论完成后,在开始活动之前,所有的团队成员都必须用眼罩蒙住眼睛,要尽可能地在最短时间内围好正方形。

(5) 当整个团队觉得已经完成任务,就把团队最后塑造成的形状放在地上,一旦绳子被放在地上,团队就可以拿掉他们的眼罩,让团队看看他们所塑造出来的形状。

6. 活动规则 所有团队成员都必须随时碰触到绳子,一旦他们拿到绳子就不能双手放掉或是把它再抓回来,然而他们可以在绳子上滑动他们的手做调整或是一次放松一双手。

7. 活动变化

(1) 比较容易的方式是允许一位团队成员看得到,然后他指挥其他蒙眼的成员。

(2) 可以让团队塑造其他形状,这些形状都会比正方形还要困难。

(3) 为了增加看不见的效果,可以让团队一开始就蒙眼,通常当眼睛看不见时,讨论的对话就会比较困难,因为比较难整合团队和管理对话的效率。

(4) 团队在讨论过程中可以用到绳子,一旦他们决定开始活动时,可以在整个团队蒙眼后,才将绳子放置在某处,让团队在塑造形状前,要先找出绳子的所在(不能放太远也不能藏起来),此时就要更注意每个团队成员的移动方向。

8. 注意事项

(1) 提醒团队成员,一旦蒙眼后,双手就要放在胸前,做好缓冲的姿势。

(2) 事先移走危险的障碍物,或是在团队成员接近任何危险时,先制止他们。

(3) 当有团队成员觉得戴眼罩不舒服,他们可以拿掉眼罩,安静地走出来,然后观察活动的进行。

(4) 这个活动通常实际操作会比看起来或感觉来得困难许多,所以引导员需要时间上的限制,以确保团队成员不会在蒙眼太久后觉得很受挫折。

9. 引导反思

(1) 在整个完成任务的过程中,发生了什么事?

(2) 团队计划的过程是如何有效进行的?每个人都对如何解决任务有清楚的了解吗?

(3) 你们是否有效地执行计划?如果有,是如何执行的?如果没有,是为什么?

(4) 你们如何去克服看不见任务的困难?

(5) 当实际执行的任务不如预期计划的进行,团队做了什么应变?

(6) 在刚才活动过程中,你们知道身为团队的一份子,你们所扮演的角色与赋予的责任是什么吗?

(7) 从这个活动中,你们所得到的学习经验可以如何落实在实际生活中?

活动七:疯狂气球(图7-10)

1. 活动人数 14人左右。

2. 活动器材 很多充气的气球、秒表、整理箱。

3. 活动场地 宽敞的场地,室内或室外场地皆可。

图 7-10　疯狂气球活动

4. 活动时间　40 分钟左右。

5. 活动说明

（1）给团队每人一个充气的气球（也可以让团队成员自己将气球吹气，越大越好）。

（2）活动目标：团队成员将他们手中所有的气球拍打到空中，从这一刻起，整个团队要保持让所有的气球在空中，可借着他们的手或头去拍打（不能用脚）。

（3）因为这是团队活动，团队成员不需要一定拍打他们自己的气球，他们可以让自己的气球跑到别的地方，然后拍打别人的。所有团队成员需要做的就是持续地拍球，保持它们不掉到地上。

（4）由团队成员来决定目标数量是多少，当达到目标后，视情况而定是否再继续挑战更高的难度。

6. 活动规则

（1）每 15 秒引导员就会丢一个新的气球加入活动中，团队依然必须保持所有的气球都在空中。

（2）当有气球掉在地上，团队就必须重来，从每一颗气球重新开始拍打。

（3）可以在每一个回合之间，给团队一些讨论的时间，让他们为下一次的尝试讨论新的策略。

7. 活动变化　可让团队在开始拍打气球后就不能说话，让团队体验不一样的活动方式，这时候原本吵闹的疯狂气球就会展现另一种风貌。

8. 注意事项

（1）提醒团队成员只能使用手和头去拍打气球，用脚踢会对团队其他成员造成危险。

（2）要确定是在一个安全的区域操作活动，没有任何东西会让团队成员绊倒或撞到。通常团队成员只会专心看着气球，所以，他们可能不会注意到其他会使他们撞到或绊倒的东西。

9. 引导反思

（1）你一个人拍打气球的感觉如何？

（2）当多了一个气球加入进来时，团队是如何处理这个情况的？

（3）整个活动过程中，你们觉得最困难的地方是哪里？你们又是如何克服的？

(4)你们是如何保持那么多气球在空中而不掉下来的?
(5)这些气球有像是你们生活中的什么东西吗?你们是如何看待它的?

活动八:赏鲸船(图7-11)

1. **活动人数**　14人左右。
2. **活动器材**　平衡板、秒表、整理箱。
3. **活动场地**　宽敞的场地,室内或室外场地皆可。
4. **活动时间**　40分钟左右。

图7-11　赏鲸船活动

5. **活动说明**

(1)情景塑造:在很久以前有一群富家子弟,他们家里都非常非常的有钱,他们不用担心工作和挣钱,几个人每天聚在一起吃喝玩乐。一段时间后,他们把当地所有好吃的、好玩的统统都吃完了,玩腻了。然后他们就想找一些新鲜的、刺激的、好玩的东西玩,但他们一直没有找到。突然有一天他们当中有一个人得到一个消息,说在太平洋的某个海域上出现了一群很大的鲸鱼,他们都没有见过鲸鱼长成什么样子。于是,他们决定造一艘船到太平洋去观赏鲸鱼。船造好之后,他们就驾着这艘船驶向太平洋观赏鲸鱼,经过几天几夜他们终于到达了鲸鱼出没的地方。他们等待了好久终于见到了鲸鱼,他们非常兴奋。但是鲸鱼从来没见过人类,它们就围绕着船来回地游动,富家子弟也跟着鲸鱼来回跑动,于是船就发生倾斜与摇晃。

(2)活动目标:任务一:所有人员到平衡板后,维持平衡唱一首歌,直到参与者安全落地则为成功。任务二:团队成员依次登上平衡板直到所有人全部上完,整个过程中平衡板保持平衡,一旦触地则重新开始。

6. **活动规则**

(1)必须从平衡板的中心位置上下。
(2)每次只能上下一人。
(3)参与者站在平衡板的两边离平衡板60 cm以外处。
(4)歌声整齐一致。

7. **注意事项**

(1)检查平衡板周围的情况,如果是在树下面要特别注意树上的枯枝掉落。
(2)检查平衡板本身是否有安全隐患。
(3)参与者不能站在平衡板的两端,防止压住脚。
(4)上下平衡板时不能跳,每次只能有一个人上下。
(5)不能蹲在平衡板上。

(6)注意调查学员身体情况。
8. 引导反思
(1)活动中让你感觉最困难的是什么?在平衡板上无法控制自己的感觉怎样?
(2)为何活动中出现了混乱的局面?团队是如何解决这一问题的?
(3)在活动中的沟通效果如何?影响的因素是什么?工作中也有类似的干扰吗?
(4)如果可以的话,怎么才能让活动更加顺畅?
(5)你觉得活动中给你带来的启示有哪些?

第四节　合 作 活 动

　　合作活动的目标在于通过一系列活动让团队成员审视彼此之间的关联程度与互动关系,以此提供团队成员建立共识的机会(图 7-12)。在活动中团队内部面对困境时的分工与决策、计划与组织等领导与被领导的关系,团队内部的分工合作逐渐明确,解决问题的能力得以提升。随着团队内部共识的逐渐形成,团队实现了向高绩效的阶段发展。

图 7-12　合作活动

活动一:七巧板(图 7-13)

1. **活动人数**　14~21 人。
2. **活动器材**　每人一个坐垫或椅子、5 套不同颜色的七巧板、任务书、拼图、记分表。
3. **活动场地布局**　每组之间距离 1.5 m,7 个组分别为正六边形的 6 个顶点和 1 个中心点,如图 7-14 所示。
4. **活动任务书**

任务书——第 1、3、5 组

(1)用 5 种不同颜色的板拼出拼图 1~拼图 6,每个 10 分。

图 7-13　七巧板活动

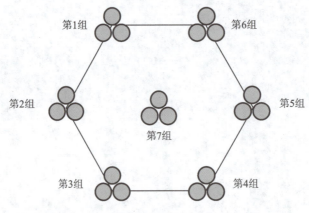

图 7-14　活动场地布局

（2）用同种颜色的板拼出拼图 7,20 分。

（3）用七块板拼成一个长方形,得分 30 分。

任务书——第 2、4、6 组

（1）用同种颜色的板拼出拼图 1～拼图 6,每个 10 分。

（2）用 5 种不同颜色的板拼出拼图 7,20 分。

（3）用七块板拼成一个长方形,得分 30 分。

任务书——第 7 组

（1）领导其他 6 个组完成各自任务,总分要求达到 1000 分。

（2）指挥其他 5 个组,用同色七块板组成 5 个正方形,每个得分 60 分（各小组得 40 分,本组得 20 分）。

（3）本组得分为各小组总得分的 10%。

5. 活动场地　室内或室外场地皆可。

6. 活动时间　90 分钟。

7. 活动说明

（1）先把团队成员随机分为 7 个组。

（2）根据事先布置好的编号，让 7 个组的成员分别坐到自己的区域。

（3）活动目标：团队需要完成的任务已经写在任务书上。团队必须在规定的时间内（40 分钟）完成才算成功（当然时间越短，越能显示出团队的优秀）。

（4）把所有的 35 块七巧板随机发给 7 个组，每组 5 块（或任意数量）。

（5）提醒大家在使用七巧板时需注意安全，只能手递手传递，严禁抛扔。

（6）然后，将拼图 1 至拼图 7 按顺序发给 7 个组；最后将任务书一至七按顺序发给 7 个组。

（7）向所有人宣布活动开始。

8. 活动规则　每个人所坐的位置是不可以移动的，在活动进行过程中，所有人的身体不得离开座位。

9. 注意事项

（1）每个图形被组成后，引导员需要确认图形正确与否，符合要求的在记分表上记分。

（2）强调七巧板不允许抛、丢、抢，以免误伤他人。

10. 活动变化　允许移动。

11. 引导讨论

（1）在整个过程中，发生了什么事？你们听到的什么声音是让你印象最深刻的？

（2）听到任务后你们是怎样去执行的？

（3）完成目标过程中最大的障碍是什么，团队是如何克服的？

（4）如果还可以再来一次，要想做得更好，我们需要对目前的状况做出怎样的调整？

（5）活动中的经验是否也曾经在工作中出现过，是什么？

（6）如果让你从活动中得到一些启示，哪些经验会对你的工作带来帮助？

活动二：合作连结（图 7-15）

1. 活动人数　30～40 人。

2. 活动器材

（1）4 个不同颜色的塑料桶或筐。

图 7-15　合作连结活动

(2) 30 m 左右长绳 1 条,围成边长为 7 m 左右的正方形区域。

(3) 4 种不同颜色的泡棉球,每种颜色各 20 个,球需软的,弹性不要太大。

(4) 白板和马克笔、整理箱。

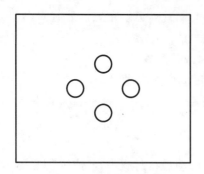

图 7-16　活动场地布局

3．**活动场地**　室内或室外场地皆可。由长绳所围绕的正方形,边长为 6~8 m;塑料桶放置于距正方形四条边 2 m 的中间区域;将 4 种颜色的泡棉球放置于对应颜色的桶内(图 7-16)。

4．**活动时间**　90 分钟左右。

5．**活动说明**

(1) 将团队成员随机分成四组,人员尽可能平均。

(2) 请四组成员随意站在正方形的四条边线后。

(3) 请各组为自己起一个响亮、有魄力,感觉上最能夺冠的队名。

(4) 活动目标:在 60 秒时间内,将球投入四个桶中,以获得更多的分数,不同颜色的球代表各个不同小组的球,每轮结束后会累计成一个总分,代表当轮成绩,所以各组成绩很重要。最后,我们要在 5 个回合里找到一个最高总分来代表我们的最终成绩(总共有 5 个回合,每一回合结束,我们会登记各组成绩,当场表扬前几名)。

6．**活动规则**

(1) 球至少落地一次,进桶才算分,直接进的不算。

(2) 球投进不同颜色的桶子有不同的分数——5 分、10 分、15 分、30 分(代表社会资源分配不均),每种颜色的球有二十颗。

(3) 第一轮每组派一个捡球队员;第二轮每组增加一个捡球队员;第三轮每组增加两个捡球队员;第四轮同上。捡球队员只能帮助把球捡回,不可直接得分;前四轮只能站在本方的区域投球,第五轮可以选择任意投球的区域。

(4) 投球时必须站在正方形的边线后。

(5) 每回合结束时请每组派一位公正人士清点球数,公布成绩。

7．**注意事项**

(1) 活动开始阶段,由于大家都想为自己小组获得更高分数,场面有时会出现看似混乱的情况。

(2) 由于投入桶中的球得分不均,成员会提出各种不公平、不合理等抱怨,引导员需不断提醒大家接受现实,注意规则,维持秩序。

(3) 培训师应不断予以鼓励。

(4) 禁止用球互相击打、投掷的嬉戏行为。

(5) 注意周围场地,提醒学员避免奔跑中摔倒。

8．**引导反思**

(1) 我们还有没有可能再取得更高的分数?

(2) 成绩的变化,对我们来说意味着什么?对团队来说意味着什么?

(3) 刚才有没有发生什么不愉快、不开心的事情?为什么会这样?大家拼得很厉害,但成绩为何提不高?

(4) 刚才我分组,取队名的时候,各位关注的是自己小组的目标还是团队总成绩?这样做有错吗？

（5）当我们把注意力和关注点转移到团队总分的时候，是不是做起来会比较轻松？不但自己的成绩提高了，而且总分也越来越高，我们就有时间创造更高绩效，就有更多时间陪伴家人。

活动三：地雷阵（图7-17）

1. **活动人数**　14人左右。
2. **活动器材**　界线绳一条、障碍物若干、眼罩每人一个、整理箱。
3. **活动场地**　室内或室外场地皆可。
4. **活动时间**　90分钟左右。

图7-17　地雷阵活动

5. **活动说明**

（1）场地布置：用绳子围出一个范围，撒满各式的玩具（如娃娃、球、老鼠夹、飞盘、筒子）当做障碍物。

（2）学员两人一组，请他们协助自己的伙伴通过地雷阵。

（3）活动目标：在最短的时间内通过地雷阵。

6. **活动规则**

（1）一个人指挥，一个人被指挥。

（2）指挥者：只能在线外，不能进入地雷阵中，不能用手扶伙伴。

（3）被指挥者：用眼罩蒙住眼睛通过地雷阵，过程中只要脚踩到任何东西就要重来。

7. **活动变化**

（1）碰触到物品的结果可以有所变化，碰到物品可以继续活动，也可以计算碰到的次数，或重新开始。

（2）另一个处理碰到物品的方式是，要求每组设定目标，他们认为会发生几次碰触，他们能否比预期做得更好。

（3）可让团队成员从不同边走入地雷阵，使他们发生混淆，增加其挑战性。

（4）地雷阵的障碍物可以包括较大的物品（如椅子、板凳等），必须跨过那些东西或是穿过（如呼啦圈）。

8. 注意事项

（1）提醒戴眼罩的团队成员要有缓冲的手势（双手举起来放胸前）。

（2）在地雷阵要放足够的物品才有挑战性，但也不要太多，导致团队成员无法完成。

（3）因为有些人会觉得戴眼罩不舒服，也可以让他闭上眼睛就可以（重要的是将选择性挑战的理念引导到遵守承诺）。

9. 引导反思

（1）请问各位在通过地雷阵的时候有什么感觉？

（2）平常你在跟其他人互动时是否需要刚才所讲的想法、做法？

（3）如果再有一次机会，我们还可以加强一些什么？

10. 备注 这个地雷阵活动可以被隐喻为生命中的某个过程。在开始之前，让所有团队成员在气球上写下他们生命中某一刻的失望感受，然后他们就将这个气球放在地雷阵的某个地方，蒙眼的人就要被指引找到他们的气球，然后捡起它，带出地雷阵，当所有的团队成员都成功地穿越地雷阵，他们所有的失望感受就可以被消减了。

活动四：气球塔（图 7-18）

1. **活动人数** 14 人左右。
2. **活动器材** 气球若干，胶带一卷，剪刀。
3. **活动场地** 室内或室外场地皆可。
4. **活动时间** 20～30 分钟。

图 7-18 气球塔活动

5. 活动说明

（1）将团队成员随机分成人数尽可能均等的两个小组。

（2）活动目标：每组在时间 15 分钟之内，利用手中的气球（每组 30 个）及胶带（长度一致），搭建一个气球塔，要求稳固、不倒，且过程中除了胶带之外不能使用外力做支撑。

（3）结束后比较各组所建的气球塔高度，之后才宣布第二阶段目标。

（4）第二阶段目标：将两组的气球塔集合起来，要在 15 分钟之内合力建成一个尽可能高的气球塔（要求至少高出先前的高度）。

6. 注意事项 注意使用剪刀过程中的安全，如果是青少年参与此活动，剪刀必须用专用带保护头的。

7. 引导反思

（1）第二阶段所建的最高气球塔，为什么能够搭起来（或是搭不起来）？你觉得可以做得更好的地方是什么？

（2）回想一下：第一阶段分组建塔的时候你在想什么，第二阶段合力建塔的时候你又在想什么？你觉得差别在哪里？哪个阶段更难一些？

（3）分组建塔的时候考虑到要稳，合力建塔的时候也要考虑到稳吗？合在一起的时候，比较需要考虑的是什么？

（4）建塔的过程要如何运用现有的资源？

（5）建塔的过程中，是否有人积极参与，而有些人袖手旁观？各位所保持的心态是什么？为什么？

（6）从刚刚的建塔过程中，你觉得团队合作的时候需要什么？

第五节　问题解决活动

问题解决活动的目标在于提供团队评价在活动中完成任务的绩效水平（图 7-19）。引导员利用该类活动来检查团队在该阶段完成任务的效率情况，了解团队是否已经形成有效的决策机制、管理冲突机制、分工合作的模式，进而解决所遇到的问题。此阶段的顺利实施，有助于团队成员之间信任感的形成和问题解决能力的提升。

图 7-19　问题解决活动

活动一：收银机（图 7-20）

1. 活动人数　14 人左右。

2. 活动器材　30 个带数字的标识（1～30）、秒表、长绳两条（一条标志起点，另一条可以围成约 4 m×7 m 的长方形）。

3. 活动场地

（1）室内或室外场地皆可，有较宽敞的场地，方便团队成员奔跑。

（2）在围成的长方形范围内，随意地在地上放置数字标识，此长方形范围要与起点距离约 12 m。

4. 活动时间　90 分钟左右。

图 7-20　收银机活动

5. 活动说明

（1）活动开始前先将团队成员分成两组，人数要平均（如果无法平均，询问大家是否介意）。

（2）情景塑造：请各位想象一下，前面是一台很老旧的收银机，因为它很老旧，所以想请各位帮忙来检查这台收银机。所谓检查是指用身体任何一个部位（手或脚）接触数字板。因为收银机很老旧，所以起始线、框框及数字板是不能被移动的。

（3）活动目标：在最短的时间内，依序由小到大碰触数字板。一共六回合，我们取一次最好的成绩代表我们团队的最好成绩。

6. 活动规则

（1）两个小组共有 6 次尝试机会。

（2）每一次的尝试从第一位成员踏出起始线的那一刻开始计时，到最后一个成员返回为止。

（3）只能有一个人在区域内，有任何的犯规情况（如两个成员同时进入区域，或是碰触数字的顺序错误），团队的时间会自动加上 10 秒，以作为处罚。

（4）在每一回合结束后，告诉团队他们所花费的时间，并且给他们时间讨论修正计划。

（5）所有的讨论都只能在起始线的后面进行，而所有的数字点和长方形界线皆不可被移动。

7. 活动变化

（1）将两个号码拿走（如 15 和 25），然后让两个号码重复（如 13 和 23），只要还是 30 个号码，同样也是从 1～30 的号码。这是一个有趣的方法，让团队处理无预期的状况。

（2）可将数字点改成英文字母从 A 到 Z 或是其他有创意的排序。

8. 注意事项

（1）此活动过程中会有跑步的动作，如果地上潮湿或很滑就不适宜操作此活动，同时也要提醒团队成员注意跑步时的安全。

（2）引导员要注意团队犯规的情形，因为在活动中团队不会去注意他们的犯规行为，而要求团队做到完全诚实也是很大的挑战。

（3）团队总会想知道曾经最好的成绩为多少,这时候引导员不应用其他团队的成绩来刺激本团队的表现,应该鼓励他们找出自己最好的方法和以团队自己的最好成绩为努力方向。

9. 引导反思

（1）为了发展有效的计划,团队是如何讨论和沟通的?

（2）在这六回合期间,团队的计划有改变吗?为什么有或为什么没有?

（3）问题或改进的方式是否明确且完善地在团队里做好沟通,是否已达成共识以改善问题呢?

（4）团队如何做才能持续改善你们的表现?

（5）为了达到最好的团队表现,你们有解决什么问题?如何解决的?

（6）团队如何组织和使用你们的人员配置?每个人的贡献都是一样的吗?每个人对团队表现都有帮助吗?

（7）哪个最重要的因素影响我们团队整体的表现?

（8）各位觉得我的角色像谁?想要从我这边得到什么?是答案还是做法?

（9）各位觉得这和工作有类似吗?

10. 备注 当讲完以上目标和规则之后,无论学员询问什么,引导员都只重复回答目标或是规则,而且要每个字都一样。引导他们自己感受作为问题解决者或是决策者的思维方式。

活动二：蜘蛛网（图 7-21）

1. 活动人数 14 人左右。

2. 活动器材 在间隔约 3 m 的两根稳固柱子中间,利用绳子互相打结,绑出许多大小不一的洞而形成蜘蛛网（至少每人一个可以通过的网眼）、小铃铛、整理箱。

3. 活动场地 室内或室外场地皆可。

4. 活动时间 90 分钟左右。

5. 活动说明 活动目标：团队成员在最短时间内通过蜘蛛网。

6. 活动规则

（1）团队成员必须在不碰触网的情况下穿过蜘蛛网,而每个网眼只要一经使用后,就马上被关闭不可再使用,直到所有成员安全通过为止。

（2）在活动过程中,只要有人的身体任何部位碰到蜘蛛网,触碰者必须回到起始位置,之前使用的网眼被封闭,再无法使用。

（3）每次仅有一人可以穿越网眼。

（4）已经通过网眼的参与者,不能回来帮忙。

7. 活动变化

（1）引导员可视团队情况,决定已被穿越过的洞眼是否可以再开放。

（2）引导员可在活动开始前,让团队自行设定目标,如最多能碰到几次。

8. 注意事项 在活动过程中会有抬人的动作,提醒团队必须注意安全,尤其是头部。

9. 引导反思

（1）请问各位,在活动过程中感受怎么样?

（2）你们是如何决定通过的顺序的?

图 7-21　蜘蛛网活动

(3) 你们是如何完成任务的？在这过程中发生了什么事？

(4) 当遇到几次触网，而浪费网眼时，你们是如何调整先前的策略的？

(5) 大家觉得这个蜘蛛网给你们什么感觉？你觉得它有可能是日常生活中的什么呢？

10. 备注　这个活动可以有另外一种玩法，具体如下。

(1) 活动名称：一丝不苟。

(2) 活动器材：蜘蛛网、20 m 拉旗绳一根、整理箱。

(3) 活动说明：活动目标为以最快的速度将绳子穿过蜘蛛网的每一个网眼。

(4) 活动规则：绳子以及团队成员身体的任何部位不允许触碰到蜘蛛网，一旦触碰必须重新开始。

(5) 引导反思：同"蜘蛛网"活动。

活动三：铁钉（图 7-22）

1. 活动人数　14 人。

2. 活动器材　铁钉活动道具（13 寸铁钉 13 根及站立的底座）。

3. 活动场地　室内或室外场地皆可。

4. 活动时间　30 分钟左右。

5. 活动说明

(1) 将团队成员 4 人为一个小组分成若干小组，每个小组发一套铁钉活动道具。

(2) 情景塑造：请问大家小时候有没有人有玩过铁钉的游戏？如果没有的话，我们今天要补补课，重温一下这个游戏。如果玩过了，请一定要保密。

(3) 活动目标：请各位将手中的十二根铁钉在不借助任何外力（工具）的情况下放在一根铁钉上（另外说明一下，铁钉盒只是为了装铁钉方便，没有任何玄机）。

(4) YES 或 NO 都可能是答案，只要所有人达成共识，我们这个活动就结束了。

图 7-22　铁钉活动

6. 活动规则

(1) 在活动过程中,在没有任何其他外在因素的介入下完成任务。

(2) 不断强调,只要团队成员形成统一的意见,不论答案是 YES 或 NO,活动均可以结束。

7. 注意事项

(1) 由于铁钉具有一定的危险性,所以如果团队成员身份特殊或年龄较小,则不建议参与这个活动。

(2) 决定继续或停止权在于团队,所以当有团队成员发出放弃的声音时,请他们的团队决定要继续或是停止,只要做出决定,就是属于有意义的决定,要尊重他们的选择。

(3) 由于此活动需要很多的思考,团队也有可能需要花费很多时间尝试,故引导员可在活动开始前就告知团队有时间限制或是视团队情况介入活动。

8. 引导反思

(1) 请问大家,一开始知道规则和目标后,有没有人觉得是不可能实现的? 你是否有过类似的经验,本来你认为事情是有可能的,但因为身边的人都认为不可能,于是你就放弃了自己的坚持。

(2) 从活动开始、尝试过程和最后看到解答的方式,你们的感受是怎样变化的?

(3) 在活动过程中,你们是如何坚持尝试或是决定放弃的?

(4) 你们觉得这个活动有类似你们生活中的什么情境吗? 你们是如何去面对它的? 在现实生活中,会不会因为你的一句话,就会影响别人的判断和行为,特别是当你位高权重之后,你的一个判断、一句话,或者一个表情,别人就知道没戏了、不可能了,你是否真正想过你的领导力和影响力的大小。

(5) 你们觉得在这个活动中学习到什么,从而让你们可以运用到下次类似的状况中?

活动四:黑羊白羊(图 7-23)

1. 活动人数　14 人。

2. 活动器材　足够长的横木、眼罩、整理箱。

3. **活动场地** 室内或室外场地皆可。
4. **活动时间** 30 分钟左右。

图 7-23 黑羊白羊活动

5. **活动说明**
(1) 任务一：所有人在最短的时间内，站到横木上。
(2) 任务二：以横木中心为准，两边人员互相交换位置。
(3) 任务三：在最短的时间内，按照身高排列位置。
(4) 任务四：在带上眼罩的情况下，按照生日排序。

6. **活动规则**
(1) 站在横木上之后，脚不可以触地，否则重新开始。
(2) 不可以说话（任务二、三中使用）。
(3) 带上眼罩（任务四）。

7. **注意事项**
(1) 检查横木周围的情况，如地面平整情况。
(2) 检查独木桥是否有安全隐患。
(3) 防止学员在活动中掉落而扭伤脚。
(4) 不能蹲下。
(5) 注意调查学员身体情况。

第六节 信任活动

信任活动的目的在于提供建立和提高团队成员间信任的机会，引导员通过信任活动的带领来检查团队成员间彼此信任的程度及团队内部整体的信任感，进而提升团队解决问题的能力，并达成活动目标（图 7-24）。

图 7-24　信任活动

活动一：信任倒（图 7-25）

1. **活动人数**　14 人左右。
2. **活动器材**　1.5 m 高的平台、绑手带。
3. **活动场地**　室内或室外场地皆可。
4. **活动时间**　90 分钟左右。

图 7-25　信任倒活动

5. **活动说明**

（1）活动目标：挑战人员依次站在平台上，背对大家，身体保持绷直，顺势倒下，下面做保护的同伴将其安全接住。

(2) 挑战人员需要做到：双手平伸、掌心相对、体前交叉、十指交叉握紧、向内翻转、胳膊夹紧肋部、头微颔且与手保持一拳距离、双脚固定放在平台上。

(3) 其他同伴作为保护人员为挑战人员提供保护。具体动作：两两组成一组（体形尽可能相近），与同伴面对面紧密排成两排，两人成弓步站立、重心在两腿之间、双脚内侧相贴、膝盖内侧贴紧、双臂平伸、肘部略弯、掌心向上、五指并拢、双手搭在对面搭档的肩部。

(4) 在挑战人员倒之前，需要有确认的口号。先说："我是某某某，你们愿意保护我的安全吗？"保护人员一起回答："我愿意！"再说："我要往后倒了！"保护人员回答："请倒！"

(5) 引导员介绍完基本动作后，征求一位自愿者先开始，请他站在平台上，背部面向团队。

(6) 引导员需要与挑战人员站在一起，一方面注意挑战人员所站的位置，另一方面也要注意倒的方向，适时让保护人员移动到最佳的位置。

(7) 当接到挑战人员后，就慢慢降低，直到他能安全地站在地上。

(8) 当第一位成员完成后，就依次让其他成员挑战。

6. 注意事项

(1) 此活动平台会距离地面有一定的高度，故引导员在带领此活动前，必须评估团队有足够支持与信任程度。另外，此活动也涉及较多个人的心理安全层面，故提醒团队成员"选择性挑战"的原则，让团队成员做好足够的心理准备后才挑战此活动。

(2) 提醒团队成员做好正确的信任倒姿势，特别是保护人员要随时保持专注并紧密地靠在一起，不能在活动过程中出现缺口。

(3) 提醒团队一个人的躯干比腿部更重，需要有比较多的人去支撑躯干的部分。

(4) 在活动过程中，团队成员身上的眼镜、手表、耳环、手环等饰品都必须拿下来。

7. 引导反思

(1) 当你们站上平台时，心里的第一个念头是什么？

(2) 在整个活动过程中，你们觉得最困难的部分在哪里？你们如何去克服它？

(3) 担任保护团队的感受如何？如何才能担任一个好的保护人员？

(4) 是什么因素让你们完成这个活动？

(5) 你们觉得在这个活动中，带给你们最大的意义是什么？

活动二：太空梭（图7-26）

1. **活动人数** 14人左右。
2. **活动器材** 60~80 cm 长的粗木棍（每两人一支）。
3. **活动场地** 室内或室外场地皆可。
4. **活动时间** 90分钟左右。
5. **活动说明**

(1) 让团队成员每两人拿一支木棍。

(2) 征求一位自愿者先开始，其他团队成员将木棍紧密排在地上，并且固定住木棍，让第一位成员在木棍上行走，先让团队成员熟悉走木棍的感觉。行走姿势必须是双脚在不同的木棍上，当第一位成员走完后，就轮流让其他成员体验这种感觉。

(3) 当所有团队成员都体验过在地上行走木棍的感觉后，请大家站起来。同样是每两个人拿一支木棍。

图 7-26　太空梭活动

（4）让所有团队成员两两面对面排成两行，双手握住木棍，木棍原则是放在腹部前（需按照团队成员状况调整高度）。

（5）征求一位自愿者先开始，让其他团队成员紧密排好，双手握住木棍，当所有人准备好后，就可以让第一位成员从一端爬到另一端。提醒所有团队成员，在木棍上时，不可以四肢在同一支木棍，以免抬的成员无法负荷其重量。

（6）当第一位成员爬过去之后，就轮流让其他成员体验这种感觉。

6．注意事项

（1）在活动开始前，要确定木棍是否有损坏或老旧的情况，因为此活动的风险可能来自于木棍的断裂，导致团队成员的受伤。

（2）随时提醒团队成员保持正确姿势，并在每个人爬上去之前，确定所有团队成员都保持专注。

（3）提醒团队成员不能将木棍顶在腹部或以膝盖支撑，并且要小心手被踩到。

（4）提醒团队成员"选择性挑战"的原则，在活动过程中，若有支撑不住的情况就要马上提出来，请求支援或停止活动。

（5）引导员的位置则需要跟着攀爬的成员前进，以防有成员支撑不住重量时，引导员可以帮助其撑住木棍。

7．引导反思

（1）你们在地上通过那些木棍的感觉如何？

（2）当高度提升后，你们通过那些木棍时的感觉如何？两者的差别在哪里？

（3）作为两旁的支撑者，你们的感觉如何？在日常生活中，你们曾扮演过类似的角色吗？

（4）是什么因素帮助你们通过这些木棍？这些木棍有像是你们日常生活中的什么东西吗？

（5）当下次遇到类似这个活动的情况时，你们会如何面对？

活动三:挑战同心圆

1. **活动人数** 14 人左右。
2. **活动器材** 两条约 15 m 的绳子。
3. **活动场地** 室内或室外场地皆可。
4. **活动时间** 40 分钟左右。
5. **活动说明**

(1) 用绳子在地上围成两个同心圆,两个绳圈之间距离约 1.2 m。在里面的那个绳圈要够大,让所有团队成员均可以站进去。

(2) 让整个团队在外面绳圈的外侧围成一个圆圈。向团队说明最里面的绳圈区域代表我们的"舒适区",中间的绳圈区域代表我们的"成长区",最外面的绳圈区域代表我们的"挣扎区"。

(3) 带领团队成员回顾"选择性挑战",提醒团队:每个人都有一个舒适区、一个成长区和一个挣扎区,选择性挑战就是希望我们应该尝试待在你的成长区,但是每个人都有一个相同的舒适区、成长区和挣扎区吗?

(4) 向团队简单说明舒适区、成长区和挣扎区之间的差异,举例描述不同区域的区别。舒适区就是你在那里会觉得舒服,如和熟悉的朋友喝茶聊天,做着已经重复过无数遍的工作;成长区就是你在那里不是完全舒服,你会经历一些挑战和不安全的感觉,但并非让你感觉很恐慌,如尝试使用新的软件、和新的老板沟通、更换新的工作部门;挣扎区就是在那里你会觉得很焦虑,而且会迫不及待想回到你的舒适区。

(5) 引导员向团队说明,活动开始之后,你会说出一些主题——如做饭、写英文邮件、给陌生客户打电话等。

(6) 依据引导员所给出的主题,团队成员就要去选择站在某一个区域(如做饭是让他们觉得在舒适区、成长区还是挣扎区?)。

6. **注意事项**

(1) 不要过度解释每一个主题,让团队成员自由地解释那些主题。

(2) 在每一回合后让团队成员到处看看并注意每个人多样化的回答。

7. **引导反思**

(1) 过程中每个人站的地方都是一样的吗?对我们的团队而言代表什么意思?

(2) 在全方位价值契约中,我们所有的这些差异的重要性如何?

(3) 当有人选择与其他人不同的方式参与活动时,代表什么意思?

第七节　高空绳索活动

高空绳索活动的目的在于为学习者提供在一定高度的环境下完成特定的目标任务的挑战(图 7-27)。通过个人努力克服恐惧与挑战能力极限的经历,建立自信心,创造自我突破的机会。并通过同伴间彼此的支持和保护行为来感受团队成员间的关照,建立团队成员间彼此的责任感和归属感。

图 7-27　高空绳索挑战活动

活动一：巨人梯（图 7-28）

1. **活动人数**　14 人左右。
2. **活动器材**　动力绳、半身式安全带、头盔、主锁、8 字环（或 ATC）、整理箱。
3. **活动场地**　高空绳索场。
4. **活动时间**　90 分钟左右。

图 7-28　巨人梯活动

5. **活动说明**

（1）课前仔细检查活动场地和保护器械能否正常使用。

（2）带领团队成员做好身体关节活动操。

（3）活动目标：挑战人员每 2 人（或 3 人）组成一组，穿戴好保护装备，在保护器械和同伴的保护之下，从巨人梯的最下端尽力向上攀爬，争取手触摸到最高一根横木。

（4）引导员讲解保护器械、安全带、头盔的使用方法（详细内容参见第四章）。

（5）引导员教会团队成员五步保护法，以及收、放绳的安全要领，直到操练熟悉为止（详细内容参见第四章）。

（6）挑战人员穿戴好安全装备，经团队成员的鼓励和引导员确认后方可挑战。

（7）挑战人员在开始挑战前跟保护人员互动，之后方可挑战。

(8) 挑战人员准备下降前要跟保护人员确认,之后方可下行。

6. 注意事项

(1) 提醒其他成员严禁站在巨人梯下面。

(2) 提醒最后一名保护人员将绳子收起,防止掉在地上损伤绳子,或绊倒他人。

(3) 提醒保护人员双眼注视挑战人员,防止其坠落时给自己和他人造成伤害。

(4) 在人员搭配时,要注意男女力量和体力的合理搭配。

(5) 近三个月做过大手术、习惯性脱臼、高血压、高血糖、高血脂、心脏病等人群不宜参加。

(6) 手机、项链等贵重物品和硬质物品放入整理箱。

(7) 鼓励所有人参与挑战,活动过程中必须始终将人身安全放在首位,对于有明显身体不良反应的成员,应依据"选择性挑战"的原则放弃挑战。

(8) 鼓励学员间相互帮助,彼此确认保护装备穿戴正确。

7. 引导反思

(1) 请分享一下你们的感受。

(2) 和同伴在一起攀爬与自己独自攀爬有区别吗?

(3) 你们是如何完成的?有什么具体的安排吗?

(4) 你们彼此在攀爬过程中,有沟通吗?说的是什么?

(5) 挑战过程中的那些困难,你们是如何克服的?

(6) 在今天的挑战中哪一件事让你印象深刻?

活动二:飞扬之柱(图 7-29)

1. 活动人数 14 人左右。

2. 活动器材 动力绳、半身式安全带、全身式安全带、头盔、主锁、8 字环(或 ATC)、整理箱。

3. 活动场地 高空绳索场。

4. 活动时间 90 分钟左右。

5. 活动说明

(1) 课前仔细检查活动场地和保护器械能否正常使用。

(2) 带领团队成员做好身体关节活动操。

(3) 活动目标:挑战人员穿好保护装备,在保护器械和同伴的保护之下,沿着立柱攀登到立柱的顶端,站到立柱顶端的圆台上,纵身一跃拍打前方的球。

(4) 引导员讲解保护器械、安全带、头盔的使用方法(详细内容参见第四章)。

(5) 引导员教会团队成员五步保护法,以及收、放绳的安全要领,直到操练熟悉为止(详细内容参见第四章)。

(6) 挑战人员穿戴好安全装备,经团队成员的鼓励和引导员确认后方可挑战。

(7) 挑战人员在开始挑战前跟保护人员互动,之后方可挑战。

(8) 挑战人员在圆台上站稳后,两臂侧平举,使自己的身体保持平衡。然后向保护人员确认自己准备好了,待听到保护人员确定的回应后,挑战人员喊"1、2、3",同时向远处跃起,拍打前方的球。

图 7-29　飞扬之柱活动

6．注意事项

(1) 提醒其他成员严禁站在绳索区域下面。

(2) 提醒最后一名保护人员将绳子收起,防止掉在地上损伤绳子,或绊倒他人。

(3) 提醒保护人员双眼注视挑战人员,防止其坠落时给自己和他人造成伤害。

(4) 近三个月做过大手术、习惯性脱臼、高血压、高血糖、高血脂、心脏病等人群不宜参加。

(5) 手机、项链等贵重物品和硬质物品放入整理箱。

(6) 鼓励所有人参与挑战,活动过程中必须始终将人身安全放在首位,对于有明显身体不良反应的成员,应依据"选择性挑战"的原则放弃挑战。

(7) 鼓励学员间相互帮助,彼此确认保护装备穿戴正确。

7．引导反思

(1) 在攀爬的过程中你在想什么？请分享一下你的感受。

(2) 和预期相比,完成活动后你对活动或自己有新的认识吗？

(3) 你在攀爬过程中,有过和自己的对话吗？说的是什么？

(4) 在今天的挑战中哪一件事让你印象深刻？

活动三:高空独木桥(图 7-30)

1. **活动人数**　14 人左右。
2. **活动器材**　动力绳、半身式安全带、头盔、主锁、8 字环(或 ATC)、整理箱。
3. **活动场地**　高空绳索场。
4. **活动时间**　90 分钟左右。
5. **活动说明**

(1) 课前仔细检查活动场地和保护器械能否正常使用。

图 7-30 高空独木桥活动

（2）带领团队成员做好身体关节活动操。

（3）活动目标：两人一组，穿好保护装备，在保护器械和伙伴的保护之下，从两边的柱子同时攀爬至独木桥上，两人面对面相向前行，互相交换位置后安全返回地面。

（4）引导员讲解保护器械、安全带、头盔的使用方法（详细内容参见第四章）。

（5）引导员教会团队成员五步保护法，以及收、放绳的安全要领，直到操练熟悉为止（详细内容参见第四章）。

（6）挑战人员穿戴好安全装备，经团队成员的鼓励和引导员确认后方可挑战。

（7）挑战人员在挑战前跟保护人员互动，之后方可挑战。

（8）挑战人员准备下降之前跟保护人员确认，方可下行。

6．注意事项

（1）提醒其他成员严禁站在独木桥下面。

（2）提醒最后一名保护人员将绳子收起，防止掉在地上损伤绳子，或绊倒他人。

（3）提醒保护人员双眼注视挑战人员，防止其坠落时给自己和他人造成伤害。

（4）近三个月做过大手术、习惯性脱臼、高血压、高血糖、高血脂、心脏病等人群不宜参加。

（5）手机、项链等贵重物品和硬质物品放入整理箱。

（6）鼓励所有人参与挑战，活动过程中必须始终将人身安全放在首位，对于有明显身体不良反应的成员，应依据"选择性挑战"的原则放弃挑战。

（7）鼓励学员间相互帮助，彼此确认保护装备穿戴正确。

7．引导反思

（1）请分享一下你在活动中的感受。

（2）完成活动后你对活动或自己有新的认识吗？

(3) 你在攀爬过程中,有过和自己的对话吗？说的什么？
(4) 对于活动中的心理变化,你之前有过类似的经历吗？可以分享一下吗？你是怎么克服的？

活动四：高空绳网（图 7-31）

1. **活动人数**　14 人左右。
2. **活动器材**　动力绳、半身式安全带、头盔、主锁、8 字环（或 ATC）、整理箱。
3. **活动场地**　高空绳索场。
4. **活动时间**　90 分钟左右。

图 7-31　高空绳网活动

5. **活动说明**
(1) 课前仔细检查活动场地和保护器械能否正常使用。
(2) 带领团队成员做好身体关节活动操。
(3) 活动目标：挑战人员二或三人一组,穿戴好保护装备,在保护器械和同伴的保护下,根据个人的能力设定攀爬绳网的高度。完成后,背对绳网等待同伴放绳（挑战者在下降的过程中背对绳网,防止手或脚插入绳网受伤）,保护其安全返回地面。
(4) 引导员讲解保护器械、安全带、头盔的使用方法（详细内容参见第四章）。
(5) 引导员教会团队成员五步保护法,以及收、放绳的安全要领,直到操练熟悉为止（详细内容参见第四章）。
(6) 挑战人员穿戴好安全装备,经团队成员的鼓励和引导员确认后方可挑战。
(7) 挑战人员在挑战之前跟保护人员互动,之后方可挑战。
(8) 挑战人员准备下降前跟保护人员确认,之后方可下行。

6. **注意事项**
(1) 提醒其他成员严禁靠近绳网。
(2) 提醒最后一名保护人员将绳子收起,防止掉在地上损伤绳子,或绊倒他人。
(3) 提醒保护人员双眼注视挑战人员,防止其坠落时给自己和他人造成伤害。
(4) 近三个月做过大手术、习惯性脱臼、高血压、高血糖、高血脂、心脏病等人群不宜参加。
(5) 手机、项链等贵重物品和硬质物品放入整理箱。
(6) 鼓励所有人参与挑战,活动过程中必须始终将人身安全放在首位,对于有明显身体不良反应的成员,应依据"选择性挑战"的原则放弃挑战。

(7) 鼓励学员间相互帮助,彼此确认保护装备穿戴正确。

7. 引导反思

(1) 请分享一下你在活动中的感受。

(2) 活动前你对自己目标的预计和真实的情况相比,有变化吗?完成活动后你对活动或自己有新的认识吗?

(3) 你在攀爬过程中,有过和自己的对话吗?说的什么?

(4) 当你们在为同伴提供保护的时候,你们想的是什么?

活动五:团队飞跃(图 7-32)

1. 活动人数 14 人左右。

2. 活动器材 动力绳、半身式安全带、全身式安全带、头盔、主锁、8 字环(或 ATC)、整理箱。

3. 活动场地 高空绳索场。

4. 活动时间 90 分钟左右。

图 7-32 团队飞跃活动

5. 活动说明

(1) 课前仔细检查活动场地和保护器械能否正常使用。

(2) 带领团队成员做好身体关节活动操。

(3) 活动目标:挑战人员四人一组,穿戴好保护装备,在保护器械和同伴的保护下,攀爬到柱子上方的平台上,然后四人同时纵身一跃拍打前上方的球。

(4) 引导员讲解保护器械、安全带、头盔的使用方法(详细内容参见第四章)。

(5) 引导员教会团队成员五步保护法,以及收、放绳的安全要领,直到操练熟悉为止(详细内容参见第四章)。

(6) 挑战人员穿戴好安全装备,经团队成员的鼓励和引导员确认后方可挑战。

（7）挑战人员在挑战之前跟保护人员互动，之后方可挑战。

（8）挑战人员在平台上站稳后，两臂侧平举，使自己的身体保持平衡。然后向保护人员确认，待听到保护人员确定的回应后，挑战人员同时向远处跃起，拍打前方的球。

6．注意事项

（1）提醒其他成员严禁站在绳索场地下方。

（2）提醒最后一名保护人员将绳子收起，防止掉在地上损伤绳子，或绊倒他人。

（3）提醒保护人员双眼注视挑战人员，防止其坠落时给自己和他人造成伤害。

（4）近三个月做过大手术、习惯性脱臼、高血压、高血糖、高血脂、心脏病等人群不宜参加。

（5）手机、项链等贵重物品和硬质物品放入整理箱。

（6）鼓励所有人参与挑战，活动过程中必须始终将人身安全放在首位，对于有明显身体不良反应的成员，应依据"选择性挑战"的原则放弃挑战。

（7）鼓励学员间相互帮助，彼此确认保护装备的穿戴正确。

7．引导反思

（1）请分享一下你在活动中的感受。

（2）你在攀爬过程中，有过和自己对话吗？说的什么？

（3）对于活动中的心理变化，你之前有过类似的经历吗？可以分享一下吗？你是怎么克服的？

活动六：岩壁攀登（图7-33）

1. **活动人数**　14人左右。
2. **活动器材**　动力绳、半身式安全带、头盔、主锁、8字环（或ATC）、整理箱。
3. **活动场地**　高空绳索场。
4. **活动时间**　90分钟左右。

图7-33　岩壁攀登活动

5．活动说明

（1）课前仔细检查活动场地和保护器械能否正常使用。

（2）带领团队成员做好身体关节活动操。

（3）活动目标：挑战人员穿戴好保护装备，在保护器械和同伴的帮助下，根据个人的能力设定攀爬岩壁的高度。

（4）引导员讲解保护器械、安全带、头盔使用方法（详细内容参见第四章）。

（5）引导员教会团队成员五步保护法，以及收、放绳的安全要领，直到操作熟练为止（详细内容参见第四章）。

（6）挑战人员穿戴好安全装备，经团队成员的鼓励和引导员确认后方可挑战。

（7）挑战人员在挑战前跟保护人员互动，之后方可挑战。

（8）挑战人员准备下降之前跟保护人员确认，然后方可下行。

（9）简单介绍手臂用力的方式，要求挑战人员尽量体会腿部用力的感觉。

（10）向挑战人员介绍攀登过程中不慎坠落后如何用手脚推扶岩壁和继续攀登的方法。

（11）让挑战人员掌握手臂放松的技术动作。

6．注意事项

（1）团队成员不能留长指甲。

（2）提醒其他成员严禁站在绳索场地下方。

（3）提醒最后一名保护人员将绳子收起，防止掉在地上损伤绳子，或绊倒他人。

（4）提醒保护人员双眼注视挑战人员，防止其坠落时给自己和他人造成伤害。

（5）近三个月做过大手术、习惯性脱臼、高血压、高血糖、高血脂、心脏病等人群不宜参加。

（6）手机、项链等贵重物品和硬质物品放入整理箱。

（7）鼓励所有人参与挑战，活动过程中必须始终将人身安全放在首位，对于有明显身体不良反应的成员，应依据"选择性挑战"的原则放弃挑战。

（8）鼓励学员间相互帮助，彼此确认保护装备穿戴正确。

7．引导反思

（1）是什么让你坚持完成了任务？和预定目标相比，你做得怎样？如何评价自己的表现？

（2）在挑战过程中，给你留下了深刻印象的是什么？为什么？

（3）这和生活中的什么事情很类似？

参考文献

[1] 库伯 D A. 体验学习:让体验成为学习和发展的源泉[M]. 王灿明,朱水萍,等,译. 上海:华东师范大学出版社,2008.
[2] 孙瑜. 体验式学习理论及其在成人培训中的运用[D]. 上海:华东师范大学,2007.
[3] 吴兆田. 探索学习的第一本书[M]. 台湾:五南图书出版股份有限公司,2006.
[4] 蔡居泽,廖炳煌. 将探索教育带回学校[M]. 台湾:中华探索教育发展协会,2007.
[5] 蔡居泽,廖炳煌. 创意探索教育设计与实施[M]. 台湾:中华探索教育发展协会,2008.
[6] 钟启昹. 体验式课程的教学知识[M]. 重庆:重庆大学出版社,2012.
[7] 吴兆田. 引导反思的第一本书[M]. 台湾:五南图书出版有限公司,2012.
[8] Priest S,Gass M,Gillis L. 引导技巧的 9 堂课[M]. 张德忻,江真,徐国锋,译. 台湾:台湾外展教育基金会,2009,5.
[9] Harold D. Stolovitch,Erica J. Keeps. 交互式培训[M]. 派力,译. 北京:企业管理出版社,2012.
[10] 钱永健. 拓展[M]. 北京:高等教育出版社,2009.
[11] Simpson S,Miller D. 反思之峰:精进体验教育反思技巧指南[M]. 任景昱,吴佩玲,庄越翔,等,译. 台湾:幼狮文化事业股份有限公司,2013.
[12] Bens I. 引导:团队群策群力的实践指南[M]. 任伟,译. 北京:电子工业出版社,2011.
[13] 严奕峰. 体验学习圈:体验与学习发生的过程机制[J]. 上海教育科研,2009(4):59-61.
[14] 王灿明. 体验学习解读[J]. 全球教育展望,2005(12):14-17.

后记

俗话说,"十年磨一剑"。我终于在体验式培训领域从业第十个年头的时候,为本书画上了句号,算作给自己的一个交代。自2007年在人众人北京学校作为客座引导员正式从业以来,我对体验式培训的认知大体经历了三个阶段。

第一阶段——"昨夜西风凋碧树。独上高楼,望尽天涯路"。这是我职业生涯第一阶段的真实写照。作为体验式培训的初学者,在缺少相关理论和学习资料的境况下,对如何提高自己专业能力深感无助。面对年纪更长,社会阅历、工作经验更丰富的学习者时,专业并不对口的我,只能跟在老师后面边看边模仿,时常感觉迷茫,感到前路漫漫。

第二阶段——"衣带渐宽终不悔,为伊消得人憔悴"。这个阶段以武汉体育学院为起点。作为学校第一位相关课程的引导员,我必须跳出仅作为引导员的单一视角,将体验式培训当作一个系统来审视。我努力跳出自己的舒适区,重新建构对体验式培训的认知模式和价值体系。几番周折之后,功夫不负有心人,在最需要帮助的时候,我结识了夏雄武先生和廖炳权先生。正是在两位的帮助下,我收集到了很多西方体验式培训的书籍和资料。经过几年的学习和整理,从探索教育(我国台湾地区对体验式培训的称谓)再出发,开始了我"不破不立"的求学之路。

第三阶段——"众里寻他千百度。蓦然回首,那人却在,灯火阑珊处"。这是每个读书人都希望达到的境界,虽自知尚早,但明显感觉前途愈发光明起来。2013年,我获得了一次难得的出国进修的机会。尽管只是短短的数月,但我真实地感受到了美国小学的课堂上教师如何运用体验教育的方法来激发孩子们学习的动机,培养他们表达、讨论和反思的能力。归国后,我在武汉创办了OEC(Outdoor Education Camp)项目,开始尝试用体验式培训的方式培养K12年龄段孩子们的健全品格、坚韧毅力、健康身体和积极社交。正当感觉孤掌难鸣之时,国内户外教育与营地教育之风日渐兴起,体验式培训行业正迎来最好的发展机遇。

以上是我从业十年,所经历的苦学、好学、乐学之感受。

本书终于与大家见面,其中的各种曲折过程不再赘述。由于体验式培训涉及哲学、心理学、行为科学、教育学、社会学等众多学科,再加上文中大量查阅了国内外的资料和文献,错漏之处在所难免,恳请读者批评指正。感谢好友吕璐露博士和几位研究生(郑佳丽、何欢、王健达、廖海燕、徐承玉等)在前期所进行的资料收集工作,以及众多同行好友的建议。没有你们的帮助,本书是不可能如此顺利地完成的。最后,感谢东莞台商子弟学校生命力学习营地、深圳兄弟连、青岛和动力三家机构的大力支持,为本书提供了大量的插图和照片,没有这些真实的素材,本书的吸引力将大打折扣。

由衷感谢正在阅读本书的朋友,期待着你们的反馈。

徐文琦
2017年6月于武汉